长清地方史志系列图书

长城之源

王景禾题

曹建民 著

中共济南市长清区委党史研究中心
济南市长清区地方史志研究中心 编

山东友谊出版社·济南

图书在版编目（CIP）数据

长城之源 / 中共济南市长清区委党史研究中心，济南市长清区地方史志研究中心编；曹建民著 . —济南：山东友谊出版社，2023.11

ISBN 978-7-5516-2852-5

Ⅰ . ①长… Ⅱ . ①中… ②曹… Ⅲ . ①长城－概况－齐国（前 11 世纪—前 221）Ⅳ . ① K928.77

中国国家版本馆 CIP 数据核字（2023）第 205990 号

长城之源

CHANGCHENG ZHI YUAN

封面题签：王景吾

责任编辑：孙　锋

装帧设计：刘一凡

主管单位：山东出版传媒股份有限公司

出版发行：山东友谊出版社

　　　　地址：济南市英雄山路 189 号　邮政编码：250002

　　　　电话：出版管理部（0531）82098756

　　　　　　　发行综合部（0531）82705187

　　　　网址：www.sdyouyi.com.cn

印　　刷：济南乾丰云印刷科技有限公司

开本：710mm×1000mm　1/16

印张：28.25　　　　　　字数：370 千字

版次：2023 年 11 月第 1 版　印次：2023 年 11 月第 1 次印刷

定价：98.00 元

《长清地方史志系列图书》编委会

《长城之源》编审人员

亘古相望

腾云破雾

群峰相牵

走向山巅

相伴永远

天地同辉

天河古堡

盘桓崇山

傲骨余韵

华山论剑

马山雄姿

琼界仙境

双龙横卧

飞向天际

壮美山河

红石河畔

直刺青天

见证沧桑

铮铮铁骨

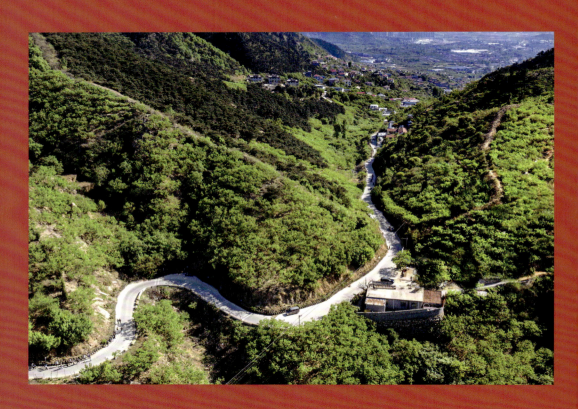

雄关漫道

序　言

　　长城——这一具有中华民族象征意义的建筑，是中国历代疆界守护、王朝兴替的实物见证，是中国历史上诸多民族纷争、融合的真实记录。阅读长城，可以了解中华民族的生息繁衍，了解民族文化和社会的发展历程；阅读长城，可以听到中华民族从远古走到今天雄浑的脚步声，让历史之光照进现实。通过宣传长城文化、解读长城文化，弘扬长城蕴涵的民族精神，必将使长城在新时代"活"起来，为实现中华民族伟大复兴的中国梦凝聚起磅礴的精神力量。

　　作为长城鼻祖的齐长城，是"长城"一词的源头。长城1987年被联合国教科文组织列入《世界文化遗产名录》，2001年被国务院批准列入第五批全国重点文物保护单位名单。其在中国历史上从文明到战争、从战争再到文明，经历了几多轮回，最后定格在了文明上。目前的齐长城遗址，为我们提供了研究挖掘长城历史文化最直接、最丰富、最生动的载体。近年来，古老的齐长城保持着"活跃"状态，长城国家文化公园建设在各地持续推进。2022年，山东省编制《长城国家文化公园（山东段）建设保护规划》，推进构建"一廊、七段、多点"的总体空间布局。其中"一廊"就是指以齐长城本体及其沿线的文化遗存为主体，构建一条"以保护传承、主题展示、文旅发展、乡村振兴为主要功能的齐长城文化核心形象廊道，打造齐鲁文化之脊和文旅产业发展高地"。2023 年 1 月 1 日，《山东省齐长城保护条例》正式施行。2 月，山东部署建设"四廊一线"文化体验廊道，横亘齐鲁大地东西的齐长城，便是"四廊"之一。而长清就处在齐长城源头，保护齐长城，做好齐长城文章，就成为摆在我们面前的一项重要工作。

我们之所以把长清段的齐长城称为"长城之源"，是因为两层原因：一是齐长城自西向东修建，史学界大都把晋国率联军攻齐的公元前 555 年定为修齐长城的年代上限；二是出土的清华简和骉羌编钟都记载着人类历史上第一次出现"长城"一词，就是指始建于春秋、完成于战国的平阴邑（今长清）广里段齐长城，它比秦长城早 400 年左右，是名副其实的"长城之父"。因此，此称恰如其分、当之无愧。

巍峨壮观的齐长城，穿越于崇山峻岭之间、阡陌沟壑之上，每一抔黄土、每一块石料都在诉说着动人的故事，散发出独有的文化魅力。"孟姜女哭长城""扁担开花、铁牛上树""水淹金山铺"和"将军山钉头崖"等故事，在长清已是家喻户晓，深入人心。如果把万里长城比做一条龙的话，那么千里齐长城就是这条龙的祖先，就是诞生在中华大地上最早的文化图腾。

齐长城在中国历史上具有十分重要的历史地位，这是一个巨大的、极其艰难的工程，可以想象得出，在物资匮乏、生产力落后的时代，依靠血肉之躯修建这么长的长城是何等的艰难！据新出版的《齐长城志》记载，长清境内的齐长城分主、复线：主线从孝里广里岭子头起，经今孝里、双泉、马山街镇到万德街道老鸹尖山西麓的钉头崖止，共 87914.7 米；复线从马山于家西山起，至三岔沟与主线汇合，共 11384

米。两线齐长城合计共 99298.7 米。如此算来，长清境内近百公里的齐长城总长度占整座齐长城长度的近六分之一，为齐长城沿途 18 个市区县中总长度最长的区段。

斑驳的城墙，如今不再是阻挡战马铁蹄的要塞。后人在浩渺的历史中追溯，在坍圮的城墙间寻觅，发现它早已成为中华文明的一部分。为探寻、记录、研究齐长城，一批专家、学者和齐长城爱好者，出版了许多关于齐长城的书籍，取得了可观的研究成果。而生长在齐长城源头的长清人，对这一主题的探究更是近水楼台，从未间断。长清涌现了一批齐长城文化爱好者。他们翻山越壑，实地考察，或拍摄专题片、或出版画册、或发表论文、或著书立说，很好地宣传了齐长城，宣传了长清。

长清区文史爱好者、摄影家曹建民先生就是其中之一。多年来，他通过对长清境内的齐长城实地踏勘、详细考察、比较分析，进行了深入细致的探究。经过近二十年的努力，终于撰写出了《长城之源》一书。作者志在为那些渐被岁月风尘所湮没的齐长城立传旌功，探索长城历史，传承长城文化，赓续长城精神，以激励和增强长清人的文化自信力、归属感和自豪感。本书经中共长清区委党史研究中心、长清区地方史志研究中心精心编辑，终于出版了。可以说，这本书对研究长清齐长城文化来说是难得的教材，应该在全区乃至更大范围得到广泛推广。

党的二十大报告指出，要"坚定历史自信，增强历史主动"。长城是中华民族的象征，是华夏民族引以自豪的精神家园。长城的历史，是中华民族生生不息的生存史，是中华民族自强不息的奋斗史，是中华民族时代辉煌的见证史，是中华民族伟大复兴的发展史。长城，有物质的长城，有精神的长城，有文化的长城，还有灵魂的长城。物质不灭，精神永恒，文化接续，灵魂永铸。我们一定要牢记初心使命，凝聚力量，不负前人后辈，不懈拼搏奋斗，"保护好中华民族生生不息的根脉"，实现中华民族的伟大复兴！

肖辉

2023 年 10 月

跋涉在颓垣　探寻于荒野
攀登向高峰

——写在《长城之源》出版之际

李良森

　　齐长城，自长清广里起始东延，霸气地横穿长清南部四个街镇，境内总长近百公里；黄河，从青藏高原浩浩荡荡而来，恣意而又多情地纵贯长清西部四个街道，总长超过一百华里，丰润了这"一横一纵"的山岭平原、1178 平方公里的土地面积，孕育了博大精深的一方文明。

　　长城，巍峨，庄严，凛然不可侵犯。

　　黄河，雄浑，壮阔，一往无前奔向大海！

　　恰因这巍峨、庄严的齐长城和雄浑、壮阔的黄河（原大清河），聪慧的先人为这片养身立命的土地取了个充满深情和富有诗意的名字：

"长清"！

　　而从这方多情的土地上成长起来的文史爱好者、摄影家曹建民，以《长城之源》和《百里黄河》两本著作，用丰富多彩的图文全面系统地描绘了长清，将其生动形象地展现、介绍给了世人。两本书用朴实而睿智的文字描述出作者对长清的倾心热爱和美好向往；用美丽而精致的画面再现了奇异深厚和刀光剑影的历史画面；用脉脉温情和涓涓细雨般的思绪追述溢满人文情怀和泥土芬芳的绚丽过往，对"长清"二字作了深层次、多侧面、广角度的诠释，让人在阅读中更多、更深地了解长清、爱恋长清，乃至"追寻"长清，从而更加热爱长清，发奋建设长清。

　　溯源"长城"一词，来自清华大学收藏的清华简《系年》和洛阳太仓古墓出土的一套骉羌编钟的记载。齐长城始建于春秋、战国时期的平阴邑（今长清东障），比秦长城早400年左右，有"长城之父"之称。齐长城穿越于崇山峻岭之间、阡陌沟壑之上，两千多年来，无时无刻不在诉说着动人的故事，散发出独有的文化魅力。2001年包括齐长城在内的中国所有长城被国务院批准列入第五批全国重点文物保护单位名单。毫无疑问，齐长城在中国具有十分重要的历史地位，当然也是一个巨大的、极其艰难的工程。

　　为探寻、记录、研究齐长城，大批的专家、学者和齐长城文化爱好者纷至沓来，而作为生长在齐长城源头的长清人，对这一主题的探究不仅是近水楼台，更是责无旁贷。建民先生无疑就是长清众多"责任人"中的佼佼者。多年来，他坚韧不拔、孜孜不倦地寻访、探索长城历史，搜集、研究长城文化，赓续、发扬长城精神，借以激励和增强长清人的文化自信力、归属感和自豪感。他通过对长清境内的齐长城实地踏勘、详细考察、比较分析，从历史的、政治的、军事的、经济的，生态的、建筑的、艺术的、民俗的等等多种视角，在残垣败墙、苔藓斑驳的长城身影中，在丰富多彩、纷纭驳杂的历史传说中进行了深入细致的探究，去芜求真地辨析，宏阔而又细微地、立体而又全方位地捋清了长清境内齐长城的来龙去脉、历史渊源，并立志为渐渐被岁月风尘所湮没，被俚俗传说所异化的齐长城立传标旌，经过近二十年的努力，终于撰写完成《长城之源》一书。其情可感，其志可敬，其功可赞！

我的老家就在长清东南角——万德街道马套村，作为在齐长城脚下长大的孩子，我对齐长城自然有着深厚的、难以言说的感情。我家村东的大山，就是因齐长城而得名的将军山，村北就是齐长城长清段的尽头。孩童时，我经常与小伙伴们爬上城墙嬉戏打闹，留下许多抹不掉的美好记忆；成年后，经常与山友们在这里搁放沉重的柴担借以喘息。尤其难忘的是曾经有大半年的时间我在现存齐长城最完整的一段"看鸟"。所谓"看鸟"，就是为保护播下的松树种子驱鸟。在那里，我不仅饱览、步量了齐长城，攀爬了钉头崖，更从一同看鸟的几位老人那里听到了"钉头崖"的慷慨故事和"长城修到钉头崖，一降四十里"的起因。让我在心底油然升起对齐长城的景仰和膜拜，且一直萦绕、缠绵到如今。

两年前，建民先生把浸润着他半生心血的《长清访古》电子稿发我，请我"斧正"并要我写序言。说实话，"斧正"力怯，写序心虚，但其中有关齐长城的内容让我惊喜并为之心动，感觉用"厚积薄发"这个词形容他和他的著作来说最是恰当不过，于是，虽然没敢妄加"斧正"，却也壮起胆子为之写序，心里只想：只把心曲吐尽净，管他别人笑短长！

去年年底，刚刚读到建民先生的新著《百里黄河》一书，尚未细品细赏，年后又收到他的《长城之源》电子稿，且又让我"斧正"并作序。

天哪！这哪里是薄发，明明是"厚发""喷发"嘛！

当然，世上的事，虽然有意料之外，但也总有情理之中的因果关系。建民先生的"喷发"就是他坚持坚持再坚持、努力努力再努力的因之果。听他多次言说，中途曾放弃爬格子，潜心研究摄影艺术，当然那也是用另一种表达方式"写作"。但从来不曾停止的是他对长清文明古迹、山川风物考察记录的脚步，是他对长清文史的研究、探寻和宣传。记得几年前，有一次我们在一起攀谈，他"妄言"打算把几十年积累的素材用图文并茂的形式用三至五年的时间系统整理，并且已经初步拟定《长清访古》《百里黄河》《长城之源》三部曲的计划。这不禁让我暗暗吃惊。心说：这不仅是大工程，也当是大手笔！

没想到，他竟然真的做到了，而且做得非常好！

世人多喜欢说"不到长城非好汉"，以显示自己的勇气与胆魄。究其实，秦长城且不说，齐长城作为 2500 多年前遗存的残垣断壁，大都在高山峡谷中，若想登临，进而探幽，再进一步研究加以著述，说起来轻松，真正实际"探""研""著"起来是何等的艰辛！每当我问他其中碰到的艰难或遭遇时，他总是那么含蓄地苦笑一下，旋即跟一句"还是请您多指导吧"作为回答。如此，不能再问了，我生长在齐长城下，知道登山攀岩的滋味，那些遍野荆棘、蔽日森林、草丛蛇蝎，还有深涧沟壑、嶙峋怪石，想想都让人不寒而栗，更别说是沿着齐长城一步一探地反复登、反复攀了！

通篇品读建民先生的《长城之源》后，我不禁感受到作为一个长清人的无比自豪，更为他对长清这片热土的炽热耿忠情怀而感动。从田野到键盘，从镜头到图片，从感知到文字，若干年来建民先生潜身荒野、亲近自然，寻访先祖、触摸历史，走访野老、聆听俚曲，在世人熟视无睹的齐长城上，在众人耳熟能详的历史中探寻那些不为人所知、所觉、所察的"事实存在"，筛选那些已为人所知、所觉、所察的"事实存在"中的独特发现，撷取精华，仔细解读，渐序升华，力求用生动形象的语言，丰富多彩的插图，演绎齐长城故事，丰富齐长城文化，博大齐长城精神，完善齐长城历史文化的史籍，装扮齐长城历史文化的天空。

记得建民曾经说过："访问齐长城、拍摄齐长城、记录齐长城只有一个目的：那就是让更多的人了解齐长城，记住齐长城，爱护齐长城，守护齐长城，把齐长城文化展现给世人，传承给后人，扬播于世界。让这一世界历史文化遗产熠熠生辉，传承万世。"

我说：你做到了，而且做得很到位、很成功、很精彩！

愿每一位拿到《长城之源》的读者都像我一样喜欢它。

（李良森　长清区政协原副主席）

目录

第一章
千里长城第一关

齐长城沿线共设有 18 道关隘，把守着齐国南大门。其中规模较大的有：古平阴要塞（防门）、大石关、长城铺、锦阳关、黄石关、青石关、城子关、铜陵关、穆陵关、西峰关等，关关连长城内外。既为齐国筑起了一道千里防线，又保证了与邻国政治经济的往来互通。而位于最西端长清境内的齐长城源头，是当时齐国的西南边陲，西面是一片汪洋，东面数里就是山区，是中原地区通向海岱地区的交通要道，地理位置非常重要，历来都是兵家必争之地。因此，在这里设立一道关卡，扼守住齐国的西南大门，既能保证在和平年代交通顺畅，又能确保战时整个国家的安危。军事意义非常重要。

1. 九合诸侯　一匡天下

　　西周建立初期，周王朝为了巩固和扩大统治，有效地管理广大被征服的地区，镇抚各地原有的邦国，实行了"封建亲戚，以蕃屏周"的分封制。中原大地上诞生了一百多个诸侯国。姜子牙因发挥卓越才能辅佐周文王、周武王灭商建周之功，被分封到齐国，成为齐国的始祖。当时齐国疆土方不过百里。据《史记·齐太公世家》记载，姜子牙在营丘（今山东淄博市临淄区北）建都以后，"因其俗，简其礼"，通商工之业，便鱼盐之利，尊贤尚功，还制定了符合齐地社会基本情况和风土人情的国策，把齐国治理得国泰民安，风调雨顺，周围小国的百姓纷纷前来投奔，使得齐国很快成为人口大国。后来管叔、蔡叔作乱，周公又赋予齐国征讨有罪诸侯的权力。周王室授予太公专征之权时称："东至海，西至河，南至穆陵，北至无棣，五侯九伯，实得征之。"有了"尚方宝剑"，就有了合法的发展契机，齐国一跃成为最有权势的诸侯国，疆域迅速拓展。后来，周王室势力衰微，已经不能有效管制诸侯国之间的事务，野心勃勃的诸侯国之间往往爆发激烈的兼并战争，小国沦亡的情况就更加常见。据清代学者顾栋高统计，春秋时期，齐国兼并 10 个诸侯国，晋国兼并 18 个，秦国兼并 12 个，楚国兼并 42 个。周天子鞭长莫及，权力出现真空，天下几近"无政

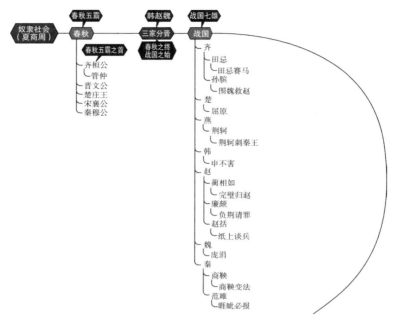

1-1　春秋战国一览图

府"状态。各国趁机抢占地盘，混战愈演愈烈。

按照周朝惯例，多以地名而赐为姓氏，而姜子牙为姜姓吕氏，姓氏里没有"齐"字，为什么被封到这个地方的时候会以"齐"作为国名呢？这在数千年来一直是个谜，很多人探寻始终，也莫衷一是。

甲骨文中的"齐"字，从字形上看就是由三个近似于菱形的字符组成，很像是弓箭的箭镞。结合齐地所在是上古时期的东夷地区，东夷部族本来就是好战斗狠的部族，而"齐"的字形本身就是出自东夷部族，代表的是攻伐，跟东夷之"夷"字有类似之处，故其彰显的是某种所向披靡的尚武精神。加之姜太公辅佐了六位周王，是中国历史上最享盛名的政治家、军事家和谋略家，可说是文韬武略、功高盖世。故其家族遵照他的意愿继续沿用姜姓也不是没有可能。

齐国自太公立国起，在漫长的 800 多年时间里，经历庄僖小霸、桓公首霸、景公复霸、田氏代齐、威王强齐、齐秦称帝、田单复国等数度兴衰更替。其间有"姜齐"和"田齐"之分：姜齐（前1045—前386)，即姜姓齐国，是直到春秋时代的一个重要诸侯国；公元前391年，田成子四世孙田和废齐康公，并于公元前386年放逐齐康公于海上，自立为国君，通过魏文侯的帮助，得到周天子承认，建立田齐，史称田氏代齐，姜姓齐国灭亡。姜齐自太公望立国至康公贷失国，凡20世，32位国君，享国659年。

1-2 箭镞状"齐"字

田齐（前386—前221)，即田姓齐国，只维持了165年，就被秦国所灭。

　　"春秋无义战"，经过"大鱼吃小鱼"的丛林法则，到战国时这百十个国家后来被兼并为十几个。林立的诸侯国中最有名气的，当数"春秋五霸"和"战国七雄"了。而无论是在春秋时期，还是进入战国阶段，齐国都可以说是当时的"超级大国"。春秋时期，齐桓公任用管仲对内大兴改革、富国强兵；对外打出"尊王攘夷"的旗号，"挟天子正天下"。通过抗击戎狄，救援燕国、卫国、邢国，辅助周太子登基等一系列尊王攘夷的行动，提高了齐国在各诸侯国之间的威望，逐渐拥有了霸主的地位。为了使这实际上的霸主地位进一步得到名义上的确认，齐桓公于公元前651年在葵丘（今河南民权东北）召集宋国、陈国、蔡国、邾国四国诸侯会盟，成为中原第一个霸主，受到周天子赏识。齐国发展为诸多诸侯国中最强国，之后，齐桓公又多次组织诸侯国的会盟。"九合诸侯，一匡天下"就是指齐桓公多次会盟诸侯，签订盟约，使得当时的局面得到纠正，天下稳定下来。

对于"九合诸侯"中的"九"字，直到今天众人还是有不同见解：第一种说法，认为"九"应该是个动词，与"纠"是通假字，意思为聚集、纠集，"九合诸侯"也可以称为"纠合诸侯"。第二种说法，应该表示多数，即"九合诸侯"应该是多次会盟诸侯的意思。"九"字作为虚指的数字，这种用法在古汉语中常见，泛指"多"。对于齐桓公到底组织了多少次会盟，历史上的记载也是不同的。《史记》记录为："兵车之会三，乘车之会六。九合诸侯，一匡天下。"《榖梁传》称衣裳之会十一次，兵车之会四次。还有人进行考证说齐桓公在位的四十三年中，与诸侯会盟的次数为二十六次。其实具体会盟次数并不那么重要，而齐桓公多次会盟，"一匡天下"却是不争的事实。

也正是那个时期，齐桓公并国拓地，将卢（今山东济南长清区归德一带）扩入齐国版图，并将其赐封给有功之臣齐国上卿、姜子牙的13代孙高溪作采邑。高溪得卢后，遂以封地为氏，于是卢氏从姜姓部落集团中分出，独为一支繁衍生息。自此有了"卢氏出自姜姓""天下卢姓自卢国"之说。

春秋中期，齐国已拥有整个胶东半岛，东南部据有莒国北部大部疆土，齐鲁之间的小国大部归并于齐国，南部疆界已抵鲁国北鄙；春秋末期，其西界已越过济水，达到今聊城、德州一带；战国威宣盛世时期南抵徐州一带，几乎占有今山东的全境。齐湣王时，还曾短时间拥有宋国土地。

　　齐国南近鲁、莒、宋，西有晋、卫、郑，北邻燕、赵，远处更有秦楚诸国，列强环伺。齐桓公欲称霸中原，尊王室，举逸民，继绝世，必有万全之策，方可保常备军远征时，国内大本营不会受到外敌的入侵。齐国都城临淄地处鲁北平原，南依泰山而面海，西有济水作为天险屏障。唯鲁中南山地谷口、济水东岸的通道、鲁东南山地间的平缓地区是外敌进攻齐国腹地的重要通道，是以齐国不得不作重点设防，而齐国的综合国力为长城的修筑提供了有力的保障。

　　齐桓公死后，子嗣们开始争斗，齐国逐渐走向衰落，晋国则取代了齐国，成为中原霸主。因此，在春秋大部分时期，基本上是晋国和楚国分庭抗礼，齐国在大部分时间内，只能选择跟随晋国的脚步。然而到了齐灵公，则不甘心长期被晋国所支配，想要复兴齐国的霸业。经过多次征战，齐国从鲁国手里夺得邦国故地（今山东济南长清区五峰山一带），但鲁国心有不甘，于是，向晋国求救。晋、鲁两国都是周之后裔，是友好之邦，晋平公面对齐国叛晋伐鲁，不能坐视，于鲁

1-3　葵丘会盟台遗址

襄公十八年——也就是齐灵公二十七年（前 555），帅鲁、宋、卫、郑、曹、莒、邾、滕、薛、杞、小邾共十二家诸侯兴师伐齐：齐灵公亲自率师，至平阴御敌。齐灵公下令"堑防门而守之广里"，即在平阴城南广里（今山东济南长清区孝里街道广里村北）"巨防"之外，深挖沟堑，将挖出的土培在巨防上以增加高度和厚度，并引湄湖水以阻敌军。防门，就是巨防上留的门，供通行用。这样，先水后城，先柔后刚，联军想要攻城，非常困难。夙沙卫向灵公进言："不能战，莫如守险。"灵公不听，主动迎敌。由于巨防发挥了作用，两军相持不下，死伤无数。其实当时联军的兵力并不多，齐军如在城内坚守还是很难被攻破的。晋国范宣子用计，联军采用声东击西的战术，将主力分为两部，一部留在防门前虚张声势，故布疑兵，另一部迂回越过沂蒙山，偷袭齐都临淄。同时故意私下使人告诉齐大夫析归父说："吾知子，敢匿情乎？鲁人、莒人皆请以车千乘自其乡入，既许之矣。若入，君必失国。子盍图之？"析归父将鲁、莒分别出兵攻齐的消息告诉了齐灵公，齐灵公顿生恐惧。晏婴听说此事，感叹说："君固无勇，而又闻是，弗能久矣！"

灵公登上北边的巫山（今长清孝堂山）观望晋军。晋军在山泽险要之处，遍插旗帜，虚张声势，又束草为人，披上衣甲，使乘车者左实右伪，并在战车后边拖上柴草，战车奔驰，扬尘蔽天，以为疑兵。灵公见状大惊，惧怕敌军人数众多，于夜间悄悄退兵。

第二天，晋国师旷告诉晋平公说："鸟乌之声乐，齐师其遁。"晋国叔向也向晋平公说："城上有乌，齐师其遁！"于是防门洞开，长城不攻自破，晋军入平阴，追赶齐师，一路猛打，直至国都临淄城下。

第二年春，晋平公怕腹背受敌，与诸侯会盟于督扬（原长清东北祝阿城），在城中缔结和平协议，中心内容是"大毋侵小！"诸侯国撤兵。这就是著名的"平阴之战"。这场战争齐国虽然失败，但巨防确实对阻止敌人进攻发挥了很大作用。

史上虽有管子的"长城之阳，鲁也；长城之阴，齐也"之说，但由于后人对《管子》一书存有异议，专家们没有把这当做齐长城的始建年限。而据多方考证得知，最早的"长城"一词，就出现于联军攻齐的公元前555年。因此，史学界大都把该年定为齐修长城的最早上限。

清华大学于2008年7月收藏的一批竹简，记载了周初至战国间诸多史事，整理者定名为《系年》（简称清华简《系年》），其中第二十章的记载为长城的线路、修建年代等存在争议的问题提供了新的史料线索。《系年》中多次提到齐长城，"齐人焉始为长城于济，自南山属之北海。"这些记载对于齐长城的研究具有重大意义。

另于洛阳城东约35华里的太仓古墓出土的一套骉羌编钟，也发现有关"长城"文字。骉羌编钟共13个，其中5个上铸有铭文："征齐，入长城，先会于平阴"。平阴即指古平阴城，清嘉庆《平阴县志·疆域志》云："孝里铺南有村曰东长，其西南三里有村曰广里，……古平阴城，故老相传谓今东长村即其地，遗迹犹存"。

长城原是冷兵器时期阻止敌国战车进攻最有效的防御工事，适用于平原地区，以夯土结构为主。到了战国，随着各国军队数量大批增加，步骑兵协同作战

1-4 清华简

1-5　　蠿羌编钟

逐渐代替了原来的车战，骑兵开始作为独立的军种出现在战场上，战斗的机动性加强。在这种情况下，原有的孤立城池难以防御敌国的奔袭，而构筑完善的防御工事体系，成为最有效的方法。于是，齐国秉持"居安思危，安不忘危"的理念，把修筑长城放在关乎国家生死存亡的重要位置，以广里的"巨防"为起点，耗时一百七十多年进行修筑，其从最初的土长城发展到了石长城，从平原发展到山区，从断断续续发展到连绵一体，似一条巨龙横亘于崇山峻岭之中。这就是华夏大地上最早的长城防御工程。"长城"这个词也应运而生。此后，各国效法齐国，纷纷在边界上修筑长城。

由此看来，修筑长城的根本目的不是为了打仗，而是为了追求和平与安宁。中华民族的传统理念是"协和万邦""亲仁善邻""重筑盾轻造矛"，因此长城是当时世界上最大的线式"筑盾"工程，目的不是战争，而是为了阻止战争，以城止战，以城求存，最终达到和平共处的目的。

2. 齐国西南门户——防门

　　长城是综合国力的重要象征，也是"进可攻、退可守"的主要阵地，是立国、兴国、强国的重要支撑。齐长城从长清孝里的广里起步，沿着泰沂山脉一路向东，横跨今济南、泰安、淄博、临沂、日照、潍坊、青岛所辖的十八个市区县，至青岛西海岸于家河奔入黄海，全长1200余华里，素有"千里长城""齐鲁长城"之称。

　　春秋时期，齐国南近鲁楚，西有晋宋，北邻燕赵，出于防御目的，"因地形，用制险塞"，开始在南面防导薄弱边地修城筑墙，以保证边境的安宁。当然，那时还没有"长城"概念。经几代齐王不断将长城沿泰沂山脉向东增修，至齐宣王时已修至海，再后来，齐湣王又对长城进行了全面整修。至此，齐长城先后经历一百七十多年才大功告成。整座齐长城如东方巨龙，绵延于崇山峻岭之间，将黄河、泰山、黄海连成一体。

　　两千多年以后的1987年12月，齐长城作为中国长城的一部分，被联合国教科文组织列入《世界文化遗产名录》；2001年被国务院批准列入第五批全国重点文物保护单位名单。

　　齐长城的雄伟，不单是靠它的伟岸身躯，还有沿线的18道关隘，其中规模较大的有：古平阴要塞（防门）、大石关、长城铺、锦阳关、黄石关、青石关、城子关、铜陵关、穆陵关、西峰关等，关关连长城内外；沿关隘铺展的还有 16 条齐鲁古道，道道通齐鲁大地。这些关隘、古道既为齐国筑起了一道千里防线，又保证了与邻国的互通往来。

说起"天下第一关"，人们自然会想到秦皇岛的山海关。那里是万里长城自东往西的第一道也是最为壮观的雄关。而据史料记载，齐长城是自西向东修起的，第一道关就是位于今长清区孝里街道广里村北面齐长城源头上的"防门"。记得山海关老龙头的楼阁上有一块巨型匾额，上书"雄襟万里"四个大字。站在那里面对苍茫大海，极目远眺，只见海天一色，巨浪奔涌，气吞海岳，使人顿觉胸襟大开，豪情满怀。而站在当时齐长城的防门上向西眺望，可以欣赏到烟波浩渺的湄湖和连成一片的济水（大清河）及西面波光粼粼的黄河玉带：湄湖水面如镜，黄河浊浪排空，岸上木摇草伏……也能领略到名闻古今的"海亭风静"胜景。只是时过境迁，这道"齐川通鲁"的雄关，现在只能从史书上和遗址上靠丰富的想象力来臆想了。

齐国东邻黄海，北靠渤海，有鱼盐贸易之便。加之自建国之始齐国就采取了"因其俗，简其礼"的国策，依据齐地的自然地理条件，优先发展工商业和渔盐业，使经济得到了较快发展，为齐国的强盛奠定了物质基础。尤其是齐桓公，在管仲的辅佐下，采取农工商并举的政策，铸行刀币，鼓励经商，使国力强盛，成为东方之大国，并首霸诸侯。春秋晚期，齐国先后灭掉了纪、谭、莒、莱等国，使地域扩展到东方海滨，开放型沿海工商经济和内陆农业经济得以同步发展，为齐国社会经济的进一步发展和繁荣创造了条件。但是在春秋、战国间，各国为了扩充实力，发生过规模不同的战争达四百八十余次。多番混战后，相继出现了"春秋五霸"和"战国七雄"的称霸争雄局面。战争的目的是保存自己，消灭敌人，扩大、巩固国土。不断的战争，迫切要求各国加强防御工事，"备边境，充要塞，谨关梁，塞路径"成了当务之急。当时修筑长城是各国通用的方法。地处我国东方的齐国，南近鲁楚，西有晋宋，北邻燕赵。北、东、东南有大海作为天然屏障，基本无需设防。当时的济水在黄河东支之东，两者大体上是同向北流，自行入海。在齐国与赵国、燕国的边界附近，济水也可以作防御两国及其他邻国的天险。而南面、西南的鲁、晋等强国则不可掉以轻心。济水与泰山西北山地之间，形成了一条狭窄的条状平原。为了保护齐国西南边陲的安全，早在

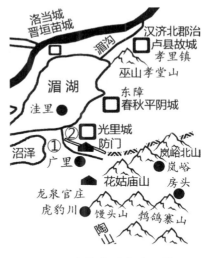

1-6 齐长城源头防门图
（陈明超绘）

春秋时期，齐国就在这里经营多座重镇，其中尤以平阴邑地理位置最为重要。

　　古时候，今长清东障、广里以西曾经是一大片水域，方圆达40多里，被称为湄湖。其与西面的济水（大清河）相连。《水经注》中记载的湄湖范围是：南起潘庄村所坐落的山脚下，北到孝里铺西边的姚河口；西至现在河西齐河一带，东至广里、东障村；再向北还包括孝里洼以北一直到现在归德街道的董家洼、卢城洼，文昌街道的徐家洼等洼地，面积先由小到大，依次递增；再由大到小，渐次递减。这些洼地现在早已成了良田，但在古代都是与济水连为一体却又相对独立的天然湖泊。向东不远就是泰沂山脉余脉，这些洼地特别是孝里洼的存在，使得这一地段变得狭窄起来，收束成一个瓶颈。在这一咽喉之地的广里村（由于屡遭洪水侵害，今天的广里村已两次迁村到齐长城南两里外地势较高的地方），原来村南是渐渐拔起的岭子头，东面就是接连不断的珠珠山、马骨油山、陡岭山、岚峪北山、大峰山等泰山伸延过来的余脉，

即齐长城所经之地。这里东凭泰山山脉之险，西据济水并牵湄湖之障，地势平坦，是齐国最容易受到攻击之地，在此修建齐长城抵御外敌，应该是齐王深思熟虑的结果。现存齐长城源头的土城墙，就横卧在这一瓶颈之地，正卡在南北交通要道的咽喉之处。有"自古济水东岸一条官道通西南"之说。即使是现代，这里还是通往中原地区的交通要道。中华人民共和国成立前后的长（清）平（阴）路、现在的 220 国道、济菏高速路也都经此地。由此可见，齐长城源头起于此，与这里独特的自然地理环境密不可分。从军事角度上来讲，济水形成了天然屏障，邻国如果从南面进犯齐国，只能从陆地攻入，加上这里属于山区与平原过渡地带，向东数里就是山区，不便于大规模兵车作战，故这里是理想的进攻点；从经济角度上看，国与国之间进行自由贸易，互通有无，自然走宽阔平整的大路方便得多，此处尤其有利于大型车辆出入。

古时齐长城靠近水边，"水来土掩"是其最初设想。这道夯土堤坝在古时候曾被称作"防"。防什么呢？因为广里以北是古平阴邑，每逢雨季，湄湖的水就会威胁到城邑的安全。为了保护城池，齐国在平阴城南、城西面修建了一道"L"形拦水用的堤坝，将湄湖的水挡在城外。为便于出入，堤坝的要道之处留了一道门——防门。在《水经注·济水》中，郦道元注道："平阴城南有长城，东至海，西至济，河道所由名'防门'，去平阴三里，齐侯堑防门即此也。其水引济故渎尚存。今防门北有光里，齐人言'广'音与'光'同，即《春秋》所谓守之广里者也。"《左传·襄公十八年》记载："齐侯御诸平阴，堑防门而守之广里"。杜预注："城南有防，防有门，于门外作堑。"都是说的此处。

"城"即春秋时的平阴城，也就是现在孝里东障一带。前文说过，鲁襄公十八年——也就是齐灵公二十七年（前 555），以晋国为首的诸侯联军进犯齐国，齐灵公集结重兵防守，并命将士们加高、加宽了原来的堤坝，并在堤坝外侧挖掘了一道堑壕，将湄湖的水引入当做护城河，以阻止联军的攻势——这道高大堤坝就由一般的水利工程衍变为军事防御工程，加大的"防"就被称为"巨防"。这，就是齐长城的雏形。

到了春秋晚期，晋国霸业衰落，鲁国与吴国联合以求抗衡比自己强大的齐国。齐景公死后，吴国对齐国发动了一连串的军事攻击。面对鲁国和吴国的进攻，齐国在其南部山区严密设防，以防止敌国战车长驱直入齐国腹地。齐国在泰山与沂山之间南北分水岭上又修筑了连绵的长城，直到黄海。在长城所经险要之处，相继修建了锦阳关、青石关、黄石关、城子关、铜陵关、穆陵关等关隘。

当然，这已是堙"防门"几十年至一百年以后的事了。

这里还有一点必须赘述一下：防门作为齐国之西南大门，所起的作用不仅是单单防敌国、防奸细，而且还有一个重要功能——征收关税。物产丰富、经济繁荣的齐国还有一大资源——食盐。这也是其他诸侯国觊觎齐国的主要原因。齐国之所以国力强大，除了工商业和渔业较发达外，食盐资源非常丰富，也是重要的原因。随着社会的进步和历史的发展，盐作为生活必需品的地位日渐上升，最初，百姓拥盐以自足；后来，商人贸易以取利。齐国北面、东面、东南面都靠大海，属于半岛地区，有许多盐场。食盐简直就是天赐齐国的资源，取之不竭、利润丰厚。齐国实行专卖，课收盐税，盐因而成为"国之大宝"，盐税也是政府财政收入的重要来源。齐国在国与国之间的通关大道上设关卡，征收丰厚的关税，也是一项强国立本的有效措施。齐国输出到周边国家的贸易产品除了食盐之外，还包括陶瓷、漆器、丝绸等。这些货物输出其他诸侯国，换取齐国所需物资，都要经过关口。因此，关隘是齐国对外交往的咽喉，是聚揽财富的卡口。齐长城修建在交通要道，关隘自然也就成了齐国对外交流的重要纽带，有力地保障了道路交通，促进了齐国与其他国家的贸易交流，起到了对外经贸的门户作用。

同时，长清境内的马山五道岭、万德长城铺等也都是齐长城上设立的重要关口，对促进诸侯国之间的贸易发展起到了很大作用。于是，出现了"天下商贾归齐者若流水"的经济繁荣景象。

据相关资料记载，齐长城从长清广里到大海，沿途共修建关隘12处、城堡和兵营50余处、烽火台12处，构成了一个完整的军事防御体系。自然，防门是千里长城的第一道雄关，作为齐国西南边陲举足轻重的一大关卡，当年的规模可想而知。

1-7　修复后的夯土长城

第二章
两座兵营崖上建

　　在齐长城沿线，散布着很多山寨、城堡和屯兵营。从广义上讲，它们并没有太大的区别，只是规模不同、用途不同，所以称呼也不同。它们都建在极为险要的山顶，或四周以高墙加固，或以陡峭的自然山体为依托，以独立的石屋为形式，是住人、屯兵为主的自成一体的防御体系。但看上去山寨相对简陋一些，城堡相对坚固一些，屯兵营相对有秩序一些。它们有的是临时躲避战乱的百姓栖身之所、有的是占山为王的土匪巢穴、有的是军队驻扎的营房。而随着时代的更迭，现已很难明确界定它们中哪些当初是用于什么目的，又曾几易其主。这就应了"铁打的营盘流水的兵"这句话。可以肯定的是，这些石板建筑都曾辉煌过，在当时必定起到过无可替代的作用。

1. 大峰山屯兵营

　　大峰山山势围合，三面峭立，曲如列屏，形若箕掌。其南北长 24 华里，东西宽 18 华里，占地面积为 12800 亩，因其顶峰高而大，故得名大峰山。大峰山屯兵营是离齐长城最近的一座也是规模最大的城堡，主峰海拔 376.2 米。它东接泰岳，西扼黄河，南临平（阴）肥（城），北望山阴谷地，有连山扼塞四固之势。山势宏伟，蔚为壮观。尤其是始建于 2500 多年前的齐长城与其擦肩而过，相互依托、呈犄角态势，使其更增加了神秘色彩。山上堡垒城墙坚固，且层层递升，携关扼口，攻防兼顾，进退自如，非常适合屯兵驻守。

　　现在史学界对大峰山山顶的屯兵营是否属于齐长城还存有争议，但其作为齐长城沿线仅 300 米之遥的屯兵营的存在确实是不争的事实。屯兵营依山势而建，东西两面各设坚固、高大的城墙，南北两面全部是悬崖峭壁，十分险峻。

　　齐长城自西向东在岚峪村北来了个 90 度的急弯，向北走去；东面相距 300 米左右就是大峰山兵营的前沿。两边是凸起的山峰，中间只有一段南北向狭窄的小路，是大峰山下岚峪村及南面马岭、房头、方峪等村与北面三黄崖村之间的唯一通道。背阴处有一个常年不涸的山泉，供岚峪村民饮用，因此被称作大泉口。这里东西青山夹峙，南北

2-1 大峰山主峰

道路崎岖，北面山下不远就是三股峪（当地人称河头泉）的深涧，是个打伏击的绝佳战场。从大泉口向东寻找城堡遗址，本不是件很难的事，但漫山的柏树遮天蔽日，早已将道路盖住，阴森森的，让人有盲人摸象的感觉。只有在当地向导的引领下，顺着山坡向东寻。眼前散落的乱石遍地都是，偶尔还能看到半截残墙。看得出来，这里曾经有多处石屋建筑，从风化程度不难推断，绝非近代产物。

在树林里向东行，突然眼前一亮，拨云见日一般，此处树木稀少，大块乱石横生。在山的险要处向南眺望，远方氤氲处群山环绕，南面十数里，是长清与肥城的界山——陶山。

由于大峰山西面是个山口，加上不远处即是齐长城主体，因此这一带成为防御重点，连设三道防线：

第一道防线虽然破坏严重，但依然保留着宽约 2 米，长约 200 米，高约 1.5 米的墙体，全部用大青石块垒砌而成，敦壮、厚实。每隔几米，内墙就有一个"猫耳洞"，且都留有瞭望孔。这些猫耳洞虽然已风化，但现在一个成年人蹲在里面仍绰绰有余。

继续向上爬，就到了一个制高点。最高处有一座石屋，是座二层碉楼，全为石筑。楼顶上设有瞭望台，站在上面可以看到整座山的全貌。它与大峰山主峰上的碉楼遥相呼应，用以观察敌情、传递消息。现整修加固改造后，供护林员观察火情所用。

此时山势逐渐平缓。再向东走一段，第二道防线横在眼前。相比第一道，这一道墙体稍微窄了一些，长、高与前者不相上下，宽约 1.5 米。同样，也是相隔不远就有一个观察孔，只是不像第一道那样，没有设"猫耳洞"。

第三道防线离第二道约 200 米左右，是大峰山屯兵营的主体城墙。墙体高约 5 米，宽 4 米左右。相比前两道更高大、更坚固。这才是大峰山上的中心堡垒部分。

屯兵营整个建筑形式、结构、材料随地形及环境的变化而变化，城墙上有垛口、瞭望孔，下设瓮城、附墙、站台、便门等，底部最宽达 10 米，还有穴居式石屋，在当时算是完整的防御工事。

顺着南面城墙向东 200 米左右，是兵营的南门。南门外有台阶，可从山下直接攀爬到达。营门高 1.6 米，宽 1 米。

接近山顶，是屯兵营的核心部分，有保存完好的城墙和石屋。城墙绵延约 1000 米，且留有城门。这座保存最完整的规模宏大的屯兵营约有 200 间石屋，都为青石板叠涩收顶风格，大小不一，现保存完整的大约有 16 座，散布在山坡上。其余石屋大都坍塌，只留下残垣断壁。后来大峰山景区的工作人员将部分石屋顶部重修复原后供游人参观。

几间稍大的、分里外间的石屋，建在石板路旁，目前还能住人，应该是指挥室，或家眷居住的地方。

2-2　屯兵营南城门

　　"孟姜女哭长城"是妇孺皆知的传说故事，据说东边万德街道长城村就是孟姜女的故里，且当地还有孟姜女庙遗址。传说当年孟姜女的丈夫樊杞良在新婚过后不几天便被拉去修长城，一年以后，由于丈夫走后音讯全无，孟姜女寻夫来到齐长城。在跑马岭山下附近打听丈夫的下落。本村的一个民夫告诉她，她的丈夫在西城门垒长城时累死了，尸体被埋在了长城下。现在屯兵营的东面竖有一块大石板，上刻着"孟姜女问路石"。孟姜女听言大哭着直奔西城门，悲痛欲绝，边哭边扒城墙，结果扒倒了齐长城。

　　如今西城墙内不远处有一块巨石，刻写着"孟姜女哭长城处"。

　　大峰山是济南著名的道教胜地，至今游览者络绎不绝。据史料记载，大峰山建筑群始开发于元末，兴盛于明、清，有道人范真峰云游至此，认定这里是潜心修道之地，于是在此落足，建观修道。与此同

时，范真峰在周边传道的过程中还广招弟子，募缘四方，最终建成了
这处颇具规模的道观。道观的命名也选取了范真峰名字中的"峰"字，
加上此地萦绕不散的云雾，此观便定名为"峰云观"。从历史上看，
大峰山属于道教场所，但随着时代的变迁，它又是道、儒、佛三教合
一的地方。从主体建筑群来看，道教在这里诞生和存在的时间要长一
些。主要道场及景点有灵官庙、峰云观、青龙潭、待月泉、禅室、金
蟾洞、璇玑洞、升仙台、三教堂、豆腐泉等，于20世纪末对外开放，
成为旅游胜地。

2-3 掩映在柏丛中的屯兵营

2-4 大峰山革命根据地纪念馆

　　抗战时期，大峰山是泰西地区（泰安、肥城、平阴、长清等地）中国共产党领导人民抗击日本侵略者的中心，建立了有着广泛群众基础的革命根据地。我党领导当地群众配合八路军115师在泰西地区筑起一道全民抗日的钢铁长城，给予日军沉重打击，并在抗战中使党组织得到发展壮大。因此，大峰山被称为山东泰西地区的"小延安"。

　　近几年，中共济南市委在大峰山下建起了济南市党性教育基地——"大峰山革命根据地纪念馆"。陈列了许多根据地军民抗击日寇的实景、实物，详细介绍了当年革命根据地发展的盛况。纪念馆的开放，为济南乃至山东省的爱国教育提供了新的讲堂，丰富了"红色旅游"资源。

　　距纪念馆几百米处是革命烈士陵园，几十年来一直作为长清爱国主义教育基地。2011年7月1日，在中国共产党建党九十周年之际，中共长清区委又竖立了英雄纪念碑一座：碑座高度 1.938 米，寓意为 1938 年长清县第一届县委成立；碑座到碑帽高度为 7.1 米，寓意为七一建党；主碑高 9 米，寓意为庆祝中国共产党建党九十周年。碑上镌刻着毛主席题写的"革命英雄纪念碑"7 个金色大字。

　　大峰山不仅是有着悠久历史的文化胜地，还是长清人民革命的摇篮。1937 年卢沟桥事变后，日本帝国主义发动了全面侵华战争，1938 年革命先驱张耀南、魏金三在大峰山建立了长清县抗日根据地，创建了大峰山抗日独立营。党和国家前领导人田纪云、万里、段君毅等，抗战期间都在大峰山工作过；万晓塘在这里担任了中共长清县委首任书记。20 世纪 70 年代，中国人民解放军八大军区中有 4 位司令员出自大峰山，有 7 位省委书记在大峰山战斗过。大峰山为党和国家培养、输送了大批军政人才，为中华民族的解放事业做出了卓越的贡献，在中国革命斗争史上留下了光辉的一页。

2. 杜庄古城堡

　　齐长城从双泉石小子山寨沿山脊向东数里后呈南北走向，在北傅村西北进入谷地，再从陈沟湾东山继续向山岭挺进，先向西北、继而转弯向东北延伸而去。在长城东边 500 米左右的连体山上，矗立着长清齐长城沿线的第二座堡垒——杜庄古城堡。

2-5　杜庄古城堡

　　杜庄古城堡所在山名狗头山，规模宏大，气势非凡，总面积约为5万多平方米。相关资料显示，这座古城堡是千里齐长城沿线上现存最完整、防御体系最严密的堡垒。

　　杜庄城堡所在的山体，总体呈东西走向，如汉字的"凸"字，向北伸出部分像一个"狗头"，因此得名狗头山。整个山顶细长而狭窄，最窄处不过5米，南北两边均是悬崖峭壁。如果徒手从下面攀爬，无论南面还是北面，其难度都不亚于登天。

　　东面山下是双泉镇杜庄村，山坡相对较平缓，进出较西面容易得多，因此进出城堡一般都走东面。这就造成了东面是防护重点的态势。算上前沿，城堡共设五道防线：第一道设在一段平缓的山坡边缘突兀的险要处，长约80米，为一半圆形墙体，现在只剩不足1米高的墙体了。这里居高临下，视野开阔，易于防守。

　　一道墙和二道墙之间是一段坡度不大的开阔地，长有200米之多，便于战时缓冲或观察情况。二道墙横跨南北，两边弧形垒砌着城

2-6　古城堡残存石屋

墙，这里比城堡核心宽绰许多，但南北也都是绝壁深涧，从而形成天然屏障，易守难攻。

第三道城墙给人的感觉是要将大山拦腰斩断，南北长仅12.4米，是整座城堡最为险要的地方，属于核心防线。墙高4.4米，上有垛口，西侧设站台，靠南端有门，门高2.3米，宽约1米。进寨门后靠南段的地方，有大型石屋4间，应该是城堡的指挥机关。

前三道城墙的防守重点是东方，第四道城墙内是最核心区域，也是内城。内城最东端的城墙高约4—5米，南北距离14.6米，墙东侧有石屋22间，分别建筑于南北靠悬崖的地方。尤其让人惊讶的是，城墙的大门在最南边的悬崖上，这样的独特设计有利于将防守的功能发挥到极致。因为进攻或是偷袭者的兵力在这里根本施展不开，无法快速将堡垒攻克。

　　杜庄古城堡最精美、最壮观的建筑当数最西边的第五道城墙了。依山势而建的墙体，外平面（西面）齐整，垛口高低错落，随地势上下起伏，释放出一种古朴苍凉的独有魅力。墙体长 113 米，高达 4—6.5 米，上部厚度 2 米多。尚存 19 个垛口，每个口长 1 米，高 0.5 米；每个垛长 1.5—2 米，中间还有 0.3 米见方的瞭望孔，作用是战时不暴露身体，能有效地保护自己。可以想象，在没有炸药的古代，想攻破这样的堡垒简直是痴人说梦。内墙设有走道，可以站在上面很容易地从垛口观察情况。走道下面是一溜房屋，既隐蔽，又节省了石料。而偌大的城墙，仅在最北边的绝崖处留了一个小边门，门宽 1.2 米、高 1.75 米，不仔细看很难发现。第四道和第五道城墙相间 146 米，为防止敌人从西面偷袭，站台和连体石屋都设在了墙体的东侧。

　　整座古城堡规模很大，但房屋却不是太多，仅在内城两道墙内建

2-7 高大壮观的城墙

有房舍，加起来也就 30 间左右。不过建筑面积还是很大的，有的单间超过 20 平方米。还有几座带套间的，应该是首领居住或办公的地方。

目前古城堡的外围墙体除几小段略有坍塌外，基本没有人为损毁，保存得比较完整，这在长清区是绝无仅有的。整座城堡建筑设计缜密，规模宏大，结构严谨，匠心独运，从东向西竟有五道不同形式的城墙拱卫防御。主要房屋建筑到现在为止虽有的已塌陷，但大都保持原样，实在是难能可贵。

长清区文物保护中心原主任韩特先生曾在城堡内发现锈迹斑斑的类似铁兵器残件，为判断建筑的确切年代提供了重要依据。

古城堡三面均是山峪，地理位置非常险要，至此还能观赏到山下东北面波光粼粼的崮头水库，东南的巍巍马山。这里还是马山西部齐鲁重要通道的总枢纽。

杜庄古城堡与齐长城的建筑年代是否相同，我们一时还难以断言，就让它作为中华千年文明历史的见证者，默默地沉睡在这里吧。

第三章
三条内河穿城过

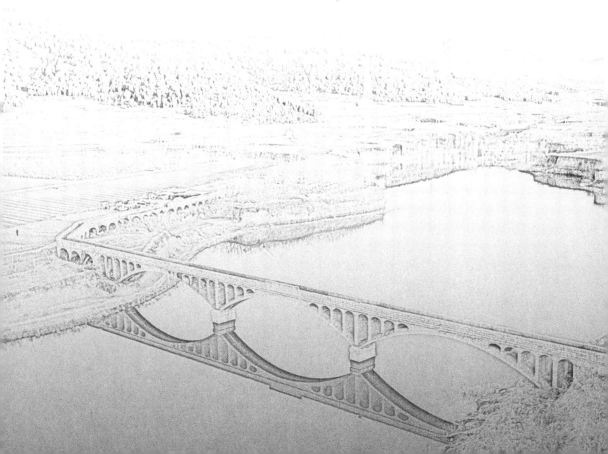

　　齐长城在长清境内蜿蜒崎岖近百公里，所经地形复杂多变，既有高山，又有平川，还有河流。其西起大清河（今黄河），向东先后穿过清水沟、宾谷河、中川河三条大河。千百年来，山水相融，城河相映，形成了很多自然和人文景观。而几条宽阔的河流，也是在缺少武装泅渡经验的上古时期难以逾越的天然防线，在以战车为主要作战工具的春秋战国时期，大兵团排兵布阵是决然不会在这里展开的。因此，齐长城修到河边，一般都会沿着两岸培起高大的夯土城墙，一旦有战事，会派重兵把守，使敌军难越雷池半步。

1. 清水沟

　　清水沟（当地人称孝里铺河）上源为发源于今孝里街道的房头、马岭、三黄崖村的三条支流，三水在北凤凰村汇流，经今"孝兴家园"、孝里铺、石岗村南至老王坡村流入黄河。全长 13.5 公里，流域面积 107.8 平方公里。

　　清水沟虽然只有十几公里长，但它发源于齐长城源头，其干支流三次把齐长城"阻断"：第一次在岚峪村西，河的上游河道是由长清与肥城界山陶山之阴形成的清水沟源头冲击下来的天然沟涧，当地人叫土沟。现在土沟上边仍有一段长 20 米、高 2.5 米、宽 3.5 米的夯土长城。第二次在东面大峰山西麓的大泉口，一道深涧拦腰将齐长城截断。由于又宽又深的山涧通往不同的三个方向，当地人称这里为河头泉。其南股长 72 米；西股长约 200 米；向北的一股稍短一些，也有 20 多米。三股峪基本都宽约 30 米，深度达 20 多米。每逢雨季，从大峰山西麓流下来的水漫长城而过，涛声如雷，形成一道"水下长城"。第三次：齐长城到了北黄崖村西，下山转向东北走向，又与环绕北黄崖村的西、东两路土沟相遇。而后继续向东北约 300 米，又被北黄崖村东由黄崖寨山下来的河沟截断。这两道河沟，把夯土齐长城分为三段。两股河沟的水汇入下游的胡林水库（渡槽），溢满后顺势流到今

3-1　清水沟入黄河口

"孝兴家园"，最后与西路清水沟主流一同在孝里铺汇合，从原老王坡村南流入黄河。由于多年的雨水冲刷和历次改道，加上人为地整修改造农田，这几段处于谷地的齐长城现已很难找到痕迹了。直到出了谷地，齐长城才又逐渐显现，爬上了东北方向的梯子山。

　　清水沟自东向西穿过济菏高速路、220 国道两条交通主干线和长孝路（县级公路），最深处达 20 余米，最宽达 30 余米，多数为天然形成。20 世纪 60 年代起，为防水患，政府出资多次对清水沟进行改造和疏通，使之成为一条造福于人民的幸福河。

2. 宾谷河（南大沙河）

宾谷河始称宾溪水，后称宾谷河、南大沙河。据康熙版《长清县志》记载：南沙河"源发三尖头七仙岭下，经青崖山南、滚粟山北，西流至沙河门头入大清河。"民国版《长清县志》则载："查此河发源于黄豆峪，西流经五红庙，转而东流至段家店，与双泉庵之水相合。北流至学（漩）庄，又与中川界白石崖、杨家土二峪之水相合……马庄之水共有三源：一自汉卢界张家庄发源，一自中川界孙家庙发源，一自山茌界五峰山发源。三水均自马庄合流而至苤村铺。自苤村铺西北流至升城区，过归德，至沙河门头入黄河。"

由于年代久远、暴雨经常带来山洪，加上现代人工引导、治理等因素的影响，史载的河流上游位置多有变化。现今的宾谷河（南大沙河）实际共有3条支流：西支流发源于双泉镇与肥城县交界的小泰山；中支流发源于马山镇张老庄附近；东支流发源于五峰山街道的青龙山一带。从现在的《长清区地图》上能分辨出，齐长城从马山镇崮头水库一带与西支流并行了几公里，又在漩庄村南交叉而过。这是二者在马山镇境内唯一的一次交会。分别来自双泉和马山的宾谷河上游之水，在漩庄南交汇。漩庄村就是因两溪水在此汇合相互冲击形成漩涡而得名。宾谷河在这里把夯土齐长城再次截断，而后向北在归德街道麒麟

3-2　宾谷河小屯水库

村与五峰山下来的东路水汇合，转向西北流去，经归德街道驻地北，后在董庄村附近流入黄河。主河全长 37.2 公里，流域面积 406 平方公里，汇集地面径流 185.8 平方公里，沿河建有崮头、钓鱼台、张庄、小屯等四大水库和若干塘坝。

该河除有主支流 3 条外，还有小支流 15 条，大小溪流汇集，源短流急。穿越 220 国道、104 省道、济荷高速公路等南北交通要道和长孝路、万归路、漩刘路等县级公路及南水北调干渠。齐长城与其交会处在当时应该更是一道奇观。

宾谷河是长清第二大河。春秋时期，从源头河畔诞生了以齐国五官之一的大司理宾须无为先祖的宾姓家族，后来繁衍遍布到整个中国。齐长城与宾谷河一纵一横，构成了天然与人工结合的强大防御工事，气势磅礴，至今在它们交叉点东面 300 米处还保留着一段长 80 米、高 8 米、宽 6 米的夯土长城，是目前千里齐长城保存最完整、最长的一段，弥足珍贵。

3. 中川河（北大沙河）

中川河（北大沙河）古称中川水、沙沟，主流发源于泰山摩天岭西麓，主要有3条主支流，又有20多条小支流及小溪流汇集入主河道，经万德、张夏、崮云湖、长清湖，流向西北，在平安街道的老王府村附近流入黄河。

据郦道元《水经注》载："……济水又东北与中川水合，水东南出山茌县（现长清东半部）之分水岭，溪一源两分，泉流半解，亦谓之分流交。半水南出太（泰）山，入汶；半水出山茌县……"

中川河的三条主支流是：东支流分别从青天、拔山、黄豆峪三个村子附近的大山里形成，会集南面凤凰岭之水顺势而下。组成了占地面积15平方公里的武庄水库，而后吸纳下游山区溪流汇入主河道。中支流从泰山后的桃花峪附近分流而来，然后东吸马套、界首、店台、卧龙峪之水，西收坡里庄水库之水，与同齐长城相遇的红石江上游交汇。西支流由黄巢寨下的石胡同水库、孙庄水库、田庄水库之水组成，一同流入主河道。

齐长城从长城村东、现国道104线边与中川河主流相遇。这里河面宽阔，水深数丈，平静安宁。河东岸至今还有一段高大的夯土长城。这条河在大禹治水时叫乌龙江，传说孟姜女哭倒长城后，在这里投江自尽,接着江水变红,将江岸岩石染红。从那时起,百姓为了纪念她,把乌龙江改名为红石江,沿用至今。

中川河(北大沙河)全长54.3公里。流域面积584.6平方公里,其中山区面积475平方公里,占81.3%;平原面积109.6平方公里,占18.7%。它在长城村东与千里齐长城抄手而过,沿线国道104、京沪高铁、津浦铁路、京福高速公路等南北大动脉与其同向而行达30多公里;之后向西穿越经十西路、国道220线,流经万德、张夏、崮云湖、文昌、平安五个街道。千里齐长城在长清境内最后一次与河流的交汇,为人们留下了一段让人痛心疾首的传说故事,在当地百姓的心中打下了深深的烙印。至今,在长城村还流传着"孟姜女哭长城"小调《十哭长城》,千百年来,村民们一直传唱着……

3-3 中川河红石江

第四章
四座山寨据山巅

　　在齐长城沿线上有许多山寨，仅在长清就有梯子山、石小子山、黄山和大寨山四座大型山寨及破坏严重的陡岭山、岚峪北山、阳干山（羊栏山）、青黄山、陈沟湾北山、狼顶山（肥城境内）、桃花尖山等数座小型山寨。那么这些建在崖上的堡垒是否与齐长城属于同期产物？是否与齐长城有直接关系？在这里发生过多少战事？笔者翻阅了大量书籍、查阅了诸多资料，发现少有相关记载。这些山寨均设在山的险要处，或依齐长城墙体而建，或直接把山顶圈起来四周以高墙加固，与长城共同成为一个防御体系。然而看上去其风化的程度大都似乎要轻一些。也就是说，它们与长城同时期的可能性相对要小。不过可以肯定的是，它们绝非近代产物，一定是后来借助于齐长城主体所构建的堡垒，在战乱时起到过很大作用。千百年来，这十余座山寨像坚守在长城上的哨兵，一直默默地伫立在那里，见证着王朝更替、世事沧桑。

1. 梯子山寨

　　梯子山寨在今孝里街道北黄崖村东北方约 300 米的山上，与南面数里的黄崖寨隔谷相望，海拔 374 米。因山势像梯子一样陡峭，登山如登梯，故名。据《山东省长清县地名志》载，清末咸丰十一年（1861），当地群众在山上筑寨防乱，曾更名大桥寨，后复名梯子山寨。山北有个村庄叫陈家峪，因山峪像两个大葫芦，习惯上都叫葫芦套。非常巧合的是，从空中俯瞰，梯子山寨也如一个大葫芦——东面是葫芦嘴，西面是葫芦底。与山下的"葫芦套"隔谷相望，相映成趣，形成了长在山上的"大葫芦"。寨子南、北墙均沿山崖边垒砌，寨子几乎占满了整座山。山上植被较少，视野非常开阔。

　　山寨墙体依山势而建，巧妙地隐藏在悬崖峭壁之上，居高临下，易守难攻，不到近前很难分辨出是寨墙还是自然山体。山寨主门朝北偏西方向，有两道寨门：第一道设在山腰稍平缓的山梁最窄处，随山体横建一道宽厚的石墙，正中间留一简易石门。

　　二道门在离一道门不足百米的地势更高的地方，相比一道门要险峻得多。人行至此开始"登梯"，一直到高大的寨墙前。整道寨墙高大、敦实，北面寨墙目测 30 多米长，4 米多高，上面布满了瞭望孔。从远处根本看不到寨门，直到跟前，才发现它在墙体的右边一角更加险要处，不是朝北，而是朝着偏东方向。这种设计独具匠心，隐蔽性强，既能从正面把山下来人完全暴露在视线之内，还能在战时补充兵员时不受到直接攻击，以更好地保护自己。当地百姓把它叫作"扭头门"。

进了二寨门，便是漫山遍野的石屋，多达116间。石屋均随地形而建，层次分明，或聚或散，有方有圆。除个别石屋外，面积都较小，一般只有5—8平方米。高度大都在1.8米左右。石屋由厚薄不等的石板叠涩垒砌，墙体看上去很整齐，颇具美感。每座方形石屋都墙齐角正，屋角上都有一块大石头做地基；圆形石屋构造相对简陋一些，应该是士兵或下层人员住的地方。石屋都是下面石块较大，上面石块较小。再往上，全部用不规则的石板搭建，层层叠压。每间石屋门上方

4-1 梯子山寨

中间都有一块长条形的过梁石，屋顶则是收紧后用一块面积较大的石板盖住。这样收缩叠进，不用檩梁，既结实，又能遮风避雨。只是现在大都已经坍塌，没了顶子。

山寨西面还有一道完整寨墙，长约 50 米，高近 5 米，靠左边留有一个便门。墙体以前面的山崖做掩护，临渊而建，约 3 米厚，内墙有运送补给用的附墙，平整宽绰。看得出来，这里也是防守重点之一，相比北门，这里的寨墙更加高大壮观。

山寨南面和北面均是悬崖峭壁，寨墙沿着山体而建，因徒手也不易攀爬，墙体建得相对低矮一些。不过这里地势较高，视野相当开阔，往四下看，山下所有物体一览无余。正北边的地势最为险要，完全是直直的高达十几米的峭壁，因此基本不用构筑城墙。

山寨沿山体修建，越往东越窄，到了最东边，寨墙就只有 10 余米

4-2　山寨墙体

长了。这里的城墙又是设在山的绝壁处，高大厚实。东面陡然下降，在离寨墙 10 米左右的山坡上，一道横跨整道山梁的城墙穿越南北，形成了坚固的外围阵地。这道工事与西北面山寨外围构成了完整的防御体系，堪称"铜墙铁壁"。

梯子山寨是长清——也是整座千里齐长城上的第一座山寨，站在山顶，四面的景致尽收眼底：向东望可见马山的雄姿；东南不远处的高峰即是齐长城沿线上的石小子山寨；正南面可见阴森森的黄崖寨；西面北黄崖村北的断断续续的土坝堰（夯土长城）时隐时现，像条断成几节的蚯蚓延伸到山下；往西北极目远眺能看到波光粼粼的黄河，真有"更上一层楼"的感觉。

在寨子西面的斜下方的峭壁上，有个很大的山洞，显然和山寨有关，用石头垒砌的洞口也说明曾经有人住过。这个山洞的洞口呈半圆形，一人多高，洞穴很深，外大里小，进去后，成年人只能弯下腰前行。里面的石头非常奇特，一层叠着一层，可惜空间狭小已不能再往里进了。这个山洞处在半山腰，一面绝壁，三面开阔，视野非常宽，作为前沿观察哨最理想不过了。

非常巧合的是，山寨东北面几乎同西面山洞高度差不多的地方，也有一个山洞，洞口稍微小点，但里面宽绰，高、长、宽都在 3 米左右。岩层迭起，是一个天然洞穴。洞口呈三角形，经人工垒砌也呈长方形，同样也有人居住的痕迹。

这座神秘的山寨，曾一度被人称作刘黑七寨。刘黑七曾是山东的巨匪，后来投靠时任国民党山东省主席韩复榘，驻长清、高唐一带，在当地亦兵亦匪。刘黑七经常向各村派粮派款，如有抗拒或交不足数，即攻破村庄烧杀抢劫。村民为了躲避刘匪，就加固了这座山寨。而据《山东省长清县地名志》记载，清朝咸丰年间，村民为了躲避战乱逃到山上，整修了营寨。那么哪个说法更靠谱呢？其实，两者并不矛盾，

4-3 天然洞穴

因为两次事件不处在同一时期，而为躲避战乱，史上或许还有更多次此类事件的发生。

据长清党史资料记载，抗战时期，我长清县大队在孝里大桥一带与敌人遭遇，当时日伪军有两千余人，并有骑兵，对我县大队实施了快速包围。面对险境，县委书记兼县大队政委侯筱章，沉着指挥部队转移，利用山寨（当时称大桥寨）作为工事，巧妙地与敌人周旋。激战中，他的肩部和大腿两处中弹负伤，但仍坚持带伤指挥战斗，直至带领县大队冲出重围。

2. 石小子山寨

　　齐长城从孝里梯子山寨开始呈西北—东南走向，过了矬子山进入双泉境内，不远就到了石小子山寨。石小子山位于今双泉镇满井峪村南3华里处，也是齐长城的重要组成部分，海拔440米，四面绝壁，茂林遮掩，因西崖有挺立于云雾中的巨石似少年男子而得名。

　　在千里齐长城沿线，有好几个地方盛传着"孟姜女哭长城"的故事。仅在长清就有3个地方与此传说有关：大峰山上的"孟姜女哭长城处"刻石、万德街道长城村的"姜女庙""红石江"，还有就是双泉满井峪石小子山上的这块酷似人形的巨石，传说就是孟姜女所哭的夫君樊杞良的化身。樊杞良被征去修齐长城，由于忍受不了繁重的苦役和监工的打骂，在劳累、疾病、受辱和思念亲人的多重折磨下，含恨死在了长城上。他的灵魂化作了一块永远挺立在长城边上的顽石，在呼唤着自己的亲人，向后人诉说着那段用血和泪写成的历史。十分巧合的是，山的东南部有一段残破的城墙和林木相映衬，远看像个羞涩的淑女，脸型、发髻都隐约可见，当地人称"石妮儿"。石小子、石妮儿相对而立，犹如一对纯情少男少女，含情脉脉地对望着、期待着，极富神韵。还有传说这是泰山老奶奶巡游时，留下的两个神童，护佑着当地百姓。

　　石小子山寨城墙沿崖边围筑，面积为 12000 平方米，东西各开一门。山寨建于悬崖之上，内有较完整的石房 70 余间，有方有圆，结构、形状同梯子山寨差不多，是一座保存较好的寨址。东寨门设在极其险要位置，向东一落数丈，再无遮挡。寨门设在这里，既便于观察东面情况，又便于加强防守，可谓"一夫当关"。

　　西面垒砌的城堡保存基本完整，只是历经沧桑已没有原来那么高大、雄伟了。

　　山寨内的石屋顶为片石叠涩，已坍塌。房基内生长着碗口粗的槐、榆、柿等树木。春天满山开遍红、黄、白花，春风吹来，沁人心脾。山脊处三道城墙为堡垒提供了安全屏障，形成交叉火力点，使来犯之敌休想越雷池一步。

　　石小子山是周围最高的山，大有一枝独秀之感，亦有"惊险扼四

4-4　石小子山全景

4-5 山寨外围

4-6 山寨东寨门

固，百万兵莫开"之势。站在山巅，东可以看到威武的马山、俯首听命的牛头山；南面崇山峻岭、重峦叠嶂，雾霭中虚幻透着神秘；西能望见大峰山、梯子山和黄崖寨等处的齐长城和古山寨；东北面是起伏曲折一眼望不到边的长城，可谓峻哉险哉。

由于此山在附近最高，山下各村里曾流传一句谚语："石小子戴了帽，大雨就要到。"意思是只要石小子山的上方有云雾盘旋，像是给山戴了一顶帽子，那么大雨很快就要来了。

石小子山寨看上去规模不是很大，但正处在齐长城中轴线上，地理位置非常重要。山寨南、北面也都是悬崖峭壁，只有东、西面能顺着长城攀登上去。因此我们初步判断，此寨应是一座守护齐长城的屯兵营，原来或设有烽火台，用以及时传递敌情。

3. 黄巢寨

齐长城从马山、万德和肥城搭界的三岔沟向东南，沿着长清、肥城交界线，就到了狼顶寨。狼顶寨主峰海拔553米，寨子现仅剩下高约2米、宽1.5米的寨门，规模很小。齐长城继而向东南，穿越海拔600米的夹子山，再向东是海拔476米的莲花盆山。以上几座山，多为长清与肥城、泰安的界山（部分属于泰安境），长城或在分水岭或在峰顶南边临崖处修建。

再向东，就是黄巢寨。

黄巢寨位于万德街道石胡同村南的黄山上，这座山因石头多呈现黄色而得名，海拔628.8米。黄山峰高谷深，山势险峻，据传黄巢率部于唐中和四年（884）在此驻扎，修筑了山寨。黄巢起义军声势浩大，给唐政府军以沉重打击。

黄巢寨是当年黄巢练兵、屯兵的一个大本营。由于此山位于长清、泰安和肥城交界处，故被称为"一脚蹬三县"，战略位置非常重要。此山曾四易其名：原名叫黄山，后称黄巢寨山，又名南黄山，还曾叫虎狼山。

黄巢寨有东、西两条路可以走：从东面上山，要先沿着稍宽一点的路走一段，再顺着"水道"走，最后再向西南最高的山摸索前行，

4-7　黄巢寨远景

最终到达寨子；从山西面也是顺着长城走，但山高路险，需要不断攀爬，甚至手脚并用。寨西险要处一个大山涧截断了长城，深度接近两丈，当地村民称其为仙人桥，此时必须小心翼翼地下到崖底，再由同伴帮忙方能爬到东面的长城上去，最终到达山顶。这一带山高林密，杂草丛生，相比之下，还是从东往西入寨相对容易一些。

　　黄巢寨同其他的山寨不一样，它没有设在山的最高处，而是建在了相对平缓的略低点的地方，山顶只留下观察敌情的设施，究其原因大概是山高风大不便于驻扎。东北向寨门处有高 3.5 米、宽 2 米、长约50 米的残墙。东有乱石垒砌的半地穴式房基十余间。由于多年的侵蚀，现只留下了残垣断壁。据做了几十年护林员的张英贵老人介绍，本来寨子就是半成品，传说当时黄巢被官兵追杀，还没来得及完全建好寨子就跑了。

山寨北边的一片开阔地据说叫杀人场，是专门对逃兵、俘虏和奸细行刑的地方。

山顶北部向北凸出约 30 米、呈半岛形的悬崖，时称点将台，上有擂鼓石、旗杆窝；南部有开阔缓坡，面积有足球场那么大，因此叫跑马场。除了这一片空地外，山顶上四面绝壁，到处怪石嶙峋，南北边上都是万丈深渊，临崖俯看，顿时让人增添几分恐惧感。山寨西侧有双重山门，又有所谓"一线天"，是齐长城以山代城的第三段。

站在山顶极目远眺，东面与黄山连体的是五花岩山；南面是同黄山海拔差不多的鸡冠岭（在泰安境），西面是略微矮一些的莲花盆山，

4-8　黄巢寨坍塌的石屋

北面是石胡同水库。这里地势非常险要，易守难攻，素来是兵家必争之地。由此看来，当年黄巢在此建寨是很有战略眼光的。

黄巢寨山高寨险，曾发生过官军围攻黄巢军的战斗。北边村庄的名字，都和这次激烈战斗有联系。比如"上营""下营"，村名都是因当年追击黄巢的唐兵驻军的地方衍变而来的。还有石胡同村，原名叫血胡同，因为那时候双方在山上打仗非常惨烈，血流成河，把山下村子胡同里的石板路都染红了，从此这个村就叫血胡同了。多年以后，人们嫌血胡同太血腥，忒恐怖了，就把村名改成了石胡同。

黄巢寨地势险要，又位于三地交界，史上多有战事。据相关资料记载：1928年国民党军贺耀祖部第二次北伐时，曾激战于此；1930年蒋阎中原大战，也在此厮杀过。

4. 大寨山

在济南，许多人都知道平阴县有一座大寨山，巍峨挺拔，奇险无比，而很少有人知道长清还有一座山也叫大寨山，相比之下长清的大寨山一点也不逊色，反倒因为有长城从寨上穿过而更为险峻、更加神秘。大寨山又叫风门山，因两侧高崖垂直壁立，对峙如门得名。从谷底仰望，唯见一线青天；从山顶俯视如临万丈深渊，惊险无比，因此，又有黑风口之称。它正处在齐长城的中轴线上，并且是长清境内齐长城沿线海拔最高的一座山寨。

大寨山位于万德街道卧龙峪风景区，海拔 637.2 米。据《山东省长清县地名志》载：据传，隋朝前后曾有人在山上筑寨为王，故得名大寨山。每逢战乱，百姓们都逃到这里躲避兵灾。村民讲，这里曾发生过"马前泼水"的故事：说是汉朝时期，有个人叫朱买臣，因家里穷，靠打柴为生，曾经在风门山潜心攻读。他妻子嫌他穷，就离他而去改嫁了。于是他更加发奋潜心学习，后来在同乡严助的引荐下，终于做了官，一直做到会稽（今浙江绍兴）太守。衣锦还乡后，他前妻十分后悔，拦住他的去路，跪在他的马前向他请罪，并请求复婚。他令人往地下泼了一桶水，叫他前妻再把水收起来，并说："如果你能把水收起来，我就再收你为妻。"他前妻又羞又愧，回家后自缢而死。如

4-9　大寨山远景

今山上还有几块石头叫"朱买臣""白氏郎""大印石"。

　　这里的长城随山势险要程度坡度越发加大,逐步转入土石混筑结构。虽经2500多年的风雨冲刷和战火的洗礼,依然高大挺拔,威严耸立。大寨山的最高处怪石林立,风声瑟瑟。原来的寨址除东边有环墙遗址外,几乎没了踪迹。残墙大都被拆了作为手机信号塔基座,现存只有旗杆窝和寨址地基石。

　　站在山上,顿时有了"一览众山小"的感觉:顺着巨龙一般的齐长城向东望去,大小山峦此起彼伏,煞是壮观。东南方一眼就能望到泰山极顶。泰山山脉山峦起伏,宛如一幅现实版的山水画卷;南面是店台村集体开发的龙凤庄园,络绎不绝的游客来此采摘几十种无公害的高山水果;西南面半山处是文殊院,山下就是店台村;正西方群山中的断层，是原"九省御道"，如今京沪高速、京沪高铁、津浦铁路和104国道均从这里穿过；再极目远眺是碧波荡漾的坡里庄水库，那里种植着上千亩"泉城红"和"泉城绿"无公害茶叶；北面的小山油篓山背后是武庄水库，还有邵家庄水库。置身于此，真的有胸襟万里、一览众山小的感觉。

齐长城从这里又开始了一段漫长的征程，一直到长清区内齐长城的制高点——钉头崖。这段长城多半是石垒结构，偶尔掺杂着土石混筑结构，是长清齐长城最典型、保留最完整的一段。

此时此刻，姑且不去想是何人在此筑寨，在这里曾发生过什么事件，就凭这里的险要也足以让人叹为观止。

4-10 远望泰山极顶

第五章
五道沟壑难逾越

　　长清境内的齐长城，主要经过两种地形地貌：一种是平原谷地，一种是崇山峻岭。山区属于泰山余脉，有山峰，自然也有峡谷，地形复杂多变，组成了连绵不断的山峦。正所谓"远近高低各不同"。齐长城修到哪里，就会根据那里的地形而修建。山与山之间，有的形成断档，或是高山险峻之处突然跌入深涧，也就是"崖谷河壑"，这无疑给修长城增加了很大难度。如果疏于防范，敌国于此乘虚而入，后果不可想象。因此，这里不仅要修长城，而且还是需要重点防守的地段。

1. 三股峪（河头泉）

　　孝里段的齐长城，在岚峪北山呈东西向，此段长城痕迹明显。东行到接近大峰山的地方，出现了一个山口，俗称大泉口。大泉口介于岚峪北山和大峰山之间，两山夹峙，齐长城没有继续向东越大泉口垒砌，而是突然向北来了个90度的急转弯。此时山体急速下降，进而就跌入低谷。这，就是三股峪（河头泉）。在这里需要说明一下："三股峪"是许多有关齐长城书上的称呼，但不为岚峪村民所认可。而"河头泉"的称谓是当地家喻户晓的，因山峪很大、泉子很多得名。

　　三股峪（河头泉）是一个天然形成的大峡谷，分三个岔：西、南、北分别是大峰山、岚峪北山和阳干山（当地人称羊栏山），峪深崮险、山势陡峭。其南股长72米、西股长约200米，各宽30米、深20多米；向北的一股稍短一些，也有20多米，应该是随着现代雨量减少，百姓将其填上改造成了田地。据村民讲：北边山崖叫河头泉北崖，南面山崖叫河头泉南崖；东面建有亭子的石崖叫河头泉东崖，西边石崖叫河头泉西崖。西面出口叫河头泉里嗓（嗓子眼）。这几个"崖"上分别都有泉眼，泉水沿山体渗出，每逢夏季泉水顺势而流。其中有四个泉子长年有水，非常神奇。

　　这里也是孝里清水沟源头的一个分支，同上游马岭水库下来的水

5-1　三股峪（河头泉）

在凤凰村南汇合，下流同黄崖村小河的水在孝里相汇合，一并流入黄河。

三股峪（河头泉）的北悬崖处有一个半圆形天然山洞，高 1.3 米，宽 2.5 米，深 4.5 米。此洞是洞中洞，里面能藏住 4 至 5 个人，齐长城从正上方继续向北。北边阳干山（羊栏山）上的长城更为明显，像一条伏在山梁上的巨龙蜿蜒而行。

此处位于齐鲁交界，近年有关部门投资修建了一座观景亭，"齐川通鲁""齐鲁空间"八个大字题额其上，附近两处自然山泉取名"齐风泉"和"鲁韵泉"，平添了一道人文和谐风景。

2. 陈沟湾北

　　双泉镇陈沟湾村东山的长城遗址尚有很长一段，因山势转向西北——这在长清段实属少见。北边是一片山峪，长城沿山体行进。继续向北，山体陡然拔高，上去后不远就看不到长城的影子

5-2　陈沟湾北

了。平缓的山顶，平得可以做足球场，非常少见，而东边却有相当长的绝壁，用"刀削斧劈"来形容一点也不过分。原来，这里本来就是一道天然屏障，徒手攀岩都做不到，根本就无需再修建长城。这，就是长清境内齐长城第一段"以山代城"的构筑形式——无城也是城。

这段以山险代替城墙的长城向北大约 500 米，一直延续到杜庄城堡西附近。其间有一处天然豁口，深 4 米、宽 5 米，处在接近山顶部的位置。虽然沟深壁险，但敌方若想攻破防线，只能从这里攀岩。因为此处相对低矮，可以顺势爬上山顶，故当初用乱石加以填充，形成了一道寨墙，同绝壁成为一个整体，使敌方无从下手。

3. 潘庄西

　　自孝里过双泉，齐长城一路波澜起伏，惊险不断，来到了归德街道李庄村南段。从这里开始，又要连续翻越三个山头，山势变得更加险峻起来。第二座山，按当地百姓的称呼叫界山顶子，面积不大，但因山顶位于归德、双泉、马山三个街镇的交界点上，故属于典型的"鸡鸣三镇"。

　　此处东北方向约3华里，就是史载古时候发生过"格马塞道"事件的大石门遗址。大石门在西面的赵化山与东面的云头山之间，古时候中间只能勉强过一辆战车，犹如一道硕大的天然石门，把守着三街镇的通道。大石门又名石门道、石门关、石门隘等，民国版《长清县志》卷十六记载："汉卢区土屋庄之东南云头山西，有自土屋至崮头之要路，名曰'大石门'。此地东西石崖削壁千尺，有峡道宽丈余，长约里许。"据相关资料记载：齐灵公二十七年（前555），晋国率十二诸侯国兴师伐齐，齐灵公亲自率师至平阴城御敌，晋国范宣子用计，联军采用声东击西的战术，将主力分为两部，一部留在防门前虚张声势，故布疑兵，另一部迂回越过沂蒙山，偷袭齐都临淄。齐灵公登上巫山（今孝堂山）观望敌情。晋国联军在山泽险要之处，遍插旗帜，虚张声势，又束草为人，披上衣甲，使乘车者左实右伪，并在战

车后边拖上柴草，战车奔驰，扬尘蔽天，以为疑兵。灵公见状大惊，
惧怕敌军人数众多，于夜间悄悄退兵。第二天，联军乘机攻破防门并
追击齐师。当时，齐军负责殿后的寺人（阉人）夙沙卫，为了阻挡追
兵，便在路口将战车拴成一排堵道以迟滞晋国联军。齐将殖绰、郭最
认为由这种人殿后是齐军之辱，于是让夙沙卫先行，二人殿后。夙沙
卫听到这句羞辱人的话后，对二将怀恨在心，当退到大石门，见此处
道路险窄，两边均是数丈高的峭壁，便杀死马匹，以堵塞道路，阻止
敌军。殖绰、郭最不能速行，被晋将州绰追上。州绰以箭射殖绰，中

5-3　潘庄西

肩。殖绰、郭最被晋军俘虏。这就是"格马塞道"的故事。后人将南面的山称为"隔（格）马山"。因山形酷似一匹骏马，后衍变为马山。

遗憾的是，因拓宽道路，"石门"被人为地开凿拓宽，失去了原来面貌。今天从石门走过，还能看到壁立万仞的峭壁上盘旋的山鹰，您会不由自主地产生一种苍凉感。

无独有偶，南面与大石门隔谷相望的齐长城上，也有一道深深的沟壑。此处在两山之间，地势险要，跌宕起伏，山体两边几乎都是近90度的峭壁，下面就是深涧，深涧处，形成了一道宽约8米类似于山门的大豁口。作为防御的重点，此处不能成为薄弱环节，故当时在山体外侧筑起了高大厚实的墙体，把两座山用城墙连接起来，形成一道密不可分的城防体系。当时修建这段城墙的难度可想而知。

4. 仙人桥

5-4　仙人桥

　　长城出马山，进万德街道与泰安界，通过三岔沟经狼顶寨、夹子山、莲花盆山等，高度一路攀升，开始爬上海拔 628.8 米的黄巢寨所在的黄山。在即将到达黄山顶时，一道宽约 6 米、深约 5 米的深涧横在面前。奇怪的是，两边都有齐长城，而谷底却没有痕迹。原因在于，此地奇险无比，单人徒步攀爬是不可能的，即使结伴，也要费很大劲下到崖底，再由同伴帮忙方能爬到长城上去。试想一下，在春秋战国时期，靠战车逾越这样的沟壑，是绝对不可能的，更何况在这"一夫当关"的险要处展开大兵团作战。

过了这道深沟不远，就是黄山主峰了。黄山峰高谷深，山势险峻，黄巢率部于唐中和四年（884）在此驻扎，修筑山寨，是当年练兵、屯兵的一个大本营。由于此山位于长清、泰安和肥城交界处，故被称为"一脚蹬三县"，战略位置非常重要。

5. 风门山

风门山又叫大寨山，也是由两座山夹峙形成，因两侧高崖垂直壁立，对峙如门得名。从谷底仰望，唯见一线青天；从山顶俯视，又如临万丈深渊，惊险绝伦，蔚为壮观。因此，又有黑风口、风门山之称。

前文介绍过：大寨山位于万德街道卧龙峪风景区，海拔 637.2 米。

5-5 风门山

据《山东省长清县地名志》载：隋朝前后曾有人在山上筑寨为王，故得名大寨山。每逢战乱，百姓们都逃到这里躲避兵灾。据传，这里曾发生过"马前泼水"的故事：说是汉朝时期，有个人叫朱买臣，因家里穷，靠打柴为生，曾经在风门山潜心攻读。他妻子嫌他穷，就离他而去了。他更加发奋潜心学习，后来在同乡严助的引荐下，终于做了官，一直做到会稽太守。衣锦还乡后，他前妻十分后悔，拦住他的去路，跪在他的马前向他请罪，并请求复和。他令人往地下泼了一桶水，叫他前妻再把水收起来，并说："如果你能把水收起来，我就再收你为妻。"他前妻又羞又愧，回家后自缢而死。如今山上还有几块石头叫"朱买臣""白氏郎""大印石"。

大寨山是齐长城过万德谷地后第一座高山，怪石林立，风声萧瑟。原来的寨址已几乎没了踪迹，剥下的是一些巨石，崖壁陡峭得让人头晕目眩，是五道沟壑中最惊险的一处。站在山巅，颇有"一览众山小"之感。

第六章
夯土长城分六段

　　前面说过，齐长城是由防水功能衍变过来的，原来的名字叫"防"，即防止洪水的土坝，加固、加大以后叫"巨防"。即便到了战国时代，赋予"长城"的名字之后多年，"巨防"依然是齐长城的别称。

　　长清境内的齐长城是采用"因地形，用制险塞"的原则筑就的，即选择有利地形，因地制宜地进行设计和施工。齐长城的走向、建筑的体量、选用的材料等，都要根据所经之处战略重要性和地形的不同特点，按实际情况灵活确定。长清在齐国西南部，东面山区属于泰山余脉，长城基本上修建在这些山脉的山脊上或这些山脉南北临近地区的冲要位置，长城和外侧沟谷纵横的险峻高山，成为防御敌人的屏障。它主要运用了四种构筑形式：在平原和低谷地带用黄土夯制而成，高大、坚固；在山区与平原的结合部，采取外垒石墙、内填黄土形式，同样起到防护作用；到了纯山区，石多土少，就开山取石垒砌，修筑的城墙更是坚不可摧；而到了地势险要、高不可攀的悬崖峭壁，就因山势当做天然防线。因此，齐长城使用了夯土、土石混筑、石块干垒和以险代城四种形式。长清在泰山西北部，处于山区与平原的过渡地段，过了黄河就是一望无垠的大平原。地势也是东高西低，呈阶梯状分布。长清近百公里的齐长城，蜿蜒起伏、逐级升高，宛如卧在崇山峻岭上的一条巨龙，形成了非常壮观的奇景。齐长城自西向东共有六段低谷，自然也就出现了六段夯土齐长城。分别是：长城源头、岚峪谷地、黄崖谷地、双泉谷地、马山谷地和万德谷地。

　　然而，秦始皇在一统中国后，为有效防止再出现割据情况，下令撤除了原来六国之间的长城，尤其处在平原谷地交通要道上的土长城。这就是《史记·秦始皇本纪》记载的"堕坏城郭，决通川防，夷去险阻"。而垒砌在高山上的石长城，因"天高皇帝远"而多半保留了下来。这也是现在夯土长城少于石砌长城的主要原因。

1. 长城源头部分

位于广里齐长城源头的夯土长城，原来是一道高大雄伟的"巨防"，从史载的十二国联军攻打齐国而难以破城来看，可以想象得出当时的强大防御能力。

众所周知，土一旦遇到水，就会变成泥，很容易被冲散。那么怎么样才能将其堆积起来，进而既能挡住洪水的侵袭又能阻止敌国的强大攻势呢？修建齐长城时，工匠们创造了许多砌筑手段，筑起一道"铜墙铁壁"，包括采用夹板夯土墙、打土坯垒砌、石墙包边、石块垛垒等行之有效的方法。修筑第一段的"巨防"，就采用了第一种形式——黄土夯筑。

山东省文物考古研究所等单位对夯土长城进行过大规模试掘和剖析。经解剖分析得知，当初人们筑墙，两边用木板固定，中间填上山区特有的富有黏性的黄褐土，再用木棍、石夯强力砸压，一层层垛成高大的墙体。夯层大致都呈水平状分布，结构致密。每层厚12厘米左右，有厚有薄，但上下误差不超过2厘米。夯层层面较清晰，夯窝分布密集。经这样的外力挤压后，土墙坚硬无比，能经受住强大的山洪、林火及撞击等考验。

经过2500多年岁月的侵蚀和社会不断的更迭，这道横亘在齐鲁大

6-1　齐长城源头夯土城墙

地上的建筑早已失去了防御功能，退出了历史舞台。到20世纪50年代，齐长城源头遗址只剩下了一段长约250米，宽约12米，高约7米的土城墙。而视土地为命根子的农民，就充分利用适应庄稼生长的每一寸土地，不失时机地在夯土长城上面种上了庄稼。后来搞农田建设时又挖掉了南侧的一半。到80年代末，遗址仅剩下长160米，底宽5.5米，高仅2.5米的残墙了。这段长城外侧原有一条西引济水的堑壕，1987年时，遗迹仍然依稀可辨。据当地村民回忆，原来人们把长城源头叫岭子头，从岭子头向西还有很长的一段长城。当时看到的城墙像"电线杆子那么高"。那时候不知道这是文物，大都被整平当成了"水浇地"。据说岭子头西边打机井时，挖出了20多具尸骸，还见到过生锈的铜剑等兵器呢。

这段长城向东还有好几百米，在修长平公路时被整平，运到公路上做了路基。现在220国道以东，约有200米几乎不见了长城的痕迹。

顺着西面的长城往东看才发现，这一段被平掉做了生产路，并在路南边修了一道石渠——这道石渠所处位置南边，就是当年堑壕的位置。石渠宽、深仅有不到1米，不足原来堑壕的十几分之一，但还是有着重要意义的。修好石渠后，人们在公路边上竖了一块石碑，取名为"齐鲁渠"，算是对齐长城留下了最后念想。

继续向东，就是塑有高大"齐"字雕塑的珠珠山。山上的"齐"字雕塑是由山东灵岩文化遗产保护公司于2013年策划、设计、施工建造的。在此处竖立"齐"字雕塑标志的寓意，就是表明从这里向北即进入了古时候的"齐国"，以此向人们昭示"齐川通鲁"的古风遗韵，使齐长城这座沉睡了2500多年的古建筑重新进入人们的视线。

珠珠山下又有一段长200米左右保存相对较完整的夯土长城。从剖面的夯土层分析，这段是齐长城源头留存的比较有代表性的部分，还能让人联想起当年城墙的雄姿。修建济菏高速路时，为了保护这段长城遗址，施工方在此架起了桥梁，高速路从其上面跨越而过，平添了一道人文景观。

现在的长城明显地"矮"了许多，也"瘦"了许多，仅剩下原来墙体的大约五分之一了。继续向东几百米，夯土长城又同农田成为一体，难以分辨。到了马骨油山前，长城又陆续出现，此段墙体作为梯田的坝堰保留了下来。这段夯土长城接近山根时，向北拐了一个大弯，几十米后又再向东回转。过了一条生产路后，就进入了山区，开始演变为土石混筑结构。

据"泰山五老"（泰安五位离退休老人路宗元、孙立华、李继生、张广坪、和进海1996年徒步考察齐长城，被称为"泰山五老"）实际测量得出准确数据：第一段夯土长城从源头的机井，到220国道，总长280米；从220国道至长山岭（马骨油山）山体结合部共996.5米。总计1276.5米。而1996年测量时，能用肉眼看到的夯土长城遗址，只剩下长 158 米, 底宽 5.2 米, 顶宽 3.7 米, 高 2.2 米的一段了。

随着《中华人民共和国文物保护法》的出台和广泛宣传, 人们的文物保护意识逐渐提高, 2001 年, 齐长城遗址被定为国家重点文物保护单位。为了更好地保护、宣传这一历史重大工程, 长清区有关部门多次筹资对原遗址进行修复、扩建, 由山东灵岩文化遗产保护公司策划、设计, 复原了齐长城原貌, 供人们参观瞻仰。修复后的夯土长城总长 260 米, 底宽 27—30 米, 顶宽 24 米, 高 2.7 米。虽然远远不及原来长城恢宏、高大, 但修复手段科学, 整体效果逼真, 又能让人领略到当年的齐风古韵了。

齐长城是中国最古老的长城, 是祖先用勤劳和智慧创造的人类奇迹, 不仅是中国的, 也是世界的文化遗产。保护齐长城, 不使齐长城在我们这一代人的手中遭到毁灭性的破坏, 是我们的责任。

2.岚峪谷地部分

　　权威专家经过多次论证，一致认为在谷地上修建的夯土齐长城，最初的功能大都为防水。古时候雨水丰沛，山洪频发，为保护一方村居或田地，在相对较低的谷地，先民筑起防洪堤，束水入渠后再引导到别处，以减少水患带来的损失。自从齐国修筑长城后，因这些大堤都处在山与山之间的平地，不仅能防洪，而且加宽、加高后还能作为一道防御工事，所以能有效地阻止南面诸侯国的攻击。更重要的是此处施工比起崇山峻岭的山区施工要方便得多，从而可以一举两得。"南修长城挡大水，北修长城挡大兵"之说，印证了这一点。

　　前面介绍过，公元前555年，以晋国为首的诸侯联军进犯齐国，齐灵公集结重兵防守，命将士们加高、加宽广里巨防，并挖掘了一道壕沟，将湄湖的水引入当作护城河，以阻止联军的攻势。"齐侯堑防门即此也"。此后，向东扩大规模的夯土长城，大都采取了挖壕沟，注水防御，以阻敌军破防的方法，筑成一道易守难攻的坚固防线。

　　经过1588.5米的马骨油山和陡岭山，齐长城到达姚反口（又称姚家反）。据说这里原来有一道隘口，向东经岚峪可到大峰山，向南通往方峪、马岭、房头等村。从姚反口往东，又是一片开阔的平地——这就是岚峪谷地，是齐长城自西向东所经的第二段不靠山的平地。原来从陡岭山下来，一直到岚峪村北面的山上，有一段长达1406米的高大夯土城墙，高约4米，宽约8米，非常壮观。附近村子的百姓习惯上称其为岭子，称夯土长城南、北分别叫岭子南、岭子北。足见当年规模之大。遗憾的是现在几乎都被整平成了良田。现在下来陡岭山往东的墙体大都被整平成了田间阡陌，西边只有陡岭山根的不足20米的土墙茬子了。

接近到东面清水沟边上，长城逐渐又显现出来，越来越高、越来越宽。这段长20多米，高2.5米，宽4.5米的长城，因处在清水沟和堑壕的交汇处，而侥幸留存了下来，只是已沦为一道高低不平的土坝堰了。

这段夯土长城，南面是一条宽约6米，深约4米，长809米的堑壕，当地人称其为土沟。《齐长城志》载：在陡岭子——岚峪北山之间较为开阔的山谷中，"新发现一条东西向的人工堑壕。谷地中有三条

6-2　岚峪谷地的齐长城

南北向的自然冲沟，被堑壕横断后汇成一条。故可确认是人工特意开掘的。"当地村民介绍，大沟（堑壕）的北侧在 20 世纪六七十年代还保存有较高的土墙。堑壕宽 20 余米，深 10 余米，东西到山根，两端与山脊上的长城正相对应。另据《齐长城资源调查工作报告》得出的结论，这道沟堑是千里齐长城夯土部分最长的人工堑壕。它紧靠"巨防"，越发显得长城更加高大、更加雄伟。这也是齐长城长清段非常难得的一段，为研究"巨防"长城留下了十分珍贵的物证。

在接近东面岚峪北山的齐长城约 200 米的地方，堑壕同南北向的一条河流交汇在一起，把齐长城分为两段——这就是孝里清水沟，源头在南面约 2 公里与肥城搭界的陶山之阴。这道沟深约 6 米，宽约 20 米，每逢雨季，飞流直下，声如雷轰，十分壮观。

跨过清水沟，不远即到了岚峪北山，齐长城再次爬上山脊，又变成了土石混筑结构。

3. 黄崖谷地部分

　　齐长城在岚峪北山因山形北拐，形成了南北走向，经阳干山（羊栏山）、牛栏山等，在北黄崖村西再一次跌入了谷地。这里被大峰山、黄崖寨、梯子山等高山和连绵起伏的山脉所环抱，像一个大盆地，只有西南、西北两个大出口，是个打伏击的理想战场。

　　南黄崖村是中共大峰山根据地革命武装力量驻扎地之一，可以说家家革命，户户英烈，被誉为"红色十里小延安，铜墙铁壁南黄崖"。村中建有"红色南黄崖"村史纪念馆、红色革命遗址、红色主题教学线路等，为广大党员干部、青少年学生和市民群众提供了感受革命情怀、体验村风民情、锤炼党性意志的教育培训新平台。因此，这里也是一座现实版的名副其实的钢铁长城。

　　山舞银蛇，谷道蜿蜒。近年来孝里街道在齐长城沿线开辟了一条"十八里谷道"，游人来此观长城奇观、闻谷穗飘香、赏美丽风景，顿觉心旷神怡、流连忘返。

　　这段谷地的长城大约 2300 米长，其间有两条清水沟的支流：一条由村东和村东南的大山里生成、一条从村南的大峰山之阴生成。由于两条沟都是土沟，经长年冲刷，加之河道摆动，长城大多被水冲散，或为阡陌或被撒平填沟成为土地，已很难找到痕迹。如果爬到东北面

6-3 黄崖谷地长城旧地

的梯子山上，往回眺望，依稀还能分辨出它的大概走向。

在东边土沟北沿的土崖上，现存曾经有人居住过的土屋，类似于山陕窑洞。院落里还有几棵树及残垣断壁，能引起村里人些许回忆。这样的土屋有 10 间左右，已全部荒废，看得出来，应该最晚 20 世纪中叶居住者全部搬离。

那么当时齐长城是怎么穿越几道清水沟的？其间修筑了什么样的防御工事或是桥梁呢？我们不得而知。但有一点越来越清晰，那就是这里的长城没有在岚峪村北过大泉口，直接与东面的大峰山相连接，而舍近求远取道低谷，是因为原来作为防水功能的"防"早已存在了。现成的土筑墙体，继续加固加大就能形成"巨防"，比起在山高路险的大山上石筑长城来说，要省工省力得多。加上当时交战使用战车作战，这样的阵地很难逾越，夯土长城同样能达到守国保家的目的。

夯土长城到了东北方的梯子山下，又改成土石混筑结构，上山后又变为石砌结构。长城继续向东延伸……

4. 双泉谷地部分

双泉谷地是一个南北狭长的平地，伴随着水流潺潺的宾谷河，山清水秀，鸟语花香。齐长城从双泉镇驻地牛头山西，开始向北调头，又呈南北走向，经北傅村西山开始逐渐下降，进入谷地。越过一道深沟，再跨越燕付公路后，从陈沟湾村东又爬上了山。

此段夯土长城现基本销声匿迹。这里到底有没有过长城呢？答案是肯定的。据陈沟湾村上了年纪的老人回忆，以前这段齐长城穿过公路的地方，还有一座高大的石筑关口，北边还竖有一块大石碑，碑上题有"齐地会鲁"四个大字。抗战时期，日寇卡车经过时，因关口宽度不够，阻碍了汽车通行，就拆毁了关口。随着时代的发展，这座关口及石碑，早已不见了踪迹。另据附近村民讲，在 20 世纪 50 年代还能看到很明显的一道土墙，燕傅公路上还能看到一座残缺的石门。燕傅公路虽然不宽，但它是孝里通往双泉唯一的一条路，自古有之。这条路自西向东过关后不远处，有一个"T"形路口：往右通往双泉镇驻地，再向南经刘口村直通肥城；向左通往马山镇，其又与左边通往归德的发生过"格马塞道"事件的大石门交汇；沿路继续前行 5 华里左右，就到了马山谷地。因此，这道土门扼守着狭窄的地段，与现今四个街镇都有联系，战略位置非常重要。

6-4　双泉谷地

　　当我们从陈沟湾村东继续顺着齐长城往上爬，不用到山顶，回过头来就能看到很明显的一道土埂，这应该是一段夯土长城地基。经过两千多年的风雨侵蚀和人为因素，已经不太会引起人们的注意了。这又让我们想起秦始皇的"决通川防，夷去险阻"的禁令来。因为这是扼守孝里、双泉、归德、马山四个街镇的关口要塞，也是秦统一后必先"决通"的"川防"。

　　经"泰山五老"实际测量，这段谷地长为 800 米，虽然靠目测已难以找到凸起的夯土长城遗址，但它曾经存在过是不争的事实，对于研究齐长城也是不可或缺的部分。

5.马山谷地部分

　　齐长城从潘庄下来，进入马山谷地，过崮头水库到漩庄，再到东面山根。这道谷地很宽，视野开阔，目测长约两三公里（"泰山五老"测量为 2500 米、《齐长城志》载 2870 米），是长清境内六道谷地中夯土齐长城最长的一段。

　　秦始皇统一中国后，怕战后再生乱，命令将春秋战国时原各小国的城墙，尤其是处于要塞处的城墙一律拆除。经过 2500 多年的风雨侵蚀，加上现代搞农田水利基本建设，目前在平原地带已很难看到完整的夯土长城。然而在马山漩庄村东，现在还保留着一段长约 80 米，宽约 6 米，高约 8 米的夯土长城，高大雄伟、夯筑坚实，蔚为壮观。

　　遗憾的是，由于前些年缺乏文保意识，附近村民为了出行方便，将其拦腰截为两段，致使其缺失了 12 米之多，对长城整体造成了严重破坏。不过也算是因祸得福，在这里可以看到夯土齐长城的横截面，为研究齐长城的结构提供了直观依据。

　　据有关专家考证，马山谷地残存的这段夯土长城，是目前千里齐长城上保留最长、最高、最宽，也是最壮观的一段，吸引许多齐长城文化专家及爱好者前来考察论证。

　　马山镇提供的资料显示：这段夯土长城与广里夯土长城一样，皆建成于齐灵公二十三年（前559）至二十七年之间，也是修建最早的一段齐长城。

自双泉谷地过来的西路宾谷河支流，有相当长的一段伴随着夯土长城同向而行，形成了一道堑壕，直到与东路宾谷河主流在漩庄南合流，然后一起穿越齐长城北去。由此可以更加肯定，此段长城也是由防水工程的"巨防"衍变而来的。

俗称"鲁中三山"的马山，介于马山谷地与双泉谷地之间。两条谷地分别有宾谷河（南大沙河）的两条支流纵贯其间，两边都是自古以来南北交通的咽喉要道，尤其是马山谷地。从交通地理和军事地理的角度看，今漩庄附近的长城上理应也有一道关隘要塞，因为在这里设置一道关卡，就可以同时扼控马山、双泉两条谷地的出口；再者，这里也是自鲁国方向进入齐国的要道，军事地位颇为重要；还有，马山谷地的南口是五道岭，那里还有一道南线齐长城，因有五道南北走

6-5　马山谷地齐长城遗存

向的通道得名。清初肥城诗人李廷桂有诗赞道："连峰开五道，绵亘绕重关；曲径随流水，长城锁乱山。"足见其地势之险要。

　　向东不远，长城又进入连绵山区，先土石混筑后石筑结构，再次踏上漫长路程。

6. 万德谷地部分

　　经过漫长的路程，齐长城从万德街道长城村西的崇山峻岭中又进入万德谷地。104 国道、津浦铁路、京沪高铁、京台高速公路、古御道等，全部拥挤在这段仅 800 米长的狭长地带，其间还有中川河，真可谓"川流不息"了。

　　长城村原名叫长城铺，位于济南和泰山之间。齐长城至此跨越作为南北通道的大峡谷东行，故在此筑有险要关楼，是春秋、战国时期齐鲁两国的界关。因此这里不仅是一个村子，还是千百年来"齐川通鲁"的重要关口，有着相当重要的战略地位。据村中老人回忆，20 世纪 50 年代以前，古御道在村北好几里地就开始爬坡。长城村在长城的最高处，所以有时候人们习惯上把村子称为长城岭。

　　齐长城从长城村中穿过，基本上也是夯土而成，极少有石垒结构。现在村西、村东的齐长城遗址大多是这种形式的。村西的夯土长城还有长 40 米，宽 6 米，高 3 米左右的一段，保存还算完整。

　　目前村中的长城几乎全被房屋覆盖，只是偶尔还能看到可怜的几段。现在东面邻村新曹庄村北还有一段长 200 米，底宽 4 米，高 2—3 米的残存夯土城墙，其中有一段最高达 4 米，非常厚重、坚固。

　　长城虽毁坏严重，但夯土层仍清晰可见。巧合的是，这里的村民中也盛传着"南修长城挡大水，北修长城挡大兵"的俗语。看来此说法在齐长城沿线谷地广为流传。

长城村东有一条河叫红石江，传说是当年孟姜女哭倒长城后投江自尽的地方。红石江（原名叫北大沙河、中川水）在大禹治水时叫乌龙江。传说孟姜女哭倒长城后，回来就投江殉情了，接着江水变红，将岸边岩石染成红色，故改名为红石江，沿用至今。

齐长城在红石江边上岸，继续东行，过新曹庄，穿越京沪高铁、津浦铁路后，又一头扎进群山。齐长城随着山体又逐渐过渡到土石混筑结构和纯石结构。

关于夯土长城的衍变过程，史学界有一个共识，那就是它是由防洪水功能而来的。这六段长城，每段都有一条河流穿越，并且大都有堑壕伴随。那时合理利用现成的"巨防"改造成长城，能起到事半功倍的效果。对此，济南社会科学院张华松副院长在《齐长城》一书中

6-6　万德谷地夯土长城遗址

是这样论述的："我们还有理由推测，齐人与此同时还修建了泰山西侧的其他几段巨防，否则平阴南边的巨防便会失去拒敌于国门之外的意义。黄崖谷地、双泉谷地、马山谷地、张夏谷地巨防，则有可能是在原有的分别用以约束黄崖河、南大沙河（古名汉宾谷水）、北大沙河（古名中川水）的一般堤防的基础上修建的。以上推测虽然缺少文献资料的支持，但只有如此推测，才可以解释以下系列问题：为何战国时修筑泰山西侧石砌长城时，不利用齐鲁界山的陶山这一天然屏障？齐长城为什么不自峦峪北山正东直走大峰山、黄崖山？为何长城自五花岩山不直接修到地势较高的界首高地，反倒绕道北走张夏谷地？总之，泰山西侧长城基本不走分水岭，这一反常的现象便证明以上几段巨防早在春秋时代就出现了，到了战国，齐人只能借着这几段巨防来修建山岭上的石砌长城。"

这一推断很有道理，对夯土长城的形成和作用作了很好的诠释。

第七章
绵亘绕山七拐点

　　齐长城如巨龙游走于崇山峻岭和沟壑峡谷之间，因地形地貌在长清境内总体呈东—西走向，其间逶迤起伏，多有变化：方向依次为西—东—北偏东—东南—北偏东—东偏南再偏北—南偏东—东北—东偏南走向，走势构成一个大大的"几"字形，气势恢宏，蔚为壮观。境内共出现了七处较大的拐点。

1. 岚峪北山拐点

　　自广里源头开始，长城自西向东经马骨油子山—陡岭山—岚峪谷地—岚峪北山，然后急向左转东北，下三股峪（河头泉）、上阳干山（羊栏山）。岚峪北山这个近乎直角的拐点东面，与大峰山之间有一个山口——大泉口，此处两面青山夹峙，形成一个谷口。北面的三股峪（当地人称河头泉）是一道深而宽的天然沟壑，难以逾越。按照常理，大峰山也在齐国境内，应该把长城直接跨山口向东，如此既近且直，但为何转向北了呢？这一点，专家们有一致的结论。济南社会科学院副院长张华松教授在《济南文化论丛》（第六辑）的《济南齐长城的几个问题》一文中是这样论述的："泰山主峰以西至济右走廊的广大山地，分水岭明显，连贯性也很强，自西而东分别为：陶山—牛山—五道岭—黄巢寨山—界首高地。这一线实际上也正是今日长清与肥城、泰安的界山。整条千里齐长城基本建在山东半岛南北分水岭上，这是齐长城借助地形、地势、地利的一个最为突出的特点。然而泰山以西长城却有违常理，常常不走分水岭，而是绕道分水岭以北，跨过数条谷地河流——清水沟、黄崖河、南大沙河（古名汉宾谷水）、北大沙河（古名中川水）等。这些山涧谷地中的长城当然也是夯土的，我们推测，其中有的是在一般堤防的基础上修建的，有的则是参照堤

防的建制而兴建。而且，还可以推测，这些夯土长城修建的时间大致
与平阴邑南侧的巨防同时，否则平阴南边的巨防也就失去了拒敌于国
门之外的意义。"

　　也就是说，岚峪北山向北是一溜南北走向的山峦，继而向东北进
入黄崖谷地，那里原来就有防洪用的夯土堤坝，加固后就是一道"巨
防"长城。要知道，一来在平原施工比在高山上修长城节省的人力、
物力、财力可不是一星半点；二来春秋时期作战用的是战车，几米高
的城墙战车是根本跨不过去的，直到多年后打仗使用上了骑兵，才不得
不在山区续修长城。因此，当年修长城时，平原地区因地制宜采用黄
土夯筑的方法，只要达到阻止大军战车入侵的目的就可以了。这也说
明，此拐点前、后山上的长城修建时间应该晚于谷地夯土长城。

7-1　岚峪北山齐长城拐点

2.梯子山拐点

梯子山海拔 374 米，因山势像梯子一样陡峭，故名。上面有山寨，沿山势大致呈东西略偏南方向建造，是齐长城上建的第一座堡垒。寨内有石屋上百间，供驻兵或民众躲避战乱用。寨西山下的长城呈西南—东北向爬上山来，过梯子山，而后沿山体的走向急转，向东南调头，

7-2　齐长城梯子山拐点

走向双泉境内的石小子山。

山寨应是后来建造，长城痕迹不明显，应该是将垒砌长城的石头用于了寨墙。现在山下的夯土长城几乎看不到了，只有在梯子山上向西瞭望，还能依稀辨出其大体走向。

3. 青黄山拐点

　　从孝里的梯子山东开始，长城基本朝东偏南方向行进，过高大的石小子山，继续东行，到达一座圆形的山顶——青黄山顶。青黄山海拔 430 米，最高处有个凸起的山头，当地人称"草帽子顶"。这里介

7–3　齐长城青黄山拐点

于西面的石小子山（海拔440.4米）和东面的牛头山（海拔404米）之间，西高东低，形成了三个天然台阶。从这儿向四下望开去，苍山如海，群峰奔涌，"横看成岭侧成峰"，是长城从起始地到此视野最开阔的山头。

以草帽子顶为基点，长城在这里出现了两股：向东一股相对瘦小的城墙，到了牛头山附近就慢慢地消失了；拐向北的一股则继续沿山形挺进，跨过北傅村北的谷地后，向陈沟湾东山爬去，先向北偏西、后向北偏东，然后向东延伸。

4. 界山顶拐点

　　由双泉杜庄城堡西过来，长城大致呈西南—东北—东偏南走向。到了归德街道李庄东南（双泉杜庄西北），过了山势相对平缓的地段，又是一座山，按当地百姓的称呼叫界山顶子。其海拔 301 米，虽不算高，但南、北都是峡谷，只有东面有细长的山梁。这座山因位于归德、双泉、马山三个街镇的交叉点上，属于典型的"鸡鸣三镇"之地。从这里开始，长城又来了个急转弯，向东南方向扎去，然后大体为西—东方向进入马山境内。

7-4　齐长城界山顶拐点

5. 漩庄东拐点

　　长城从潘庄下来，进入马山谷地，过崮头水库到漩庄、再到东面山根，谷地基本是东—西偏北方向，总长达 2500 多米。在谷地尽头将

7-5　齐长城漩庄东拐点

要爬山的地方，残存着一段长 80 米，宽约 6 米，高约 8 米的夯土长城，高大雄伟、夯筑坚实、蔚为壮观。这段夯土长城，是长清境内六道谷地中夯土长城中最有代表性的一段，也是目前千里齐长城上保留的最高、最宽、最有气势的一段。这段城墙之所以保存得这么好，与其处在谷地与山区之间有关。

秦始皇统一中国后，怕战后再生乱，命令将春秋战国时原各小国的长城，尤其是处于要塞处的城墙一律拆除。按理说这里也难以幸免，但值得庆幸的是，这里远离关口，又同山岭连成一体，朝廷鞭长莫及；加上长城从这里陡然转向东南，急速进入了连绵山区，少有人会关注这道残墙，其由此得以幸存下来。这段长城逐渐转向由北向南偏东方向，很长，直到进入万德与肥城交界的三岔口。

6. 五花岩山拐点

从万德黄巢寨往西，很长一段长城基本上呈西北—东南走向，在黄巢寨先是过渡了一段东西方向后，再通过很短一段相对平缓的地段，城墙就又开始起伏不定，向东爬上五花岩山，然后折向东北。五花岩山海拔 663 米，是附近最高的山。此后，一直向东北方向逐步下降，过桃尖山及几座小丘陵后到长城村。此后又基本呈东西向进入万德谷地。

7-6　齐长城五花岩山拐点

7. 长城岭拐点

　　长城村东过 104 国道，有一条河叫红石江，传说是当年孟姜女哭倒长城后投江自尽的地方。这条江是从泰山下来的中川河的一部分，原名叫乌龙江，自孟姜女在此殉情将岸上岩石染红，百姓为了纪念她将河改名红石江。红石江东岸，右首是曹庄村。穿过津浦铁路有一低洼处，名小东沟。沟内低洼处，又是一段夯土长城。在这里，长城急

7-7　齐长城长城岭拐点

转南下，向东南爬上更高、更长、更险峻的叠嶂山区。这段长城明显且漫长，人们习惯上称之为长城岭。

综观长清境内的长城走向，除了这七个拐点外，还有很多小拐点，但这些蚯蚓似的小变化，是依据山势而变化的，并不影响长城的大体走向。

第八章
沿途惊现八景观

　　齐长城最西端位于今长清孝里街道广里村北，从这里到万德街道将军山在长清境内绵延近百公里，总长度是其沿途县市区之最。郦道元的《水经注》载："济水右迤，遏为湄湖，方四十余里……"长城起始点就在湄湖东岸，古时候一城一池，城水相映，一定很壮观。现在已经看不到昔日风吹芦苇荡、鱼翔浅底欢的景象了。而随着国家对齐长城保护力度的加大，专家学者及民间爱好者对齐长城的研究正在不断深入细化，齐长城的文化价值、历史意义进一步彰显。凝聚厚重历史感和鲜活时代气息的长清齐长城八大景观进入人们视野，即："长城之源""齐标擎天""人造天河""齐鲁空间""崮峰倒影""巨防土堰、碧水红石""巍峨将山"。这些景致，在千里齐长城始点形成一道亮丽风景线，让历史之光照进现实，使得齐长城这一文化遗产又焕发出勃勃生机，更有活力。

1. 长城之源

　　齐长城源头俗称岭子头，位于孝里街道广里村北，现存一段长 260 米，宽 30 米，高 3 米的夯土长城。20 世纪 90 年代在岭子头西边立有一块 "齐长城起点奠基" 碑。东边分别立有三块石碑："齐长城起点" 碑，1991 年 10 月，长清县人民政府立，齐长城被列为 "长清县文物保

8-1　齐长城之源碑

护单位"；"齐长城遗址"碑，2001 年 6 月，山东省人民政府立；"齐长城"碑，2020 年 12 月立，为竖幅石碑，齐长城被列为"全国重点文物保护单位"，碑的上部刻有圆形绿色世界遗产统一标志图案，用中英文写有"世界遗产"字样。

四块碑矗立在齐长城起始点，庄严厚重，与齐长城浑然一体，彰显了 2500 多年前齐国西南门户堡垒——"巨防"的壮观景象。

长清文友赵子明先生曾作诗赞道：

西临黄河东近山，长城之源溯起点。

逶迤东海一千里，早秦长城五百年。

一线腾跃穿东西，南鲁北齐分界线。

七大奇迹堪为首，华夏文明耀宇寰。

2. 齐标擎天

　　位于齐长城源头东 400 米处的珠珠山，是齐长城沿线的第一座小山，因山坡上半圆形的梯田层层向上收叠，像一串佛珠而得名。为了打造齐长城源头公园，有关部门在山上筑起了一个"齐"字巨型雕塑。"齐"字高度为 13 米，底座高 3 米，周长 20 米，寓意为 2013 年 3 月建造。雕塑构思巧妙、寓意含蓄。"齐"字由春秋战国时期齐国流通的刀形钱币组合而成，既有甲骨文的形状，又有篆书的影子，大字泛着铜光，彰显了当时齐国以鱼盐之利、工商立国的治国理念。巨标顶端像一支利剑，直刺青天，非常有气势。在此处竖立雕塑标志有两层含义：一是提示行人已进入春秋战国时期的"齐国"；二是这里是齐长城的起点，以此展示"齐川通鲁"的古风遗韵，使这座沉睡了 2500 多年的古建筑重新显现出昔日风采。

　　长清一中李现新老师赋诗一首赞叹道：

　　　　　巨标雄峙立珠山，纵眺关烽三百缠。

　　　　　一线沉沉隔齐鲁，千里巍巍入云天。

　　　　　防门旧事起疑尘，平阴遗戈记狼烟。

　　　　　巫顶登临湄水阔，祖龙东指不备边。

8-2　"齐"标擎天

3. 人造天河

　　在齐长城源头北边 500 米左右的 220 国道上，有一座 20 世纪 70 年代初建造的"东风渡槽"，当时是为孝里东部山区提供黄河水源灌溉良田所建。东风渡槽气势雄伟，古朴沧桑。其西接"东风电灌站"二级站，东输黄河水到三级站。石渠总长度约 25000 米，设计灌溉能力 50000 亩。该渡槽共 46 孔，全长 367 米。其中主孔高 17 米，跨度 12 米，足以通过大型车辆。整座建筑规模宏大、设计科学，是当时泰安地区（当时长清归泰安管辖）重要的水利工程项目。东风渡槽为当时长清东部山区农业经济发展发挥了巨大作用，具有鲜明的时代特征。目前渡槽虽已停用，但它表现了孝里人民战天斗地的毅力与决心，是人类改造自然的历史见证，被列为市级文物保护单位，成为孝里乃至长清的标志性建筑。220 国道拓宽时，为使这一文物免遭损坏，有关部门于 2020 年在其下面开凿了一条隧道——东风渡槽隧道。隧道全长 50 米，破石深挖 6 米多。施工时摒弃了爆破的传统开挖方式，采用现代掘地钻进法施工作业，确保在钻凿过程中渡槽不被破坏。

　　东风渡槽与大型"齐"字雕塑、齐长城岭子头呈等腰三角形布局，而 220 国道又像一支蓄势待发的箭从正中穿过，给人以历史文化与现代文明在这里不期而遇的感觉。

8-3　人造天河

在东风渡槽下长大的大街村村民王守学先生感慨道：

东风渡槽贯云霄，巍峨山梁架天桥。

卧涧长虹铺水道，缓行渠水润禾苗。

前瞰古堞连海隅，背仰孝堂声名高。

孝兴崛起楼百座，安居乐业颂英豪！

4. 齐鲁空间

　　在岚峪北山和大峰山之间，有一个山口，俗称大泉口。长城在山口西边的岚峪北山突然向北来了个 90 度的急转弯，进而就跌入深谷。这里是一个天然形成的大峡谷，当地百姓称之为河头泉。其因深谷四壁有很多泉眼，又是清水沟另一源头而得名。峡谷通往三个不同方向：东、南、北分别是大峰山、岚峪北山和阳干山（当地人称羊栏山）。这里峪深崮险、山势陡峭。其南股长 72 米；西股长约 200 米；向北的一股稍短一些，也有 20 多米。三股峪基本都宽约 30 米，深度达 20 多米。河头泉流出的水汇成河流，同清水沟上游马岭水库下来的水在凤凰村南汇合，一并向西流入黄河。

　　在峡谷深处原有一段城墙，每逢旱季露出，雨季形成一道坝堰，形成水下长城。北悬崖处有一个半圆形天然山洞，此洞洞中有洞，里面能藏住四五个人。长城就从洞的正上方继续向北而去。北边阳干山（羊栏山）上的长城更为突出明显，就像一条伏在山梁上的巨龙蜿蜒向前。

　　此处位于齐鲁交界之地，近年来，有关部门投资修建了一座观景亭。观景亭门楣上分别书有"齐川通鲁""齐鲁空间"八个大字。此处南、北各有一泉，系自然山泉，四季流淌。人们分别为其取名"齐风泉"和

8-4　齐鲁空间

"鲁韵泉"，山水相依，和谐共生。

站在观景台上，一幅唯美独特的天然画卷呈现眼前：东面是连绵起伏的大峰山，南面是险峻的"自古华山一条路"的大泉口，西能隐约看到九曲黄河，北能赏气势磅礴的长城，闻"十八里谷道"谷子的清香，顿有胸襟万里、气势磅礴的感受。

岚峪村村民张金河先生即兴赞道：

齐鲁大地卧巨龙，逶迤群山贯西东。

齐川通鲁大泉口，仙台楼阁观景亭。

飞峡越险水长城，遥望黄河玉带腾。

少妇哭夫长城崩，不见当年齐国公。

5. 崮峰倒影

　　长城从潘庄进入马山谷地后，右首是碧波荡漾的崮头水库。水库积蓄了从双泉山区下来的大量水源，成为长清一处休闲旅游的有名景点。水库南边就是"鲁中三山"之一的马山。山上一座突出的山峰，叫鹰嘴峰，概因其酷似老鹰头得名。此峰还相传一个有趣的故事：说是天宫里有一只玉兔偷偷跑到凡间，被这里的美景所吸引，就不愿意再回到天宫去了。玉兔的胃口极大，每天啮食很多庄稼，对附近农民造成了很大损害。这个事被玉皇大帝知道了，他就降旨派一个天兵变成一只雄鹰来到人间捉拿玉兔。那神鹰落在山上后，发现玉兔正在东面的山坡上啃着地里的庄稼，正要捕捉之际，忽听得马山上震耳欲聋的"轰轰隆隆"的声音，震得整个大地都在颤动。原来是泰山奶奶为了争做老大，和五峰奶奶赶着金马车轧马山。神鹰一时受惊吓，就定在原处化成了一座山峰。而在东边五里地外的螃蟹沟山坡上吃庄稼的那只玉兔，看到雄鹰怒视它的气势后，早已吓得四肢发软，动弹不得了，于是就化成了现在的玉兔山。就这样，千百年来它们一直相视着，"神鹰"不能动，"玉兔"不能跑，形成了一道自然奇观。

　　鹰嘴峰和北面的两个小山头又被当地人称为二郎山。它们的传说也很美妙。说是当年杨二郎路过此地时鞋子里进了土，就坐下来歇息，

8-5　崮峰倒影

顺便把两只鞋里的土磕打一下倒在这里，于是就化成了两座山。如今这里山险岭峻，水如平镜。水中的野鸭在"山巅"游弋，鱼儿蹿出水面与青山对话，组成一幅绝妙的天然水墨画。

长清文史爱好者赵福平先生有诗赞道：

险隘石门下，瑶池水粼粼。

鹰峰牵霞端，宾溪绕山根。

三镇谐挽手，二郎闲屏神。

长城不复在，人去无庄村。

6. 巨防土堰

在马山漩庄村东，现在还保留着一段长约 80 米，宽约 6 米，高约 8 米的"巨防"，用黄褐土层层夯制而成，高大雄伟、坚实敦壮，蔚为壮观。这就是马山谷地东部保存相对完整的一段夯土长城。在这里能够清晰地看到夯土长城的横截面，为研究齐长城的结构提供了直观依

8-6　"巨防"土堰

据。据有关专家考证，马山谷地残存的这段夯土长城，是目前千里齐长城上保留最长、最高、最宽、最壮观的一段，吸引许多齐长城文化专家及爱好者前来考察论证。

这段土垣虽经 2500 多年的风吹雨打，历经世事巨变，饱经沧桑，仍不失其傲骨，展现着齐长城上夯土结构最经典、最古朴、最具魅力的容颜。

长清区教体局魏文森老师赞叹道：

夯土巨防漩庄沿，千里长城至高端。

墙体厚重仍坚挺，游龙起伏堪壮观。

专家学者皆注目，纷至沓来细探研。

土垣弥久愈沧桑，村居不见只剩田。

7. 碧水红石

长城村东过 104 国道，有一条河叫红石江，传说是当年孟姜女哭倒长城后投江殉情的地方。红石江原名叫中川水（俗称北大沙河），在大禹治水时叫乌龙江，是发源于泰山后山的一条自然河流，全长 54 公里，直达长清西部黄河。传说孟姜女投江后，江水变红，将两岸岩石也染为红色，所以后来人们就将河改名为红石江了。这个名字一直沿用至今。

长城村的村民对于孟姜女哭长城的凄婉故事都是耳熟能详、深信不疑的，为此，在文化部门的支持下，村里成立了"长城村孟姜女古文化协会"，协助有关部门研究、挖掘、抢救齐长城一系列的文化遗存。如今，京福高铁、津浦铁路、京福高速公路、104 国道伴其左右，齐长城穿过江面，使得古代历史与现代文明在此相遇，一起传颂着这段催人泪下的传说故事。

长清区文联副主席赵士东《游红石江思孟姜女感怀》诗写道：

绵亘齐川鲁山间，残垣断垒映斜阳。

名传海内桓公防，情洒神州孟女觞。

日转星回去何处，呼天唤地向哪方。

8-7　碧水红石

山穷水尽路无退，花谢柳昏夫亦亡。

血溅碧江红石染，雨倾乌岭黑峰藏。

刀光剑影鼓钲响，铁马金戈旌旆扬。

千载风云奇变幻，桑田沧海厚坤光。

巨龙腾越通寰宇，不见当年齐霸王。

8. 巍峨将山

　　长清境内齐长城最东端的山叫老鸹尖，因山上住满老鸹得名。此山北边的山崖叫钉头崖。齐长城从西面修到这里后，异峰突起，一下子高出数十米，这就为齐长城的修建带来了巨大挑战。这里不仅巨石硕大，而且悬崖几乎呈直角，别说带着兵器攀爬，就是人徒手也很难攀上去。加上山石全部是花岗岩石质，一般的铁器很难破开。传说当年长城修到这里，因为山势险要，施工难度太大，摔死、砸死、累死的民工不计其数，建设工程举步维艰。负责监工的将军实在不忍心看着这些无辜的生命葬送在这里，便去齐王那里据实汇报并为民说情。可那齐王只想着修长城，哪里还管民工的死活？一怒之下，把这位将军的头砍了下来，钉在了悬崖峭壁上，目的是杀一儆百！后来，人们为了纪念这位为民请愿的将军，就把这个山崖叫作钉头崖，把这座山改名叫将军山了。时间久了，马套村村民习惯上称其为将山。

　　站在将军山上极目远眺，群山连绵尽收眼底，长城如一条巨龙盘踞在山岭之上，蜿蜒起伏，守护着齐鲁大地，无论是碧空万里的白天，还是落霞满天的傍晚，总会让人浮想联翩，心潮涌动。千百年来，齐长城孕育了多少优秀的齐鲁儿女，造就了无数时代英雄，如今依然坚如磐石、巍然挺拔，不失昔日风采，续写着中华民族几千年的历史华章……

长清区著名作家李良森先生有诗赞道：

> 齐风鲁韵本和弦，同室操戈偏乱弹；
>
> 鼓角争鸣战马嘶，争霸称雄起狼烟；
>
> 巨防止战本初意，奈何难逾老鸱尖；
>
> 百战将军不惜头，为民请命气凛然！

8-8　巍峨将山

第九章
九个古村城边落

　　村落，作为农耕经济时代农民生活和劳作的聚居地，在长期的社会实践中慢慢形成一种社会组织形态。一般来说，它们大多位于相对封闭的环境和经济较为落后的地区，在长期的生产生活中所保留下来的方言、建筑、生活方式、民俗习惯等，都具有一定的历史价值。齐长城经历了2500多年的历史沧桑，其周边也随之诞生了许多村落，其落户时间或早或晚，距离长城或近或远，户型布局或密或疏，或依长城而建，或伴长城而生，逐渐形成了独具特色的乡村文化。盘点一下，长清境内齐长城沿途竟诞生了数十个村落，且一般建村都很早，有的甚至还要早于齐长城。此后各个历史时期建村的基本都有，但奇怪的是明代洪武年间大迁移时在此落户的并不多。本书辑录了9个有代表性的典型村落，以点带面，进行简单介绍。

1. 东障村

东障村位于齐长城北 3 里处，史上曾先后隶属平阴县、肥城县，几经变迁，1939 年被划归长清县。据《肥城县志》《长清县志》及明天启四年（1624）《创建泰山行宫记》载，东障曾称作"东张"。清嘉庆版《平阴县志》卷二载："古平阴城，故老相传，谓今'东长'村即其地，遗迹犹存。"平阴县兴隆镇民国十八年（1929）《虎豹川修路碑亭》称"东障村"。东张村曾是古平阴邑城，在建齐长城前就已存在，但"东障"一名，则是近代才出现的。顾名思义，是以地处大清河（今黄河）东岸平原，东有大峰山、黄崖寨山绵延为屏障，故名。旧时村子规模非常大。1946 年区划调整时分为大街（含南大街、北大街、八棱碑后街）、张营（含张营、石香台子）、三义村（含三义庙，方家沟）、金村（含金村、堂门首）、四街（含李庄、大伊庄、小伊庄、双庙）、后楚庄六村。

春秋战国时期，平阴城的西、南面是湄湖，水面方圆曾达到 40 多里地。为了保护城邑不被水淹，人们在城南、城西修建了一道"L"形的夯土城墙，称为"巨防"。同时在城上设了一个可供进出的城门——防门。这个防门襟山带水，是扼守齐国通往西南诸国道路的咽喉之地，

9-1 东障大街村

大有"一夫当关"之势。

据《左传》记载，齐灵公二十七年（前555），以晋国为首的诸侯联军进犯齐国，齐灵公集结重兵防守，并命将士们在平阴城外的巨防外侧挖掘了一道壕沟，将湄湖的水引入当做护城河，同时加固了原来的巨防，以阻挡联军的进犯。从此，便有了中国历史上第一座防御性堡垒——齐长城。

现在的古平阴城遗址在东障村西部，"南水北调"干渠从遗址偏西穿过，老城墙遗址（本地人称城壕顶）被推平，已基本无迹可寻，这给续写这段历史增加了很大难度。

其实东障村自古就有"东障没东障"一说，它是远大于村，甚至是大于镇的一座城池。早在春秋、战国时期，长清的西南一隅属于齐国，平阴城是齐国的西南边陲重镇，也是齐国的西南大门。据《晏子春秋》一书记载，齐景公的时候，平阴要塞做各种生意的商人就有上百家之多。另外，考古调查发现这里还存在着属于春秋战国时期的大型手工作坊群遗址，仅从暴露的部分看，遗址面积至少有 10 多万平方米，其规模之大，足见当时的繁荣程度。从晚清到现在，在齐长城内外多次出土大批量的齐刀币，也有田齐时期的度量器物，历史遗存非常多。还曾有东障古塔、北大寺、药王庙、真武庙、八棱碑、土地庙、花姑庙、关帝庙、白衣观音堂等古建筑，几乎遍布各个自然村。这些庙宇多数已无法考证建筑年代。

东障古塔疑为唐代古塔，四面刻有佛像，做工精致，但字迹漫漶，难以识读。东西两面另刻有"天皇供养""天后供养"字样。遗憾的是，此塔已消失多年。村中老人回忆起这座塔，无不感到惋惜。根据相关碑刻得到的信息，村中古建筑有确切年代的有：药王庙建于唐朝中期（约 766—835）、花姑庙建于清光绪三十三年（1907）、关帝庙建于清嘉庆年间（1796—1820）。北大寺院中原有龟趺碑数通，但都于 20 世纪五六十年代被毁，造成相关资料空白。在村南的黄米山上，现在坐落着大街村的王氏祠堂，面阔三大间，进深两大间。祠堂外廊道下横卧一通《建王氏祠堂碑》，系清咸丰元年（1851）所立；祠堂内墙上还嵌入四通石碑，

9-2　大街北齐古塔（王守学提供）

内容都是王氏的谱系和修建祠堂时众人捐资修缮等事宜。据载，清咸丰元年众族人公议在老大街村中心建王氏宗祠，后来由于屡受黄水威胁，又集资将祠堂移到此处。

几年前，爱好乡土文史研究的大街村村民王守学在村中废墟上发现了一座经幢，这说明村里还有过佛教寺院。经幢的上、下边均刻有精美花纹，稍有残损，高约0.60米，直径约0.40米。上面的字迹虽然有点模糊，还掺杂些佛语等，但年号尚能识清，有"景祐三年"（1036）字样，算来也有近千年历史了。

张营村东现存龙山文化和商周等时期的遗址，为省级文物保护单位，信息量丰厚。村内有一座相对完整的小庙，当地人称"石香台子"，因庙后的牌坊前有一个上供用的大台子得名。小庙房屋分两部分而建：下半部分由石头垒砌，上半部分全部是青砖到顶。顶部水流

9-3　石香台子

子和砖牙子都还齐全。整座建筑没有遭到严重破坏，古色古香。大门顶部已坍塌，内外墀头已斑驳脱落了一些；里面由于背阴，砖雕细节还很清晰。小庙坐南朝北，门窗用青石拱形垒就，庄重大气，除有少许裂缝外，基本完好无损。据说这里曾做过村卫生室。门前的一对抱鼓石雕刻着精美图案，还能显现出当年的风采。

在北面离石香台子不远处，有一口老水井，用一块大青石板凿了两个圆孔，直径比家用水桶稍大一些，村民称其为双井口。两个井口的青石已被井绳磨出了许多深沟，说明旧时来打水的人很多。

四街村西边紧邻的老公路中间，曾经有一座气势宏伟的古牌坊——天恩褒节坊，当地人俗称其为李家牌坊，是明朝皇帝御赐给四街李庄节妇郑氏的，建于崇祯八年（1635）。天恩褒节坊曾是旧官道上长清县至平阴县（肥城县）近百里以内独一无二的精美大石牌坊，蔚为壮观，遗憾的是20世纪被人为地炸毁了。现附近还能看到塌落散乱的牌坊上的大块石头和构件，上面还有一些阳刻大字。村西北角还有一座明末为郑氏建的小楼，二层方形，青砖到顶，古朴典雅，算来矗立近400年了。

金村有一座庙和一座祠堂，小庙当地人称金村古庙，建筑风格下半部石砌，上半部砖垒，20世纪中叶曾被当做供销社的门市部，后来闲置。相比之下，金氏祠堂要大得多。祠堂在民间往往被称做家庙，是为供奉本姓先辈牌位所建。一般来说，家族越大越富裕，出的大人物越多，供奉的先辈牌位越多，庙的面积也就越大。据金氏村民介绍，祠堂占地一亩多，院落自成一体，面积很大，足以想象得出它曾经的辉煌。

金氏祠堂主建筑三开间，进深两间，石柱到顶，硬山式，砖石结构。东边还有三间配房，也是砖石结构，古朴典雅。在祠堂门楼东墙上，嵌有一通石碑，系《金氏修家庙文》，大意是清咸丰年间有倡导者提出，众人集资买地建庙，用了一年多的时间建成，后将先人牌位供奉在此处等。立碑时间是光绪十三年（1887）。

祠堂院内有一个地窖，地窖口有两块带字的长石条，从内容看应该是谱碑上的护碑石。由此看出，原来应该还有很大的金氏谱碑，现已不知去向。门楼两侧的抱鼓石也很精致，其中一块稍有残损。

纵观东障6个村的建设时期，张营最早，应该是春秋、战国时期齐长城驻军的后人所建；四街次之，建于西汉；大街、金村、三义和后楚四个村均建于南北朝时期。从周围发现的张营遗址来看，以此为中心，西部紧邻村庄，北部与三义遗址接壤，东部紧靠220国道，南部距离齐长城遗址（起点）约1公里，周边还分布有大街遗址、大街古墓、四街古墓、金村古墓群等较多商周至汉的文化遗存。由此看来，原来平阴城的旧址大致就在这一带。这一点，由遗址出土的商周文物

9-4 大街汉墓石刻

完全可以证明。我们推断，东障（平阴城）建村起始的时间与齐长城的修建时间是基本吻合的。

其实，原来的平阴城离齐长城还有一段距离，中间还有一个缓冲地段。据《水经注·济水》（郦道元）载："平阴，齐地也……平阴城南有长城，东至海，西至济，河道所由，名'防门'，去平阴三里。齐侯堑防门，即此也。"也就是说，当时东障离齐长城还有约三里地，约在今东风渡槽西北一带。后来，随着时代变迁，东障的大街村往南扩展，基本上同齐长城搭界了。20世纪60年代，国家投资在东障南部建起了一座东风渡槽，是引黄灌溉工程的一部分。渡槽横跨220国道，连接东西两侧山坡，高达10余米，非常壮观。渡槽上原书写"东风渡槽"四个大字，成为当时长清西南部的一道风景线。

近年拓宽220国道时，为了保住东风渡槽这一历史标志性建筑，国家投资在其下面开凿了一条长50米的隧道。建成后的东风隧道，东南方数百米是由齐国刀币组成的"齐"字大型雕塑，西南方数百米是静卧了两千多年的齐长城遗址，三座建筑呈三角图形，与两条南北交通干线（220国道和济菏高速路）形成"两动三静"态势，向过往的人们诉说着古往今来"齐川通鲁"的繁荣景象，又构成了一道更加壮观、更加亮丽的风景线；同时也为"齐长城源头公园"增加了看点。

据顺治版《平阴县志·舆地志》记载：平阴"春秋战国并属齐，时有卢城、平阴城、京兹城，皆城也，而平阴实统之……开皇十六年，以其地置榆山县。大业二年旋改曰'平阴'，复齐故城名也"。以上说明三点：一是当时的齐长城，并不是严格意义上的齐鲁两国交界线，其至少要推到今平阴孔村镇一带，战国时期还在不断南扩；二是平阴城也不是平阴县治所，那时还没有"平阴县"之说，而应该是类似于现代镇一级的规模；三是大业二年（606）始称平阴县，县治应在今平阴老城区。该县志还有孝里等四乡于元至元十三年（1276）划为肥城县的记录。另据史书记载：隋、唐、宋、金时期的古平阴城隶属平阴县辖区，到了元朝复设肥城县，原平阴县北部四乡划归肥城县。这时古平阴城属原平阴县北部四乡中的孝德乡。也就是说古平阴城自元朝至民国一直是肥城县辖区。

那么什么时候"平阴"改做"东障"了呢？相关资料上没有找到具体的时间记载。宋《太平寰宇记·河南道·郓州》平阴县条："隋开皇十四年于今县西北二十八里置榆山县；大业二年移于今理，改名平阴，属济州，取界内平阴城以为名。"清嘉庆版《平阴县志·疆域志》载："孝里铺南有村曰'东长'，西南三里有村曰'广里'，曰'防头'，今皆隶肥城。古平阴城，故老相传，谓今东长村即其地，遗迹犹存。或不诬也。"清嘉庆《肥城县志·卷之五·古迹志》古平阴城条载："《春秋传》……杜预注，在济北卢县东北。……其地左带济水，右抱巫峙诸山，为齐鲁南北都会之区。《后汉书》云：济北国卢有平阴城，盖汉晋时其城犹在，今则原田鳞鳞，无复旧址矣！"这是东障村为古平阴城所在地的最权威依据。也就是说，平阴县迁走的时候，"平阴"一名也被一起带走了。此说清代历史地理学家叶圭绶亦认同，故其在《续山东考古录》平阴条注："平阴，周齐邦邑、石门邑（东北当有平阴邑地，其城在今治东北三十五里，属肥城）。"而后，具有上千年历史的古平阴便改叫东障了。

如今的东障村，已经全部迁到了"孝兴家园"，旧址上除了少数文保单位划定的建筑外，已经成了一片良田。然而古村过去的辉煌永远不会湮灭，将会永远留在人们的记忆里。

2. 广里村

广里村位于长清西南 220 国道西侧齐长城起点南 1 公里许，《汉书》中记载曾名"光里"。据《山东省长清县地名志》记载："以《左传》载：'齐御晋师，堑防门而守之广里'……齐灭亡后，守兵留居下来，形成村落，以广里关隘命村名。"

根据历史文献考证，春秋时期，广里原是古平阴城南"巨防"上的隘口，曾发生过几次重要战事。不打仗的和平年代，又是一条很重要的商业通道。战国时期也是齐鲁要塞，成为齐国防御鲁、晋、卫等国进攻的桥头堡。

广里村西古代有一大片水域，与北面东障村西的水连成一片，被称为湄湖。一千多年前的北魏时期，湄湖方圆曾达 40 多里，加之是济水（大清河）的必经之地，形成了一道天然的边界线。齐灵公二十七年（前 555），"齐御晋师，堑防门而守之广里"，齐国把"巨防"的防水功能一举衍变为御敌功能。因这里位于当时齐国的西南边陲，齐长城就从这里修起，这里自然就成了齐长城的起始地，被史学界称为"齐长城源头"。

因广里村依山傍水，自古就是个富庶之地，故当地曾盛传着"金

9-5 广里村牌坊

东障，银广里，赶不上潘庄里嗓里"的说法。意思是：东障、广里两村相邻，居于济水河畔，土肥水美，又东依群山，旱涝保收，生活富足；潘庄在广里西南方，济水洼自村北通过，南连平阴县的贵平洼，两边青山夹峙，号称"里嗓洼"。所谓"里嗓"，是本地方言，意思是"嗓子眼儿"。此处风平浪静，芦苇丛生，更适于鱼虾栖息，收获比东障、广里还要丰厚。正是这一段由来已久的顺口溜，成了古济水河畔曾经是鱼米之乡、富饶之地的见证。

　　广里村北的一条较为宽畅的道路，据说是原来村子最南边的一条繁华的街道。自西向东曾分别有三官庙、真武庙、土地庙和东大庙等宗教建筑。其中东大庙规模最大，每年阴历三月十五立有庙会，每次6天，全孝里的人甚至平阴、肥城的人都来赶庙会。据村里老年人介绍，东大庙供奉的神仙非常多，曾有顺口溜道："扒龙泉，修灵岩，东大庙里神最全。"足见其当时规模之大。

那么，东大庙是何时所建，当初有多大规模，为何在此修建这么大的庙宇呢？这与齐长城不无关系。据村民讲，东大庙也叫玉皇庙，原来坐落在岭子头西南方300米处，与广里村毗邻。该庙是个古建筑群，殿堂庑舍齐全，有泥塑神像500尊，石碑50多通。庙宇四周建有青砖围墙，墙外的南面是广场，北面为庙地，总占地30余亩。庙名原为东岳天齐庙，雅称龙泉寺、广平府，后改名为玉皇庙，广里村民习惯上称它东大庙。

东大庙是一座道教宫观，方位布局严格遵循了乾南坤北、以子午线为中轴、东西对称的道观规制。庙的山门为半圆形，坐北朝南，门口横石阴刻"玉皇庙"三个大字。山门前有高大的影壁太湖石，庙内院落为两进式，南院正对庙门的是二虎殿，殿中间为人行通廊，两边塑着哼哈二将，其姿态威猛，让进庙者望而生畏。二虎殿东西两侧是两个小型敞殿，东塑王灵官，西塑黑虎将，均为镇山门之神。院西面有钟楼，内挂铁铸大钟。往里走是一片宽阔场地，这里石碑林立，古柏蔽日，气氛庄严肃穆。东西两边建有十阎罗廊坊，各5间，每间有一阎罗大型塑像和10个判官、20个小喽啰的中小塑像。这些塑像凶神恶煞一般，正在对冤鬼们施以锯解、磨碾、割舌、剜心、上刀山、下油锅等各种酷刑，再现了中国神话中阴曹地府的骇人景象。场地正北面是东岳天齐大殿，居整个玉皇庙的中心位置。殿内迎面是高大威武的天齐老爷塑像，两侧为伴坐、执法侍者。三面墙上绘有大型壁画《凌霄群神观觐》，场面恢宏，绘制精美。天齐大殿东侧有泰山老奶奶庙，西侧有送神娘娘庙，两庙各有一尊女神坐像和30个小型塑像，塑像多是女性形象。

南院往东，通过一个角门可进入倒坐观音院，观音庙坐南朝北，菩萨端坐莲花盆中。观音菩萨属佛教信奉的偶像，本不应进入道观，但因其受民众爱戴，故民众将佛、道二教信仰系统进行改造，以适应世俗信仰的多元性和功利性。这种神灵供奉杂乱的现象在很多佛寺、道观都存在。南院与北院有角门相通。进入北院不远，隔着一个香亭就是高大宏伟的三层神楼。神楼为木石结构，楼梯、楼层地板全是木质，墙壁全是石砌。楼层之间没有回廊飞檐，而是上下一体，简洁雄浑，颇像西方国家的古城堡。神楼底层为三官殿，正位塑着天官、地官、水官3个大型坐像，两旁立有40多个天兵天将，均披甲执锐，威风凛凛。中层为玉皇大殿，中间坐着高大威严的玉皇大帝，两边恭立金童玉女。楼的上层为三教殿，亦称三教堂，供奉儒、释、道三家的创始人。另有16个中型塑像分列两班，其形象大多仿照《封神演义》中李靖、杨戬、哪吒等人物的造型。该神楼塑像普遍高两米以上，神态栩栩如生，盈墙的壁画笔笔吴带当风，堪称杰作。

只可惜这么宏伟的建筑群，抗战时期被日军改造成了炮楼据点，后来就逐渐消失了。据说那时大庙里驻扎过四五百日伪军。据长清党史资料记载：当时据点内外东西两院修得非常坚固。据点围墙高5米左右，宽1米左右，围墙上、下设有两层射击孔，四角筑有炮楼，炮楼的上、中、下三层也都设有射击孔；围墙外挖有4米深、3米宽的防护沟，沟外设有鹿寨，鹿寨外埋着大量地雷。据点北面地雷群外是长平公路，东面是一片农田；东南角地雷群外有一条南北向山洪排水沟，既深又宽。据点居高临下，易守难攻。1944年7月初的一天，我峰山县大队从马岭、房头出发攻打广里据点，从半夜12点一直打到第二天拂晓，大半宿枪炮声、呐喊声不断，终于将其攻克。除伪区长马振刚逃掉外，其余敌人全部被歼灭，其中生俘伪治安军中队长李志斌以下官兵百余人，缴获轻机枪一挺，小炮两门，长短枪百余支，弹药及其他军用物资一批。我军伤亡30多人，付出了不小的代价。

其实旧时的广里不在现今的位置，它原本是齐长城上的"桥头堡"，是一道关隘，当时还没有形成村庄。秦始皇统一中国后，齐长城慢慢地失去了利用价值，于是守长城的军队留下来建了村。广里虽建村较早，但由于清咸丰五年（1855）黄河改道侵占了大清河河道，随后因屡次受黄水之扰，村落数次南移，最后落户在原址南面、离齐长城1公里外地势较高的地方。因此存留的古遗址除了残存的齐长城以外，几乎消失殆尽。现村口还有一座牌楼，据说原是明朝时所建，前些年又复原的。

如今村北（原来的村南）还保留着一眼水井，因有三个井口，故称三眼井。该井形成年代不详，从风化程度和村民记忆得知，已不下百年。20世纪六七十年代村中曾建有很大一片广场和一个主席台，据说当年在广场上开万人大会都绰绰有余。现只剩下一座写有标语口号的高大的影壁见证着那段历史。

广里与齐长城原为一体，没有齐长城就没有广里村。为了宣传、

9-6　齐鲁阁

展示齐长城文化，村委在村中心的小山上建了一座"齐鲁阁"，成立了"齐长城战鼓研究中心"。齐鲁阁共三层，高大壮观，古朴典雅。在村东、村南的220国道和济菏高速路行驶的车辆上，很远就能看到高高的齐鲁阁。同样，站在齐鲁阁上，向西、向北、向东能将九曲黄河、绵延长城和两条道路一并纳入视线，给人以"更上一层楼"的感觉。因此，这里成为广里村的标志性建筑。

齐鲁阁所在的这座小山，古时候叫莫山，后来，广里由肥城划归长清，人们习惯上叫成磨山。因北面不远处，分别还有面山（珠珠山）、米山（黄米山）和谷山，且这三座山都不高，相互之间距离也基本相等，当地百姓认为这是老天赐予的几座山：有谷、有米、有面，肯定离不开"磨"来加工，加上又处在济水边，这就寓示着周围的村子五谷丰登、连年有余了。把莫山叫成磨山，取个谐音，图个吉利。

齐鲁阁前的小广场的四个角上，各有一根高约3米，直径约半米的经幢，上面刻有经文，由于风化严重，字迹已不好辨认，但上面的落款还能依稀辨出"元祐六年二月八日"字样。算来经幢已存在近千年了。上面的花纹也十分精细，非常难得。据说这四根经幢是从原来东大庙遗址上挪到西面的大车店里，建齐鲁阁时又转运过来竖在这里的，堪称"镇村之宝"。

在齐鲁阁下方不远处，还有一个硕大的龟趺碑座，只是没找到石碑。碑座的赑屃做工非常精细，遗憾的是上面没有只言片语。据村支书方庆刚介绍，原来这个碑座在村北的地里半埋着。过去那里有一片坟墓，叫郭氏林，旧时石碑林立，阴森恐怖，20世纪被整成了良田。这个龟趺由于体积庞大，砸不动，幸存了下来。但石碑被毁，碑座也才挪上来十几年。从碑座的整体来分析，此碑无论是体积、分量还是内容，都应是十分厚重的。

在广里村南通往龙泉官庄的路上，有一座古桥，叫盐务桥，它原是长清西部通往肥城县的唯一"官道"上的石桥。此桥建筑年代无考，但据村民讲，至少要早于清末。由于过去潍坊一带盛产食盐，而贩运私盐自古以来就是违法的，因此，齐长城隘口也是收盐税和查私贩盐商最严的关卡。商贩好歹出了齐长城，本想松口气，可经过这里又要被扒一层皮。因此，这座桥又被戏称为阎王桥。当然，这只是传言，也有的说盐务桥说起来绕口，就慢慢叫成阎王桥了。该桥属三孔石拱桥，不仅宽，跨度也很大，看上去非常墩壮，横亘在深沟之上真有点一夫当关的气势。

　　关于广里村名的来历，史学界有不同的看法。据杜预注《左传》载："（平阴）城在济北卢县东北，其城南有防，防有门，于门外作堑横行，广一里。"这一观点得到不少人的认同，如：清代文学家全祖望，现代考古学家张学海等。杨晓阳主编的《春秋左传》的译文道："齐灵公在平阴抵御（联军），在防门外挖壕据守，壕沟的长度有一里。"如果这种说法成立的话，那郦道元的"今防门北有光里，齐人言'广'音与'光'同，即《春秋》所谓守之广里者也"就不好解释了。而作为当地人或亲自到过现场的专家来说，一般不会赞同前者的观点。为什么？根据有三：一是《春秋左传》原文为："齐侯御诸平阴堑防门而守之广里。"古时的文章没有标点符号，译文如果在"守之"后加"，"，可解释为"广一里"，如果不加"，"，就成了"堑防门而守之广里"，就成了"在广里防门堑壕沟用以防守（敌军）"，意思就完全不一样了；二是据"泰山五老"实际测量得出准确数据：第一段夯土长城从源头的机井，到220国道，总长280米，从220国道至长山岭（马骨油山）山体结合部共996.5米，总计1276.5米（实际上，据分析估算，岭子头长城向西至少还应有500米以上），如果巨防的长度是"一里"的话，当初晋国联军完全可以向东绕过齐长城来攻打平阴城，多走几步路，从东面没有堑壕、防守薄弱的地方，不照样能攻克平阴城或直接进入齐国腹地吗？这一里地的巨防根本挡不住联军的战车；三是根据《山东省长清县地名志》记载："广里曾是齐长城上的关隘，长年屯兵。齐灭亡后，守兵留居下来，形成村落，以广里关隘命村名。"这里已介绍得很清楚，"广里"是隘口这一点是不争的事实，至于怎么衍变为村名、是否原来就是村名，这还需要更多的文史专家和齐长城爱好者做进一步考证和研究。

广里村处在齐长城源头，这里的长城主体全部是夯土结构，看似构造单一且施工简单的长城，在当时没有大型工具，单靠肩挑筐抬的情况下，修建难度是可想而知的。到了东面的山区墙体成了石砌结构，就更是让人感到不可思议了，有的地方甚至连山羊都爬不上去，更别说垒长城了。齐长城沿山脊向东绵延千里，一直修到大海。当时为了修建这道世界建筑史上最早的长城，付出了多大代价、死去多少人谁也说不清楚。"孟姜女哭长城"的故事就发生在齐长城上。在孝里当地还有"扁担开花，铁牛上树，逢广就住"的传说，这里的"逢广就住"中的"广"指的就是广里，意思是齐长城修到广里，终于有"广"字了，总算是该停"住"了。

3. 岚峪村

　　岚峪村位于大峰山脚下，背靠齐长城，是除了万德长城村外，离齐长城最近的村子。据《山东省长清县地名志》记载：明万历二十四年（1596）大峰山《重修泰山行宫碑记》中有"懒峪庄"之名。据传，该山峪因自古缺水而得名懒峪。明初，燕阳秀道人来此，见大峰山四季雾气腾腾之景象，更名岚峪庄，俗称岚峪。1939年由肥城县划属长清县。

　　岚峪村最大的特点是老房子多，而这些老房屋的结构又分三种形式：即石头房、青砖房和楼房（挂屋子）。老房屋大都在百年以上，并且全是平顶。石头房屋在长清山区并不少见，建筑风格也大同小异，房顶用石子和石灰搅拌发酵以后，再提送到屋顶上摊匀，然后用木棒子敲打夯实，直到提出灰浆。这种房顶结实耐用，能保证百年不裂缝、不漏雨。平顶房还有一个作用，就是村民们打了粮食能在上面晾晒，因此这里的粮食很少发霉。

　　村中青砖结构的房子虽然不多，但在山里能盖得起的却都是大户人家。根据专家考察，这些砖房大都是明末清初所建。在一户砖结构宅院里，垂花门楼特别精致，当地人称"吊珠连龙"。图案均用青砖雕刻，砖雕工艺精细、布局合理、豪华气派。可惜的是房顶年久失修，已经坍塌，只剩下外墙了。据说房子的主人叫陈玉郎，这人很聪明，与当时大峰山峰云观里的道长关系很好，两人经常在一起下棋对吟。他为了避交地税，假借峰云观的名义买了好多地，因为历朝历代寺庙用地都是不交"公粮"的。从此无论打多少粮食都收入自己家里，慢慢地就富裕了起来。后来继任道长发现道观的土地与账面上的不符，就追查此事，当知道了陈玉郎的事后就把这些土地收回了。陈玉郎气不过，就到县衙门里打官司。但苦于没有证据，加上本来就理屈，只好吃了哑巴亏。从此陈家也就败落了。

在这里，盖二层楼的人家达十户之多，楼既有青砖结构的也有石头结构的，大都是为了上楼方便而在院子一角所建，当地人称"挂屋

9-7　岚峪村

子"。村里靠街道的房屋后墙，垒砌在墙体里面用来拴牲口的"拴马桩"比比皆是。过去有种说法：谁家外墙上的拴马桩越多、越精致，说明当时谁家家境越好。给儿子找媳妇，相亲前，女家都要偷偷地来看看，只要这家外墙上有两个以上的拴马桩，这门亲事就成了一多半儿。

村中有一户的大门建筑风格很独特，拱形门楼下面的石头是典型的"一寸三錾"。据说这是明崇祯年间（1628—1644）一个宦官的房子，主人因触犯朝廷法令而被斩首。后来查实属于冤案，当朝皇帝赐了一个"金头"（金子做的假人头）作为补偿，还赔了一些银两。可是盗墓贼无孔不入，万一得到消息把金头盗走可就坏了。为了掩人耳目，其家人从京城至长清每隔一百里就为其修一座坟，将死者的衣物放里边一部分。最后把真尸埋葬在大峰山南边的竹林山上。据说还建过很大的牌坊，后被破坏。听说还曾有人去找过这座坟，但翻遍了整座山也没找到。完事后，其家人用剩余的银子盖了这处豪华住宅。

要说岚峪村的"古"，不单是有老房屋，主要还有几处有着悠久历史的古遗址和古建筑。

一、岚峪遗址：位于岚峪村的西南方，发现人类繁衍生息的痕迹，又把古村落成提前到了商周时期。这，就连本乡本土的当地人也感到意外。为此，文物部门于1997年把这里定为县级文保单位，并为"岚峪遗址"划定了明确保护范围：东至水库，北至水库石坝，西至水库以西100米处，南至水库以南300米处。由此可见，当初的村落还是很大的。遗址北面约200米处就是夯土长城，水库的泄洪沟下游直接与齐长城的壕沟连在一起。当然，岚峪遗址虽然处在现在岚峪村地界内，但并不一定就说明这些人就是岚峪村的祖先，至于同现今的村子有没有关系，还有待有关部门做进一步的考察论证。

从附近找到的散碎的布纹状陶片来看，此处确实是商周时期的

9-8　岚峪村北齐长城

遗址。

二、齐长城遗址：岚峪村坐落在齐长城之阳，从村西低洼处的夯土长城，到村北的石垒长城，沿村长度4华里地左右。村民们习惯上称齐长城为岭子，称长城南、长城北分别叫岭南、岭北。齐长城先呈东西向，后在村东北急速北转，跨过深深的三股峪（当地人俗称河头泉）后爬上山顶，气势非常壮观。

三、关帝庙、石钟亭：关帝庙占地不多，但庙中的石钟亭却是市级文保单位。在石碑旁边还有一对经幢构件，村民称其为"石鼓"，前些年被盗走了一个，后被村民又追缴了回来。经专家根据石鼓上雕刻花纹判断，一个为唐代产物，一个为宋代产物。据村民讲，村南原来有一座建筑宏伟的寺院，非常大，前后有三重院落，庙中建筑斗拱飞檐，巧夺天工，院子中古木参天，遮天蔽日。后来寺庙被一场无情大火吞噬，只留下了这对宝贝。两面石鼓现在已成为岚峪村的"镇村之宝"。

据说原来关帝庙石钟亭里面的古铁钟高两米多，好几百斤重，八个壮劳力才能抬得起。遗憾的是，20世纪中期被砸毁炼了钢铁。庙内还有两通石碑，都是重修关帝庙的功德碑，一通风化严重，无法识别具体年代，一通为民国三十四年（1945）所立。另外在关帝庙院内，还有几块残碑，毁坏严重，内容和时间都无法识读了。

四、龙头圣旨碑：该碑立在村头街道边，碑帽上有二龙戏珠图案，中间"圣旨"二字醒目庄严，碑体中心位置刻着"金石其心"四个大字，上刻"品顶戴山东巡抚"等文字，左边只可以看到"大清光绪"字样。据传此碑是为一节妇所立，当时朝廷划拨的银子很多，原准备立一座贞节牌坊，但被贪官逐级克扣得所剩无几，只够立一座石碑了。遗憾的是，20世纪90年代，石碑被一场大火烧得面目全非了。

五、地道：岚峪离大峰山很近，而大峰山在明代就有曾被"长毛"占领、洗劫的传说，现代又是长清抗日根据地，利用地道隐藏和撤退

9-9　岚峪地道

自然成了军民自保最有效的方式。地道总长约300米，高的地方人可以直立行走，多数需要猫着腰前行。个别地方还有分支。地道又宽又长，里面盛下全村人不成问题。军民们很聪明，地道直接通到村外的一条壕沟，如果实在藏不住了，可以从出口顺着沟在桥下朝着不同的两个方向撤离。这让人想起了电影《地道战》里的画面。

六、山寨：寨子在岚峪村东南里许，与大峰山主峰隔谷相望，其险要处比大峰山上的古山寨或有过之。寨墙足有一丈多高，虽然不能断定建寨的具体时间，但看上去起码也在百年以上。据初步判断，整座山寨的石屋建筑不下百余间。山寨南、东两个方向是如刀削一般的悬崖峭壁，成为一道天然屏障。寨墙依山体而建，易守难攻。最为惊险之处是北寨墙，由于北边对面就是隔谷相望的大峰山主峰，如果是盟友或是自己人可以形成掎角之势，遥相呼应。倘若对面山上是敌人，就非常有必要修建坚固的工事来进行防御了。因此，北寨墙高大、宽厚，非常牢固。这在长清其他地方的山寨中是罕见的。

七、璇玑洞：璇玑洞在大峰山东面的悬崖处，洞内最高处25米，宽16米。璇玑，原指北斗的第四星，即"魁星"。该洞究竟有多深没有人测量过，有说数百米，有说数里，有说十余里，反正深不可测。古人名之曰璇玑，大概是指此洞为一山之关键，最为玄妙之所，可能把它和"玄机"这个词混用了。不过这一洞穴确实很有"玄机"：第一为"口小腹大尾长"，像一个大橄榄，进洞后，顶部岩片层层内收，堪称鬼斧神工；第二为复式结构，分上下两层，有道相通，据说抗战时期洞里上下两层都住满了兵，后来人们在洞里曾发现大批枪支弹药；第三是深不可测，大约进去200米左右，上一坡，洞戛然而收，转一弯则人不能过。据村民讲，此洞约十多里长，直通肥城陶山，最窄处只能过犬兔。有一年一只犬追赶一只兔，追到洞里最深处，兔子伸腰逃出了洞，而犬只顾追赶，从偌小的洞口钻出时毛已被石壁刮光了。

岚峪村背依齐长城，东靠大峰山，还有三教堂、大泉等众多古遗址及古庙、古碑、古树、古井、古石碾等老物件。走在村中的青石板路上，处处都透着沧桑感，历史文化底蕴相当深厚。

抗战时期，由于岚峪村离大峰山很近，成为泰西抗日革命根据地的屏障，1938年在这里成立了中共长清县第一届委员会。群众深受鼓舞，青壮年踊跃参军参战。老百姓把抗日的队伍看作自己的亲人，出现了军爱民、民拥军的感人场面，因此岚峪被称为"峰山堡垒村"。战时村民积极配合峰山大队独立营，利用山寨、地道、街巷等有利地形同日军巧妙周旋，消灭日军的有生力量；还成立抗战医院、儿童团、妇救会，为八路军救治伤员、站岗

9-10　璇玑洞

放哨、纺棉织布、做军鞋等，筑起了一道全民抗战的"钢铁长城"。

如今，岚峪村已经相继被批准或命名为"中国传统古村落""美丽乡村示范村"和"红色革命教育基地"等，成为远近闻名的特色古村。

4. 北黄崖

北黄崖在明朝以前同今中黄崖、南黄崖是一个大村，由于村子南北长、跨度大，不好管理，后来便分成了三个村。《山东省长清县地名志》记载：据现存唐开元二十五年（737）建石佛堂碑上有黄崖庄记载考，该村建于唐代之前，以村居黄崖山下，命名黄崖庄。明中叶分为三村：即现在的北黄崖、中黄崖和南黄崖。村名是因山崖的石头呈黄色而来。

若干年前，进村后主要街道几乎全部是石板铺就。村北是一条小河，据分析，很有可能就是齐长城外侧的壕沟。因为这里又是一段谷地，齐长城从村西山体下来后，再一次变为夯土结构。随着岁月的侵蚀，夯土长城现基本无迹可寻，这条沟自然形成了雨季泄洪沟。壕沟上有座石桥相当别致，约4米宽，10米长，跨度3.5米左右，足以通过大卡车。令人称奇的是，桥孔上端中间雕刻着一条"龙"，上游方向是龙头，下游方向是龙尾，粗犷豪放，雕工精湛。其实它并不是龙，而是一只"避水兽"。头部有点像龙，不过比龙头扁平些，头顶有一对犄角，这种兽的身体、四条腿和尾巴上都有龙鳞。那么在桥上雕刻的是什么动物，又有什么含义呢？原来它就是传说中龙生九子其中的

9-11　北黄崖村

一位，叫蚣蝮，因为触犯天条被贬下凡。可能怕它跑掉，龙王就把它压在大运河的桥墩下，让它守护大运河，一守便是千年。千年后，由于守河有功，它终于摆脱龟壳重获自由。而老百姓为了表彰蚣蝮的守护，便称之为避水兽，还塑了雕像放在了每条大河边的石磴上，希望它可以让水"少能载船，多不淹禾"，保佑一方平安。在桥上刻上它，希望它能保持桥的坚固，不让洪水冲毁，人、车等在上面通过不会发生危险。可在这僻壤之地的一座平常小桥上精工细雕避水兽，还是不多见的，说明当时村里必定有文化人，或经在外做官的人指点。

　　过去村中主街的青石板路，凹凸不平，石板大小不一，并且坡度很大。据村民讲，当年日本军队就是开着大卡车从这里通过的。后来村里在西边百余米处另建了一座大石桥，主街道随之西移，这里便成为一条少有人走的小街道了。

　　村中的建筑可分为三种不同的风格：窑洞（土屋）、土坯青石混建

9-12 古石桥

和石头屋。窑洞（土屋）主要分布在壕沟北边，沿着土崖壁挖掘，有十几间。具体建筑年代无从考证，现在多已坍塌，无人居住。多数窑洞墙壁上仍留有做饭熏烧的烟灰痕迹。土坯屋也不多见了，还保留着一些用石头做地基和承重墙、中间填充土坯的房屋和院墙。村中石头屋是最普遍的。这些建筑墙壁很厚，冬暖夏凉，一直是村民建房的首选。村里散落着一些石碾、拴马桩等，还发现一个稀奇物件——石缸。其用多块青石板拼凑起来，用石灰粘在一起，方方正正，很有特色。

在北黄崖村东北是梯子山，也是齐长城所经重要地段。梯子山海拔374米，因山势像梯子一样陡峭，故名。上面有山寨，是在齐长城上建的第一座堡垒。山寨有两道寨门，石屋上百间，易守难攻。它与齐长城的关系史书上没有相关记载。《山东省长清县地名志》载，清朝咸丰年间，村民为了躲避战敌来到山上，修了营寨。据传土匪刘黑七也曾在此占山为王，祸害四方。

9-13　土崖石墙

北黄崖村最为珍贵的当属村北约 800 米山坡上的石佛堂了，其为全石叠涩式建筑，坐北朝南，东西长 1.8 米，南北宽 1.52 米，高 1.86米。1914 年修建了单体覆斗室方形石罩室，现佛堂石造像脸部大多被毁，只有部分还较完整。石像大部分被损坏，但残存部分刻纹还很清晰，整个建筑也基本完整。佛堂年代久远，在济南地区，唐代的佛堂建筑和石像并不多见，因此，它具有很高的研究价值。2006 年 12 月，佛堂被列为省级文保单位。

北黄崖村中还有《禁开山采石告示碑》一通，立于光绪三十年（1904），因所用石料是当地的花子石，风化严重，但大致内容还能辨清，主要是告知村民不要随意开采山中石料盖房、垒堰，否则予以追责等事项。这说明在清代人们就有了"绿水青山"的保护意识，这一点是很难能可贵的。

北黄崖村的地理位置非常重要：东南过中黄、南黄后是黄崖寨，西南是长清的"小延安"大峰山，北面和东北依靠着齐长城，三面环山，处于崇山峻岭之中。从村里只有一条路可以通往南面的马岭口，据传那里是齐国和魏国之间的著名战役"马陵之战"的主战场，也是孙膑与庞涓师兄弟相斗半生一决雌雄的地方。至今，马岭口东面双泉大张庄的山上还有一块石碑有相关记载，据说刻着"庞涓死于此树下"的那棵柏树也还在。

由于建村较早，又有齐长城经过，加上梯子山寨、唐代佛堂建筑、古庙、古石桥等，北黄崖"古"味相当浓厚，拟列入第六批中国传统村落名录，也是 2022 年全区唯一一个入围的村落。

5. 陈沟湾

陈沟湾村位于双泉镇燕傅公路路北，齐长城在村东由夯土结构逐渐沿山体变成石筑结构。《山东省长清县地名志》载：据传，该村前名郭家庄，后因与邻村蔓菁峪犯地名忌讳，更名新庄。《董氏族谱》载：清初董氏十世祖董大全迁居此地，以村落在北山脚下大沟边，更名深沟湾。清道光版《长清县志·地舆志》载"南仓·马南保深沟湾"。陈沟湾村东曾是春秋战国时期齐鲁两国的边境关口，是华北平原通往泰沂山区的一处咽喉要塞，战略位置极为重要。据村中上了年纪的老人介绍，以前在山下这段齐长城穿过公路的地方，还有一座石筑的关口，关口的通道很窄，仅能通过马车。在关口的北边位置还竖有一块大石碑，上题有"齐地会鲁"四个大字。抗战时期，日军的汽车来到这里过不去，就将关口拆毁了。随着时代的发展，政府将燕傅路拓宽改成了柏油路，这座位于陈沟湾村和北傅庄村之间的关口及石碑，已无踪迹可寻。

陈沟湾村大部分人为董姓，还有少量其他姓氏，但没有姓陈的。为何？这和村南的一条大沟有关。这条沟是一条自然河流，既长又深、既弯又绕，因此人们把这条大沟叫做"深沟弯"。由于当地人把"深"和"琛"的读音相混，又"弯"和"湾"不分，久而久之，这个村便因这条沟名而被叫成陈沟湾了。

村中唯一的古迹是村东的关帝庙。此庙坐北朝南，修建于有 7 级台阶的平台之上。庙院内有三开间的主殿一座，另有东西厢房各两间。在主殿的右后侧，长有一棵两抱粗的翠柏。主殿为平顶，前厦的顶子做成垂脊状，两根四棱石柱支撑着整个前厦，石柱下方是鼓形石柱础。主殿内塑有关公像，体型小巧，与大殿极不协调，一看便知是后来所塑。四周墙壁上的绘画色泽艳丽，绘画内容为三国故事。尤其正中位置的一幅壁画，尺寸较大，上面的山石亭殿非常逼真，人物栩栩如生。这些壁画除东墙的略有破损外，大部分保存得比较完好，实属不易。20 世纪 50 至 70 年代，主殿曾做过村里的小学教室，现在的北墙上方还留有"耕读小学""半日劳动""半日学习"的白粉笔字。关帝庙院内还保留着两通对立的石碑。东侧石碑为《长清县城南新庄马南关帝庙碑》，立于清乾隆五十五年（1790），记载了本村善士董庸及董

9-14　陈沟湾关帝庙

尽文等人，出资出地建起了这座关帝庙，冀保百姓平安等内容。当时董庸等还特地请来了东昌府清平县的举人高士镒撰写了碑文。西侧石碑为《重修关帝庙碑记》，立于光绪二十八年（1902），记载了村中一些善士对这座庙宇进行了一次维护修缮事宜。两块碑上均刻满了捐资人姓名。

据说在陈沟湾村西，原有一座坐西朝东的小庙，叫分师庙，是战国时期孙膑、庞涓分手的地方。两人在马山脚下同拜鬼谷子为师，学习兵法，后来各辅其主，成了不共戴天的劲敌，在今本镇张庄村西的马陵道展开了殊死决战。孙膑利用"增兵减灶"之计大败庞涓，结果庞涓死于孙膑的乱箭之下。这就是史称的"马陵之战"。此后，民间就有了"要学桃园三结义，不学孙膑与庞涓"的俗语。如今，古战场还在，分师庙却在若干年后被夷为了平地，难以寻迹。

据村民讲，分师庙前还曾有一口水井，是八角形的，叫八瓦琉璃井。这口井很神奇，平时水面平得像个八棱镜子，能照见人影，可谁要是悄悄走到井沿儿，使劲咳嗽一声，或是铆劲儿一跺脚，井水就立刻咕嘟咕嘟冒泡儿，哗哗往外翻水花儿；停一会儿，井水又慢慢静止下来。传说这口八瓦琉璃井是专供孙膑师兄弟饮用的。因多年前曾有两条大蛇经常出没井中，村民不敢靠近，就把井填死了。

村中有一条长约 200 米，宽约 5 米的贯穿村庄的东西向街道，将整个村子一分为二。这条街道古时候是一条从平原地带通往泰沂山区的重要通道。20 世纪 70 年代中期以前，从孝里镇通往双泉镇然后翻过刘口直通肥城、泰安的重要交通线就走这条古道。所以这个村子好似交通咽喉，战略位置极为重要。在这条古道的中部，有一座坐北朝南的大门格外引人注目——这就是陈沟湾村妇孺皆知的"高门台"。过去，来这儿玩耍、拉呱、凑热闹的人从来就没有间断过。村民谁家有了矛盾或是闹了别扭，说得最多的一句话就是"咱到高门台评理去！"

意思是这儿人多,让大家评评是非曲直,众人一听自然也就有了是非。

　　其实这座高门台并没多高,但它处在这段古道的最高点,也是一个分水岭:下雨时高门台东面的水向东淌,西边的水往西流。由于这里庄高坡陡,不利于现代社会车辆的通行,交通部门于 20 世纪 70 年代中期修燕傅公路,在村南面的下沟位置重新开辟了一条路,由过去的穿村而过,变成了现在的绕村而行。

6. 郭家峪

　　齐长城从漩庄东的凤凰山开始，向东、向东南，逐渐右转呈南北向，沿马山镇与五峰山街道的界山向南挺近。过上义合、大东山、小东山到郭家峪村。郭家峪距郭庄 2.3 公里，明隆庆年间（1567—1572）郭氏祖士文、士武由县城西南魏庄迁此建村，命名郭家庄。后来，以村建在山峪中，更名郭家峪。郭家峪村是个典型的山村，东面的山上即是齐长城遗址，虽经 2500 多年的历史冲刷，至今风骨犹存。或许是因为齐长城的感染，村子也更多了一些古韵。

　　原来村里的房屋大都是土坯建筑形式，平顶、脊顶参半。由砖石做地基和承重墙的房屋，一般很难支撑百年，虽然墙体"土得掉渣"，不过每户的门面还是很讲究的，基座、卡框和门枕都是石头做的，厚实稳重。沿板用青砖镶边，美观、耐用。大多数人家大门两边都有"灯台"，每逢过年、正月十五等节日家家都会点灯，以示喜庆。灯台均用青砖雕琢垒砌，粗线花纹，精致、好看。家境稍微好点的农户，门窗的做工很有特点：迎风石和卡框石用整块石头垒砌，多有精美图案；埵头上都刻着字或花纹，做工细腻而大气。

　　村中的三棵老槐树尤为显眼，它们看上去有几百年的树龄了。大

9-15　郭家峪

树根深蒂固、树冠庞大，已开始枯心。三棵古树身上都有带 A 级编号的红牌，表明树龄在 200—300 年。

郭家峪村民多数姓郭，还有蔺姓。全村 50 余户，不到 200 人，年轻人大都外出打工或是搬到城里住了。但他们家族观念很强，"郭氏谱碑"修得十分讲究。谱碑修建于光绪二十五年（1899），虽经 120 余年的风雨侵蚀，但至今仍字迹清晰，花纹精细，碑体完整。碑文详细记载了郭氏的起源和经历，碑阴划分了族支辈分。由于家族兴旺，谱碑已容纳不下后代逝者的名字，郭氏后人又在旁边立了一块更大一些的新碑。新碑从"传"字辈接续下来，继承老碑上的支脉。

在郭家峪正北约1公里处，原有一个自然村叫小东山（已无人居住，居民原是郭家峪村郭氏分支），1984年改属西面的郭庄村。据记载，清光绪年间（1875—1908），郭氏由郭家峪迁此建村，以坐落在郭庄东山脚下，并区别于大

9-16　郭家峪郭氏谱碑

东山而命名小东山。小东山东面的齐长城，至今还有明显遗迹，只是风蚀多年，仅剩一条土坉子了。

郭家峪村不大，姓氏单纯，民风淳朴，在抗战时期就帮助过我县大队抗击敌寇，做出过很大贡献。

据《中共长清县党史大事记》记载：1944年4月，日伪军发起春季"大扫荡"，我峰山县党政军民奋起反击。3日拂晓，三百余名日军、千余名伪军，在七区郭家峪、薛家峪包围了中共峰山县党政机关和县大队，情况危急。宋泮池、侯筱章当机立断，由郭哲生、王锦率一连掩护，宋、侯率党政机关向小尹庄突出重围。一连陷于重重包围后，郭哲生、王锦指挥战士与日伪军展开殊死搏斗，数次击退敌人进攻。后郭命一班掩护，组织一连大部再次突围成功。这次战斗非常激烈，"三夺机关枪"的故事在大峰山根据地久传不衰。此役共毙伤日伪军100余名，掩护县大队及党政机关安全撤离，但我也付出了很大代价：县大队张建贞、李承才、靖茂鑫、张宝泉等十余名战士及郭延柏等数名民工壮烈牺

牲，数十人负伤。战斗得到郭家峪、薛家峪两村群众的大力支援，其中，盲人张锡太在战场上救伤员的事迹尤为感人。战后，两村群众装殓烈士遗体，安葬在村南的苇子坑边，并举行了隆重葬礼。

　　目前，郭家峪村也全部搬迁到了政府统一新建的楼房，这个村落已不复存在，但长城脚下郭家峪村的历史遗存将会同村民们支援县大队抗击日寇的故事一道永载史册……

7. 薛家峪

　　齐长城过郭家峪向南不远，即是薛家峪村，两村相距只有 1 里，同时与西北方的庄家峪村距离相等。因三个村子都在山峪里，呈"品"字形状，当地人习惯上称"上三峪"。薛家峪村为长方聚落，有南北向主街一条。据《薛氏族谱》载：明洪武七年（1374），薛氏由山西洪洞县迁居该村，以村落居住在山峪中命名薛家峪。既然是薛姓建村，薛家峪自然薛姓占村民的大多数，还有郭姓，再少有他姓。村里共有百余户，最多时近 500 人。现在村民还保存着记录家族传承支脉的"折子"，记录得非常详细。

　　由于地处山区，防护措施得力，房屋很少被洪水侵袭，因此村中的老房子很普遍，只是因居住的人越来越少，坍塌、破旧的不少。房屋石头、砖瓦、土坯结构的都有，砖石结构的大都还有人居住。老房屋多以青砖做承重墙的边角，或做前墙、框架，中间填充土坯。这种房屋冬暖夏凉，只是很难支撑百年。墀头、雨搭等很讲究，部分砖雕也很精致。大门两边别致的灯台与郭家峪的相仿。随着机械化、电气化的普及，弃用的农具失去了作用，闲置在一边。老家什等也被搁置了起来。

　　薛家峪建村较早，且村民姓氏单一，民风淳朴，勤劳善良。村西

9-17 节孝碑

的一块石碑，从侧面印证了这一点。这是一块"节孝碑"，上刻"冰霜丽洁"四个大字，时间是光绪□□年（因为风化加上有圆孔已无法识读）。此碑虽然不够高大，但很庄重。据村民郭传忠老人讲，这块碑是为"郭刘氏"所立。刘氏嫁给郭西成为妻后，还没生孩子丈夫就死了，她继续赡养公婆并为他们养老送终，后来在村中守身如玉终身未改嫁。为了表彰她，村里报请县府批准，给她立了这块碑。关于此事，民国版《长清县志·人物志》中有记载："郭有成妻刘氏，马南郭家峪人，夫亡守节学宪，旌以'冰霜清洁'。"书中的记载和现实有几点不一致：一是地址写成了"郭家峪"；二是按郭姓辈分应是"西"字辈，而写成了"有"字；三是把"冰霜丽洁"写成了"冰霜清洁"。当然，当时逐级上报时出现误读或误解也是有可能的事，加上村里识文断字的人少，再赶上个迷糊先生疏忽大意也不足为怪。不过瑕不掩瑜，毕竟白纸黑字完全能证明此事的真实性。

与其他碑不同的是，碑体上有四个大小一致的圆孔。这是为何呢？据村民介绍，过去大集体时，村里买了一台立式柴油机，安在机井旁用来抽水，可机器有点头重脚轻，被当地人戏称为"猴子机"（意思是开动起来乱蹦跶），于是村民就把这块碑凿上眼儿用大螺丝固定在上面增加稳固性。后来柴油机淘汰了，人们又把这块受尽磨难的石碑运回原处，重新竖了起来。

薛家峪依山而建，与东面有着两千多年历史的齐长城近在咫尺，偏南一点就是草鸡寨。关于这个山寨的名字不言而喻：这里四面陡峭，不好攀登，好不容易爬上去，人也累"草鸡"了。别看草鸡寨海拔不高，但这里地势险要，易守难攻，在抗战时期曾发生了有名的"薛家峪突围战"（详见前文"郭家峪战斗"）。因那场战斗时我县大队和机关分别驻扎在郭家峪、薛家峪和庄家峪三个村，从五峰黑峪据点经三官庙、张家庄向西越过长城过来的一路日伪军奔薛家峪村，由李家店、地楼村的一路向南至郭家峪北岭，由马东街过来的一路直扑三合

9-18　薛家峪草鸡寨

庄和"上三峪"（郭家峪、薛家峪、庄家峪）准备偷袭我县委、县政府机关和县大队驻地。东路日军把齐长城上的草鸡寨当作制高点向村内发起攻击。

在这场战斗中，出现了"三夺机关枪"的激烈场面，为此县大队牺牲了两名战士。战斗结束后，此事迹在大峰山革命根据地传扬开来。县大队战士还编写了《薛家峪战斗之歌》："三月又十三，薛家峪突围战，你看同志们多么勇敢（哪哈咳）：机枪肉搏战，小炮（儿）交给咱，打得鬼子心惊胆寒（那咳哟）……"

如今，这片曾洒下英雄热血的村子，也整体搬迁到了北边不远的安置区，这里随之寂静了下来。而古老的齐长城见证了这里所发生的一切，英雄的忠骨将会与世长存，不畏强敌、勇于献身的大无畏的革命精神，将会永远激励后人们前仆后继，为实现伟大民族复兴的中国梦而继续奋斗！

8. 长城铺

　　长城村原名叫长城铺，齐长城至此跨越东、西两面青山夹峙的谷地而东行，故在此曾筑有险要关楼，是春秋、战国时期齐鲁两国的"界关"。因此这里不仅是一个村子，还是千百年来"齐川通鲁"的重要关口，有着相当重要的战略地位。《山东省长清县地名志》记载：据村内崇寿寺大殿房梁上雕"晋咸宁丁酉年（277）重修"文字考，该村建于三国前。明洪武三年（1370）村民自山西洪洞县迁居该村，以村临近齐长城关隘命名。明中叶村中设驿站后，名长城铺。1949 年始名长城村。这说明，长城村并不是伴随着齐长城诞生的，而是晚于齐长城若干年。

　　齐长城从长城村中自西向东穿过，基本上也是夯土而成，极少有石垒结构。现在村西、村东的齐长城遗址大多是这种形式。村西的夯土长城还有长 40 米、宽 6 米、高 3 米左右的一段，保存还算完整。

　　这是一段相对低洼的地段，104 国道、津浦铁路、京沪高铁、京台高速公路、古御道等，全部拥挤在这段仅 800 米宽的狭长地带，其间还有长城村、新曹庄和中川河的"挤兑"，真可谓"川流不息"了。

　　进入长城村，南北主街道宽敞径直——这就是明、清两代通行南北著名的"九省御道"。据村中老人回忆，20 世纪 50 年代以前，古御道在村北好几里地就开始爬坡，所以有时候人们习惯上把长城村称为长城岭。村中心原有一座长城阁（玄帝阁），共三层：下为门洞，上两层是阁楼，里面塑有真武大帝神像。此建筑高十几米，很有气势。进村后，御道北从玄帝阁进、南从义合门出，延绵数里。进口、出口路两边都有上（下）马石。御道两边古建筑林立：东边依次是观音堂、黄姑院、孟姜女庙、土地庙、佛学堂、东行宫、官井、戏台等；西边依次是崇寿寺、福林寺、西马场、敕建护国普济庵、关帝庙、南大寺、河神庙等，规模相当大。阁北西侧原有一块界碑，上书"东进东海，西通邯郸"。据说当年从北京到南京的御道上，这里楼阁最大，所供奉的神最全，百官至此"文官下轿、武官下马"，以示敬仰。自清康熙时始，这里设有驿站、邮铺、尖营等，加上其他诸多店铺，曾经非

9-19　长城铺

常繁华。还有资料记山路见闻云："将止长城（今长清万德街道长城村），酬香者蚁集，乃徙湾底（今长清万德街道驻地一带）。"说的是他走到了长城村想住下的时候，因为进香的人太多了，拥挤不堪，于是他又到了湾底（万德）。这说明长城村在明清时期，是相当繁盛的一个村落。

村中原来有一座普济庵，建于明万历年间（1573—1620），是万历皇帝为其母亲所建，规模相当大：前有午朝门，后边有戏台，庵内有碑林。殿内用"合金铜"塑了很大一尊神像。多少年来，村中一直有一个传说：万历皇帝母亲李太后去泰山进香，走到长城铺，马车突然走不动了，查看了好久，也没找到故障。于是又换了马匹和马车想继续赶路，结果还是走不动。崇寿寺的方丈来查看了一番，又打量一番老人家，一看她气度不凡，即双手合十道："看来施主与本地有佛缘，何不在此多住几日？"李太后本来就是信佛之人，于是就住了下来。她看这里山清水秀，离泰山又近，还有齐长城经过，于是留恋上了这里。果然，休息几日后出发，车马再也没出状况，李太后一行一路顺风，完成了泰山之行。她回到京城将此事告诉了皇上。皇上理解母亲之意，随即在崇寿寺南三百米处划出三顷一十八亩地，建造了一处宫殿，取名敕建护国普济庵。"敕建"就是皇上下令修建的意思，足见其规格之高。

长城村里还有一块明万历元年（1573）的碑刻，其中提到的"黄姑院"，旧址就在玄帝阁东边。又传明代万历皇帝的妹妹去泰山朝拜，经过长城铺玄帝阁时不小心从轿上掉了下来，因受惊吓病在村中，遂以为是"天意"，就发愿在此出家为尼。于是万历皇帝就为妹妹修了这座黄姑院。

在御道西边崇寿寺原址的墙上，村里专门绘制了原崇寿寺鸟瞰图。此图是根据原貌画的，先是山门三间，内塑哼哈二将；进门为五间天王殿，上下两层；最后面阔七间的三层建筑是大雄宝殿。据说殿中有几千斤重的大铜佛，莲花宝座有两人多高。寺里还有数间东西厢房。该寺规模宏大，布局完整，占地面积达三十亩。

崇寿寺遗址上有一块石碑，又令人们对玄帝阁有了新的认识。此碑系乾隆四十四年（1779）所立，内容是"重修玉皇阁碑记"，虽然破坏严重，但大致内容仍能辨清："清亭迤南千里许□安保有村曰'长城铺'，盖南北通衢也。河水旋绕，群山屏立……有玉皇阁一座，创建未知何时，重修具载。迩年来风雨损坏，砖无颓崩旧矣……"后面字迹逐渐模糊，不过仍能依稀认出所记是募资重修事项及捐资者姓名。以此判断，玄帝阁在乾隆时期曾称玉皇阁，仅凭硕大的香池就能想象得到昔日香火的旺盛程度。

村民王德贵是村中的古文化爱好者，家中收集了许多"古物件"。他收藏的古残碑上分别刻有"长城店姜女庙""姜女庙""玄帝阁""皇姑院"和"故庙藐旷世之久""垣墉历代之远"等字样。落款时间最早

9–20　崇寿寺鸟瞰图

的为"明万历元年"。足见旧时长城村古建筑群的规模之大。

长城村是个富有传奇色彩的古村，是长清区境内唯——个古御道和齐长城交会的地方。玄帝阁既是古御道通道，又是齐长城关口，因此，有关它的历史遗迹还有很多。在村里行走，不经意间就能看到石碑或古物件，令人称奇。这些散落的古物，每一个（块）都能讲出一段或是几段故事。

由于秦始皇的"堕坏城郭，决通川防，夷去险阻"政策，村中的长城几乎全被房屋覆盖，只是偶尔还能看到可怜的几米残垣。现在东面邻村新曹庄村北还有一段长 200 米，底宽 4 米，高 2—3 米的残存夯土城墙，其中有一段最高达 4 米，非常厚重、坚固。长城虽毁坏严重，但夯土层清晰可见。巧合的是，这里也盛传着"南修长城挡大水，北修长城挡大兵"的俗语。看来此说法在齐长城沿线谷地流传极广。过104 国道，长城村东有一条河叫红石江，传说是当年孟姜女哭倒长城后

9-21　王德贵家中收藏的残碑

投江自尽的地方。民间通常认为"孟姜女哭长城"指的是北方的秦长城，其实并非如此。该故事最早出现于春秋时期的公元前549年左右，故事流传时，秦国尚未统一中国，更谈不上大规模修筑长城了，而齐长城西段已在公元前557—前555年就修好了，即使是向东续修的长城，最晚的部分也比秦长城早100多年。《史记·楚世家》正义引《齐记》载："齐宣王（前350—前301）乘山岭之上筑长城，东至海，西至济州千余里"足以证明。

村民曹文水按照孟姜女传说故事，复原了当年的"孟府"和"姜宅"，在追寻古老文化符号的同时，供人们参观游览。

孟姜女的故事、黄姑院的故事、普济庵的故事都是村民耳熟能详的，为此，村里热心人成立了"长城村孟姜女古文化协会"，专门研究、挖掘、抢救齐长城及古御道的有关文化渊源和遗迹。齐长城文化、古御道文化在万德街道长城村底蕴十分厚重。当年乾隆皇帝南巡路过此地曾留诗一首《南游过长城村抒怀》：

> 乘山筑障连琅琊，四起防门谨蔽遮。
> 策士合纵资倡议，盍笞天下属赢家。

9. 马套村

马套村坐落于泰山脚下，距万德街道驻地 12 公里。据《山东省长清县地名志》载：据传，古时候此地三面环山，野麻丛生，故名"麻套"。以元延祐六年（1319）创建"藏峰寺碑"载麻套村名考，该村最晚建于宋元时期。另据传，元至正年间（1341—1368）任氏建村，以西路赴泰山的香客多在此停车歇马，命名马套庄。清朝初年分南北两村，该村居北，故名北马套。1949 年由泰安县划属长清县后始名马套。马套村北依齐长城，南靠泰山，是春秋时期齐国和鲁国的交会地。古老的齐长城横卧在泰山山脉的崇山峻岭中，蜿蜒曲折，绵延横亘，具有丰厚的文化底蕴和历史渊源。齐长城从长清广里发源，到这里就到了长清境内的尽头——钉头崖。关于钉头崖的情况前文已介绍过多次，其攀登之难无需赘述。有句话很贴切："长城修到钉头崖，一降四十里。"可以将其解释为：这里根本就无法修筑长城，因为山体靠人的自身力量是攀爬不上去的，其本身就是一道天然屏障，无需设防。据专家学者多次考察，从这里向东的三十多里地确实没有修长城。这里也是长清境内最后一处以山代城的险要之处。钉头崖海拔 800 米，是长清境内齐长城最高点。其所在的老鸹尖山，主峰海拔 903.9 米。因

9—22 将军塑像

山尖突起，人不易攀，老鸹聚于其上而得名。站在钉头崖上，向西瞭望即可看到蜿蜒的长城主体。每逢夕阳西下，美丽的景色难以用语言表达。如果幸运的话，每年还可以看到几次云海，时隐时现的山峦和巨龙般的齐长城，呈现出神秘景象，让人仿佛进入时空隧道，引起人们无限遐想。钉头崖所在的山叫将军山，原名叫襁负山。"襁负"是背包袱的意思。因一大一小两山相连，如大山背着小山，故名。还有种说法说它是泰山奶奶的坐骑麒麟，因其头、颈、身子很像麒麟而得名。据说泰山奶奶经常坐着它云游。当然，更多、更广泛的说法是修齐长城时因难度极大，负责监工的将军实在不忍心看到大批民工因累饿而死，便到齐王那里为民请愿，反被齐王斩首，头颅被挂在山上。人们为了纪念他，把此山改名为将军山。为了让后人永远记住这位将军的名字——黄伦，村民还为他塑了铜像。

马套村三面环山，环境优美，空气新鲜，很适合居住。西面的拔不倒子山，虽然不高，但名字有趣，且形状特殊，像一个"不倒翁"，令人忍俊不禁。

9-23　马套古槐

　　村中有一棵参天古槐，被村民视为珍宝。据《古槐铭记》载：马套，始建于元至正年间，任氏建村，渐成规模。植此槐以为纪，世代陪护。遂成村人"家"的标志，"根"的象征。六百余载，山川有意，流水含情。子孙百代，相濡以沫，亲情永远……这棵古槐虽已有几百年树龄，树干已空，树皮脱落，但依然遮天蔽日，十分茂盛。

　　在马套村东将军山的山坳里，旧有一座吴道人庵。据考证，此庵始建于清宣统年间（1909—1912），是道人于义成依崖所筑。它隐藏于大山深处，由于多年来无人问津，道路已很难找到，寻访者只能在向导的引领下辨别着攀爬。从将军山的低矮处绕到背面，才能找到吴道人庵的遗址。大殿就是玉皇殿，原来里面供奉着玉皇大帝，但疏于修葺，已破败得千疮百孔。地上到处是散乱的石头和建筑构件，让人有点惋惜。不难看出，它昔日的规模应该很大，香火一定很旺。

不远处地上躺着一块被毁坏的石碑，虽然还能读取只言片语，但断断续续难以复原。大致内容是：

创修吴道人庵记

岱岳西北麓，最高一峰曰禚（缺若干字）有古洞，相传为吴道人修（缺）没久矣。清宣统间，有道人于公（缺）是人与其徒路礼、东云游至（缺）僻静，遂止皃焉。因洞为宇，结茅为（缺）石，诛荆难棘，垦地数亩，引流（缺）谷花果之属，食力而自足。而四方（缺）士亦相与闻风，追随谈道，（缺）其间。而于公亦有终身之志。嗣因（缺）层土中现老君圣像一尊（缺）范铜为之。而附近邻村善人等尽称（缺）必恢廓其制。而从（缺）于公广结善缘，开拓规模，清（？）老君于洞（缺）杰阁供奉。右建玉皇殿三楹，茶寮、香积大致俱备。已（缺）因率（缺）奉（缺）三人携筇杖，着蜡屐，相与为登高之举。见其地（缺）□铿鍧，东接桃源峪，南临红雨川，每当春暮秋深，（缺）陵源不是过也。而于公栖隐其间，或□芝于松（缺）云中，或驯猿于谷口，或与浮邱对奕，或与洪崖共酌（缺）安期生之流亚欤（缺）以是地之口列在三（缺）也。于公始探其奥而豁露之（缺）之炅，必得人而（缺）百年之缘，视于公香乎（缺）以不朽耶。嗟乎！吾曹逐之（缺）终于前□而（缺）远也矣。

□生玄宝鉴撰，振骧书丹。民国拾年岁在辛未夏历（下缺）（碑阳未及碑阴并有题名，不录）……

玉皇殿上边一层有一洞穴，就是碑中提及的“老君洞”。这是一个贯穿洞，约 5 米深，2 米高，里面曾有老君圣像，现已无踪。在洞口右首 3 米处有一断崖，独立出去近两米。据说吴道人常在这里打坐修行。一般人很难跳得过去，即使勉强跳过去，也休想再跳回来。继续往深走，隔着悬崖隐约看到右下方有一毁坏更加严重的废墟，此为泰山奶奶庙遗址，已是一片狼藉。从老君洞往西斜上方有一小片开阔地，旁边有一处清泉，泉水顺着山崖淌下，叮咚作响，为大山带来灵气，同时也为道人提供了生活用水。往西又爬一坡，一个硕大的碾盘呈现眼前，但石碾已不知去向。据村民讲，是有人恶作剧，将石碾滚于山下。虽然此庵三面环山，但在周围还有一些开垦的平地和坝堰。当年的道人开荒种粮，过着自给自足的生活，少了下山化缘的辛苦。在庵的最东边还有一小建筑，应该是土地庙，如今也是空空如也。

吴道人庵所处的地方被大山环抱，三面均是悬崖峭壁，如果没有向导带领，是很难找到的。这不得不佩服建庵人的眼光。那么既然是男性道长，为何称作"庵"呢？原来，在泰安、长清一带，"庵"不单指尼姑或道姑修道讲佛的地方，而把规模相对较小的道场统称为"庵"，如五峰山的小庵、张夏和双泉的双泉庵等。

将军山南面向东有一条大峡谷叫桃花峪，因春天漫山遍野开满桃花得名，后又因峪中有一条从泰山上流下来的小河中岩石多呈彩色而改名彩石溪。这里不仅景色宜人，还可以沿溪从泰山后直达泰山极顶。据说当年武则天就是从这里登上泰山的。

马套虽地处山区，但土地肥沃，水资源丰富，气候湿润，自古也是长清茶叶的主要生产基地。历史悠久的齐长城，壮美秀丽的将军山，在这里形成了齐长城文化、武后封禅文化、茶文化相结合的茶马风情区。民俗、民宿使得村庄更具山区特色。20 世纪中叶，马套大队曾是长清县有名的红旗单位。

如今的马套村建起了"将军山专业旅游合作社"，村民早已过上

9-24　人间仙境马套村

了真正的小康生活，该村先后获"全国绿化千佳村""全国军民共建先进单位""全国文明村""中国美丽乡村""全国民主法治示范村"等称号。

祝愿马套古村的明天更美好！

第十章
开山劈岭十条川

齐长城修建于春秋战国时期，当时齐国把南方诸国用这道高大的城墙与自己隔离开来，沿途除了少量关口外，几乎没有留通道。即使到了战国后期，疆界不断向南扩张，齐国也还是把长城当做最后防线，通关隘口防守严密。秦统一中国后，随着"堕坏城郭，决通川防"法令的实施，长城慢慢地失去了作用，反而成了人们出行的障碍。本来仅一山之隔的两地，却要绕道几十里，通行极为不便。此后，人们逐渐地或自发或有倡导地，在长城上开辟了一些道路。除了平原谷地原有的大路以外，这些路都有一个共同点：由于山区的长城都修建在连绵起伏的高山上，破城难度非常大，因此尽量从群山的低矮处开路。即使这样，修的路还是坡度大、宽度窄、弯道多、延伸长，有的要分几次拓宽、降低路面，工程量非常大。

1.上义合段（五马路）

马山境内的长城基本呈南北走向，沿着连绵不断的山脊，几乎贯穿全境，马山东面与五峰山街道的边界大都以齐长城为界。五马路从五峰山街道驻地至马山镇104省道，全长9.1公里，路面宽5米，穿长城处在五峰山街道高庄与马山镇上义合村交界，这条路是迄今为止两街镇唯一直接相通的大路。道路蜿蜒曲折，两边坡度都很大。此路的开通，极大方便了两街镇的往来，成为双方交流非常重要的通道，直到今天依然在使用。

10-1　上义合段（五马路）

2. 薛家峪段（济南绕城高速南线）

从五峰山街道葛条峪村至马山镇薛家峪村南，原有一条东西穿长城而过的便道，仅能过单车，属于民间自建的道路。前些年实施"村村通"公路时将路拓宽，改成水泥路。2019 年，济南绕城高速动工，将这条路并入改建，2023 年通车。据悉，原计划通过架设高架以保护齐长城，但因故没有实施，无奈只能扩路穿墙而过，虽然极大方便了出行，缩短了工期，但这段长城却遭到了严重破坏。

10-2　薛家峪段（济南绕城高速南线）

3. 帽山段（万北路）

　　万北路起自万德街道驻地，至马山镇北站村，总长 11.2 公里，路面宽 7 米。新中国成立前这条路为马车道，路宽 4 米。1953 年进行大整修，改为简易公路。1977 年，公路部门又将原通北站街里的路段改走庄南村外，拓宽到现在的规模。现名万（德）北（站）路。高大的帽山处在两街镇交界的路南，异峰突起，高大挺拔，与北边海拔 355 米的黄路山和南面连体的海拔 278 米的小山对峙，形成一个隘口。此处青山夹峙，中间道路狭窄，且陡坡漫长，弯道多，险象环生。如果在战争年代，肯定是一个打伏击的理想战场。看得出来，这段长城很早就被人为截断，并尽量降低高度，或许古时候此处就是一道关口。

10-3　帽山段（万北路）

4. 辘轳道段（万肥路）

　　长城进入万德境内后，异峰连连，过狼英寨继续向东南过窑滩、壳娄圈两座山，然后随山体逐渐下降。在山体最矮处，有一条宽阔的柏油路。此段公路在万德街道上营村南，将长城拦腰截断——这就是"万（德）肥（城）路"。该路从万德街道驻地至肥城市界，全长 8.6 公里，原路面宽 5 米，后扩宽到近 10 米。据道旁的碑刻记载，这条路被当地人取名"辘轳道"，开凿于清同治十一年（1872），因泛光的路形似辘轳把、崎岖难行得名。曾有诗叹道：

> 辘轳道悬山套间，
> 行人登山如登天。
> 叹憾千年神无主，
> 不能把山分两边。

10-4　万肥路段（辘轳道）

5. 张庄南段（界马路）

在万德街道张庄村南（马套村北），有一个山口，也是处在两山之间最矮、最窄处，因修建万德街道界首——马场的乡道而将齐长城截断。这条路是除 104 国道外，长清另一条通往泰山的南北大路，近年被打造成"齐鲁 8 号风情路"。风情路蜿蜒崎岖，从南、北两方都一路爬坡，在此达到最高点。界马路总长 10.8 公里，路面宽 4.5 米。山口处有国务院批准所立的"齐长城遗址"保护碑。现在两边的长城基本完整，从北顶山先由西向东、再向北拐了一个大弯，恰在向东拐弯处被拦腰斩断。过路后长城迅速爬高，像蛟龙出水，落差一下子拉开，起伏跌宕，气贯苍穹。此段长城最具代表性，不仅高大完整，还因多为坚硬独特的泰山石所垒，风化程度较轻。它一直延续到东面的将军山钉头崖。

10-5　张庄南段（界马路）

6—10. 五道岭段（南线长城）

　　齐长城在马山段有一道南线，总长 9900 米，长城所经地段被称作五道岭。五道岭谷峰相连，横亘于长清与肥城之间，道路阻滞，过去有五条山间小路相通，故名五道岭。道光《长清县志》引《旧志》载："县南七十五里神佛站之南，岭长三四里，路虽崎岖，亦为南北之孔道，上有肥城长清界碑。"光绪《肥城县志》载："五道岭，在城北十二里，南北径八里，南隶肥城，北隶长清，以长城为界。旧置五岭驿，后并为五宁驿，今裁。岭为南北孔道，而山路崎岖，行旅往来，摧轮折轴。道光年间，邑人济南府教授尹肇棨倡捐修之。同治年间，知县李翼清倡捐重修。光绪年间，千总吴炳文又倡捐修之。嗣经西商等捐资购山地若干亩，募佃岁修，而始底荡平焉。"

　　岭间五道自西而东分别为：于家庄至罗庄道、北站至大石铺道、庄科至卢家沟道、焦庄至上峪道、张家老庄至张家花峪道。历史上五道岭不但是交通要道，还是兵家必争、强梁出没之地。齐长城南线从五道岭山脊穿过，形成五道关口。其起点在五道岭最西之于家庄西侧连环山（莲花山）。该山有九个山峰相接，故得名连环山；又因主峰居中间，远视状似莲花，又名莲花山。连环山（莲花山）为齐长城南线西端的起点。

第一条道在连环山（莲花山）与双山之间，是长清马山于家庄至肥城罗庄道，现在仍能通车，然山路崎岖，坑洼不平，坡陡难行，加上离 104 省道较近，平时很少有车辆通行。

现以第二条道—长清北站至肥城大石铺道，也就是现在的 104 省道最为重要，也最为繁忙。这条道历来被视为险关，过去曾为驿道，两边低、中间高，总长 8 里地，过往行商负重者难行。两边村中客栈为了招揽顾客，多备老牛代为牵引车辆，上坡后解开缰绳，牛可自行回家。

由此就有了"老牛识途"一说。至今当地百姓还能顺口唱道：

10-6　五道岭之一

10-7 五道岭之二

10-8 五道岭之三

紧走五道岭，慢走虎豹川。

一步三开辙，步步大响鞭。

早起去肥城，赶上晌午饭。

山顶到山脚，待溜一袋烟。

虎豹川在西面的长清—平阴界处，与五道岭隔着陶山、小泰山等几座大山，纬度基本相同，都曾为齐鲁两国边境。第一句的意思是：五道岭常有劫匪出没，需要尽快过岭；而虎豹川道路崎岖，辗转难行，只能缓慢通行。

《明太祖实录》中载，洪武二十九年（1396）五月己巳，监察御史裴承祖上言："泰安州东接泰山，西接五道岭，绵亘深邃，逋逃者多聚其间，时出劫掠，宜于本州置卫，于五道岭立巡检司以镇之。"《文宗显皇帝（咸丰）实录》："捻匪分扑东境，势极猖獗。已据清盛奏报，现在贼距省城仅百余里。清盛截留调赴武定等属官兵一千名，改赴长清五道岭。"可知五道岭军事地位重要。1955年政府将道

10-9　五道岭之四

路凿低拓宽，始名济兖公路，后编为104省道。

第三条道是庄科至卢家沟道，更是既窄又难行，因马山镇附近村庄集体搬迁到北面离104省道较近的地方，此路已沦为山间小路，平日无人问津。

第四条道焦庄至上峪道西面有三座连体小山，当地人称三山子，最东边的山头与再东边的杨家山之间，有一条稍宽的土路伴随一条沟壑并行。虽是土路，但还算宽绰，目前仍能行车，通往北边的万北路。

最东边是五道岭的最后一条道，在七姑娘娘山与东面无名小山之间。路边有两棵千年柏树，在城墙上矗立着。东边粗的柏树两人合抱还嫌费劲，西边稍细的那棵，直径也有半米多，树龄都应在千年以上。它们分别守在一道宽约5米的道路两边，像寺庙山门里的"哼哈二将"。这条路被二次或数次开挖过，应该是因原来的地势太高，坡度太大才进一步开凿的。这里是长清通往肥城的一条便道，也是南线

10-10　五道岭之五

长城上的一道关口，古称塞关：即战时将其堵上，和平时期作为隘口。据相关资料显示，这是南线长城除大石关外，第二道险要关口。

　　五道岭地处要冲，山高路险，风景亦好于他处。清初肥城诗人李廷桂有诗赞道：

连峰开五岭，
绵亘绕重关。
曲径随流水，
长城锁乱山。

第十一章
翻山二百九十四

齐长城在中国历史上具有十分重要的历史地位，这是一个巨大的、极其艰难的工程。可以想象得出，在物资匮乏、生产力落后的时代，依靠血肉之躯修建这么大、这么长的长城是何等的艰难！长清区境内齐长城从广里起，基本呈西—东—北偏东—东南—北偏东—东偏南再偏北—南偏东—东北—东偏南走向，宛如卧于崇山峻岭的一条巨龙，气势恢宏。据20世纪90年代"泰山五老"实际测量得出的数据，长清境内的齐长城分主、复线，主线从孝里广里岭子头起，经孝里、双泉、马山、万德四个街镇，到老鸹尖山西麓的钉头崖止，共87970米，历经275座山头；复线从马山于家山起，至三岔沟与主线汇合，共9900米，历经19座山头。长清境内齐长城合计97870米，历经294座山。有遗址者79164米，占总长度的80.9%。而据2020年12月新立"齐长城"碑刻记载，长清段总长度为99298.7米。2021年出版的《齐长城志》，也对这一长度进行了确认。如此，长清境内的齐长城总长度占整座齐长城的近六分之一，长度为沿线19个县市区中最长的。

由于齐长城是从古济水岸边到黄海之滨，蜿蜒起伏在山巅和丘陵之上达618.9公里（《齐长城志》为640余公里），跨度大、施工难度强，故城墙的建筑形式、结构类型及使用的材料，只能随着地理环境、施工条件和工程技术的差异而因地制宜。长清境内的长城就用了夯土、土石混筑、石块干垒和以山代城四种形式。

谷地和矮丘夯土版筑城墙，山区垒砌石墙，丘陵地带以土石混筑。石墙多数建在山脊外侧。因外侧山体陡险，便于御敌；内侧较平坦，便于守卫巡逻。

1. 孝里段

　　位于齐长城源头东 400 米左右的珠珠山，是齐长城沿线的第一座小山。因山坡上半圆形的梯田层层向上收叠，像一串佛珠而得名。21世纪初，文物部门在山上筑起了一个"齐"字巨型雕塑。"齐"字高度为 13 米，底座高 3 米，周长 20 米，寓意为 2013 年 3 月建造。在此处竖立"齐"字雕塑标志有两层含义：一是提示行人从这里向北即进入了春秋战国时期的"齐国"；二是这里是齐长城的起点，以此昭示"齐川通鲁"的古风遗韵，使这座沉睡了 2500 多年的古建筑重新进入人们的视线。

　　站在"齐"字标志下，向东能非常清楚地看到山梁上盘卧的齐长城。

　　东面马骨油子山，因形状像当地的一种叫"马骨油子"的昆虫而得名。从此山到陡岭山，齐长城基本建在山脊的分水岭上，部分在稍微偏南的平顶处依崖而建，采用土石混筑结构。这段墙体，虽经两千多年的风雨洗礼，还能清晰可辨。

　　从岭子头源头，到马骨油子山的直线距离是 1588.5 米，其间全部是夯土齐长城，从陡岭山开始，因取石方便，就出现了第一段用石块构筑的长城。这段只剩下高约 1 米，宽约 4.5 米的残垣，更显风骨。

11-1　珠珠山

陡岭子山，因其陡然拔高而得名。山上长城遗迹非常清晰，蜿蜒逶迤，像一条卧龙匍匐在山脊上。这段长 1310 多米的长城，上山后全部用干石垒就。20 世纪 70 年代修建的东风电灌站三级站干渠，在山腰处与齐长城相伴东行，形成一景。

立于陡岭子山上，眺望古济水东岸的广袤沃野，这一带就是古地理学家所称的"平阴地峡"，可南通鲁、曹、宋、楚，可西接卫、晋、郑、周，既是春秋战国时中原诸国由"阳晋之道"横渡济水，沿东岸往东北进攻齐国的要道，也是齐晋"平阴之战"的发生地。

陡岭子山名副其实，东边山岭急速下降，坡陡难行，继而进入岚峪谷地。这里原来有一道隘口，东面经岚峪到大峰山，南面通往方峪、马岭、房头等村。

与陡岭子山隔谷相望的岚峪北山上，几里地的长城还清晰可见。相比而言，这里土石混筑的齐长城保留得还稍微好一些。正因为是土

11-2　马骨油子山

石混筑，极易生长树木，加上年长岁久，长城上长着两溜碗口粗的柏树，将城体遮盖，形成一段别样的"绿色长城"。

　　岚峪北山，村民们习惯上称之为北岭子，上了北岭子后，长城逐渐又变成石筑，有一段较完整的墙体：长 110 米，底宽 9.5 米，高 3.5 米，顶部呈半圆状；有一段内侧设城障，坍塌房垣遍地，其中较完整者高 2.5 米，宽 3 米，内有石桌、石凳、石床等。山顶东部墙体外侧有突出部分，疑似烽燧遗址。在岚峪北山东北山脚，因农民开荒种地，拓垦梯田，墙体消失。这里曾发现大量东周时期碎陶片，被专家定为东周时期遗址。北岭子长城总长 1254 米，保存一般的墙体 1002 米。这里峪深崮险，山势陡峭，与巍巍大峰山近在咫尺，其地理位置相当险要。大峰山山顶有一座屯兵营，是齐长城长清沿线第一座也是规模最大的屯兵营。大峰山因群山连绵、山高体量大而得名，主峰海拔 376 米，层峦叠嶂，气势恢宏。它东接泰岳，西扼黄河，南临平阴、肥城，有连山扼塞四固

11-3　陡岭子山

之势。山寨遍布山顶，城墙坚固，且层层递增，扼守着险要关口。

　　齐长城与大峰山擦肩而过，被一个山口隔断，因东边有一山泉，原来供岚峪村民饮用，当地人称此地为大泉口。两山相互依托、形成犄角，具有相当重要的地理意义。

　　过了岚峪北山，长城突然向北拐了一个近90度的弯，跨过一道长72米，宽30米，深20多米的大深沟。这道深沟被当地人称为河头泉，也是孝里清水沟源头的一个组成部分。深沟的悬崖处有一个天然山洞，在崖壁中部，很难攀爬。山洞是洞中洞，里面能藏四五个人，齐长城从其正上方继续向北延伸。

　　上面的山叫阳干山（当地人称"羊栏山"），这段齐长城非常明显，然而墙体有别于他处：墙体外侧类似于锯齿形状，内墙之外又加筑了前凸2米多宽的外墙，并持续了很长一段，应该是为了增强防守力度而有意为之。

11-4　岚峪北山

　　继续北行1华里后的连体山上有一座方正的寨墙，长、宽各约30米，高1米左右，里面很平，露出了一整块石光梁，南、北有门，各有小屋一间。这个山头被当地人称作牛栏山。据"泰山五老"考证分析，这也应该是一座烽燧。这两座连体山上的齐长城遗迹更为明显，随山体呈几个连续"S"型城墙，酷似几个"八卦图"，排列在接连5座山崮上。齐长城像一只伏在山脊上的巨龙，绵延数里，蔚为壮观。

　　从岚峪北山开始，长城方向先自西向东、再自南向北，到黄崖谷地崖边，共4629米，是孝里段最长也是最典型的一段石砌长城。令人疑惑的是，山上长城内侧植被茂密，而外侧却几乎寸草不生，形成了鲜明对比。

　　此时站在长城上，可以欣赏到一幅独特的唯美天然画卷：东面是连绵起伏的大峰山，南面是险峻的大泉口，西能隐约看到九曲黄河，北面既能欣赏到气势磅礴的长城，又能顺着"十八里谷道"嗅到谷子

11-5 阳干山（羊栏山）

的清香味，让人顿有胸襟万里的感觉。

　　长城过黄崖谷地后，又爬上了梯子山。梯子山与自西向东的蟠龙山、棋盘山形成一座东西方向的大山，顾名思义，蟠龙山因山上错综复杂的几道山脊得名；棋盘山因山上有一块棋盘石而得名。棋盘山南侧向阳处有一段不太高的悬崖，悬崖中间有一处断层，形成一个个平台。其中一处平台，由一整块巨石形成，约2米见方，上面有隐隐约约象棋盘格子一样的纹路。这里有一个与张夏街道莲台山娄敬洞相似的传说，使得此山有点特别（故事在此不再赘述）。梯子山海拔374米，因山势像梯子一样陡峭，故名。上面有山寨，是建在齐长城上的第一座堡垒。山寨有两道寨门，石屋上百间，易守难攻。据《山东省长清县地名志》载，清末咸丰十一年（1861），太平军起义时当地群众在山上筑寨防乱，曾更名大桥寨，后复名梯子山寨。山北有个村庄叫陈家峪，因山峪像一个大葫芦，人们习惯上称村子叫葫芦套。巧合的是，从空中俯瞰，梯子山寨也如一个大葫芦——东面是葫芦嘴，西

11-6 牛栏山

面是葫芦底。与山下的葫芦套村形成了两个"大葫芦"。据传土匪刘黑七也曾在此占山为王，祸害四方。

从梯子山西山脚起，到山寨东墙，总长为2371米。过了梯子山，继续往东，即是陈家峪南山（北黄崖村民称之为大寨）。向东山体变窄，约8米左右。再向东出现断崖，足有10米深，非常惊险。随即是一处低矮的山谷。为了出行方便，百姓在山谷中踩出了一条便道，过去北面陈家峪和南边三黄崖村民赶集上店走亲戚，都在这里翻山往来，不然要从西面绕道20多里地。此处的齐长城基本没有了遗迹，应该是将长城上的石块都垒砌到了山寨上。由此可以断定，山寨要比齐长城建得晚。往东在山南有一片山峪，原来曾有近20户村民耕种山峪里的农田，形成一个自然村叫井峪村，前些年都搬迁到了北黄崖村。

向东不远处就是双泉镇地界了。

11-7　梯子山

11-8　大寨山

2. 双泉段

　　齐长城翻过了今孝里街道北黄崖村北的梯子山和陈家峪南山后（北黄崖村称大寨），再向东就进入了双泉镇境内，继续沿连绵山区逶迤前行。此时山体开始平缓下降，不远处的小山头被当地人称矬子山，不言而喻，此山夹在梯子山和东面的石小子山中间，确实矮得有点"自卑"。

　　长城通过这个低矮的山头，继而来到了拔地而起的石小子山。此山与梯子山相隔不远，但比梯子山高出很多，海拔 440 米。因西壁有一块巨石突兀而立，远看像个小男孩立于崖边，头、肩、耳清晰可见，连眼睛眉毛都显现出来，故当地人称石小子。石小子在山寨西边断崖处，离山寨有 5 米左右的距离，长年仁立在那里，像一位守护着山寨的哨兵。此处断崖高 10 米左右，刀切一般，又是一段以山代城结构的长城。无独有偶，山东南部有一段残破的城墙和林木相映衬，远看像个羞涩的淑女，脸型、发髻都隐约可见，当地人称石妮儿。石小子、石妮儿相对而立，犹如一对纯情少男少女，含情脉脉地对视着、期待着，极富神韵。山上有座古山寨，城墙沿崖边围筑，长约 100 米，宽约 120 米，内有较完整的石房 70 余间。山寨就建在齐长城上，寨墙替

11-9　锉子山上的长城

代了长城。东边险要处设有一道寨门，大有"一夫当关万夫莫开"之势。这座山鹤立鸡群，将两边远近长城上的景致一览无余，是设烽燧、驻军、观察敌情的理想之地。由于它在附近最高，山下各村里曾有一句谚语："石小子戴了帽，大雨就要到。"意思是此山高入云端，只要山的上方有云雾盘旋，预示着大雨很快就要来了，提醒附近劳作的人们赶快下山避雨。

从孝里的梯子山东山崖起，到石小子山寨东墙止，这段长城总长2196米，山顶多杂草、少树木，但两坡植被茂密，多柏树和刺槐，应为植树造林时栽植。

从石小子山向东，长城全部都在山顶靠南的悬崖处修建，有时断时续的城墙遗址900多米。再往前这一段树木遮天蔽日，相当茂盛，把长城全部遮盖住，从远处只能看到一溜"沟"，依稀可以判断出长城的位置和走向。

11—10 石小子山

前面还有一段墙体因常年风化，石块被掩埋，土质肥沃，长满了柏树、荆棵等，变成了一道大土埂。到了青黄山附近，齐长城分了一个岔：一路向东偏南的牛头山，一路折向东北的北傅村方向挺进。伸向牛头山方向的城墙前行不远即逐渐消失了。牛头山海拔404米，山下就是处在谷地的双泉镇驻地。这里处于东西两面的高山之间，公路东宾谷河西支流从两个不同方向交汇而来，河水碧波荡漾，向北缓缓流入不远处的崮头水库。这里的确是个山清水秀的好地方，为此，近年双泉镇被定为"全国美丽乡村"创建试点镇。

从石小子山寨外墙起，到满井峪东山北山脚止，长城总长为2056米，时断时续，风化严重，但仍不失气势。

从满井峪东山北山脚向北，过一片低平地，跨东西向深河沟，过燕傅公路，长城沿北傅村北山南坡而上。北傅村北山有一段城址长300米，宽5.5米，高1.8—3.5米。陈沟湾东山有非常明显的、经典的石砌

11-11 石小子山东掩映在森林中的长城

11-12　牛头山

城墙，基本呈南北走向。此处的长城一改原来的风格，由于是纯山区，采石很方便，城墙全部是石块干垒的，很少掺杂土质，几乎"一尘不染"，虽然多已塌落，但轮廓清晰，走向明显，很有气势。其间还有很多散乱的石头和交错的墙体，应该是残留的数间石屋地基（"泰山五老"断定为遗存山寨）。现在北边拐弯处只剩下 1 间没顶的破败石屋。

继续向北，有一段稍微平缓的山梁，而后开始爬坡，从远处看不到长城的身影。可到了开始爬坡的低洼处，一道很高大的墙体又展现眼前。其依附于山体绝壁，长度 30 米左右，高度竟然达 5 米之多，虽有局部坍塌，但仍不失昔日风采。

随着山形的变化，城墙的走向也随之而变。继续沿山体攀爬，到了平缓的山顶，城墙的痕迹又逐渐模糊了起来，在山上徘徊许久，只有瑟瑟的寒风伴随着摇曳的枯草，就是不见齐长城的影子。它仿佛一

11-13　陈沟湾东山

11-14　陈沟湾北山

下子蒸发了，甚至让人怀疑是不是走错了路。

这段山体非常独特，山顶平得可以做足球场，而边上却是少有的绝壁，尤其是重点防御的东面，用"刀削斧劈"来形容一点也不过分。那么长城为何消失了呢？原来，这里本来就是一道天然屏障，徒手攀岩都做不到，根本就无需再修建长城。这，就是长清境内第一段"以山代城"的构筑形式：无城也是城。这段以山险代替城墙的"长城"向北一直延续到杜庄城堡西边，其间除了在崖壁坡度相对小点的地方和容易被突破的薄弱环节有城墙外，基本没有设防，也不用设防。

从陈沟湾东山山腰，至杜庄山寨西，总长度为 2771 米，先是散乱的石垒长城，后是"以山代城"形式，山险城雄，颇为壮观。

杜庄城堡所在山原名狗头山，因向北伸出的部分如狗头状得名。城堡离齐长城仅数百米，二者构成了一个"T"字形，相互犄角。此山虽然海拔只有 337 米，但城堡规模宏大，气势非凡。南北两边全部是悬崖峭壁，狭长的山体上有完整的军事防御工事。古山寨总面积约 1.5 万平方米，据悉是千里齐长城沿线现存最完好、防御体系最严密的堡垒。至于它同齐长城之间有没有内在联系，还不能妄下结论。著名学者罗哲文先生曾来此考察，根据残存的陶片和生锈的箭镞，初步断定为战国时期产物。

到了双泉镇与归德街道搭界的李庄附近，长城又开始逐渐清晰起来。这段长城所处的位置在两个街镇之间，归德街道李庄村民坚称此段齐长城属于他们地界。因为山顶是平的，长城依山崖而建，很难按分水岭划分。加上长城东南面植树造林时双泉镇在山坡上栽满了柏树，而长城北的山顶则光秃秃的，确实不好界定。如果真是那样的话，齐长城在长清所经过的就不止四个街镇了。当然，这还需要有关权威部门做出进一步的确认。

从杜庄山寨西山，至归德李庄南山，总长 2024 米，这段长城都在

11-15 陈沟湾北山以山代城长城

11-16 杜庄北山

11-17　归德李庄南山

靠山体南边的悬崖上垒砌，高于地面不足 1 米，许多与山顶等高。应该是考虑到平缓的山顶可以作为防御纵深而修建的，逶迤的城墙透着残缺美和曲线美。

过了李庄东南段，山势就更平缓了。前面的山，按当地百姓的称呼叫界山顶子。海拔 301 米，山顶位于归德、双泉、马山三个街镇的交叉点上，属于典型的"鸡鸣三镇"。

继续前行，即到了马山镇地界了，这段从归德李庄南山到马山潘庄的长城，基本呈东西走向。自石小子山向东、向北再向东，先后穿越青黄山、北傅北山、陈沟湾东山、杜家庄西山、界山、潘庄西山等数十个山头，总长 9500 米，宛如一条游龙，时隐时现，见证着 2500 多年的时代变迁、世事沧桑，希望这一景象继续保持下去，成为齐鲁大地上亘古不变的文化图腾。

3. 马山段

　　界山顶子是双泉、归德、马山的分界点，向东不远，其中一部分齐长城南沿峭壁而建。这段山势极为险要，不仅跌宕起伏，而且怪石凸起，两边几乎都是近90度的悬崖，下面就是深渊，一般人站在那里都会战战兢兢，有恐高症的人更会望而却步。有一段形成了一道宽约8米、类似于山门的大豁口，作为西南面防御的重点，此处成为薄弱环节，故当时在山体外侧的崖壁上筑起了高大厚实的墙体，把两座山连接起来，形成了一道密不可分的城防体系。当然，修建这段城墙的难度可想而知。

　　此地南面就是被称为"鲁中三山"之一的马山，北面是三面环山的山峪，只有一条路通往归德，这就是古时候的大石门。大石门实是两座山之间的峡谷，东侧称云头山、西侧称赵化山，两边峭壁万仞，中间仅能通一辆古战车，像一道山门。民国《长清县志》卷十六载："汉卢区土屋庄之东南云头山西，有土屋至崮头之要路，名曰'大石门'。此地东西石崖削壁千尺，有峡道宽丈余，长约里许。"史载，大石门曾发生过一次与齐长城有关的惨烈"格马塞道"战斗。

　　据《左传》记载，鲁襄公十八年(555)农历十一月初一，以晋国

11-18　界山顶子

为首的诸侯联军攻克齐长城防门重地而进占平阴邑，然后沿着今孝里经义合、土屋至崮头的山涧谷地尾追溃退的齐军。时齐军负责殿后的阉人（太监）夙沙卫，为了阻挡敌兵，将战车栓成一排阻挡道路。大夫殖绰、郭最曰："子殿国师，齐之辱也。子姑先乎！"夙沙卫为了报复二人，就在路的狭隘处杀掉几匹战马，堵住隘口，将殖绰、郭最挡在后面。结果晋人追来，俩人被俘。夙沙卫杀马塞道的隘口，就是大石门。马山与大石门隔河相望，此后遂称为"隔马山"（一称"格马山"）。也就是现在的马山。后人为纪念两位被俘将军，专门在马山建庙塑像祭之。康熙版《长清县志》载："丰施候庙：在隔马山，土人祀春秋时殖绰郭最。"

　　遗憾的是，后来因拓宽道路，人为地将山体开凿，"石门"失去了原来面貌。即使这样，它依然险峻无比，今天从石门通过，仍能看到峭壁前空中盘旋的山鹰，令人产生一丝苍凉、恐惧感。

　　沿长城继续往东，有连着的两座小山，第一座山上面筑有长宽各8米左右的寨墙，里面两间石屋已经不完整，有人住过的迹象。第二个小山头上出现了一片少见的石光梁，上面有两块平石。再向东，山体急速下降，到潘庄村西山下，长城遗迹慢慢淡化，只在断崖处能寻到土石混筑的残墙。

　　长城从潘庄村西山逐渐下降后，进入漫长的马山谷地，经崮头水库过谷地，又被一条宽路截断了。而后断断续续重新进入山区。这里土石混筑结构的长城风化严重。

　　长城再向东爬的第一座山叫凤凰山，在凤凰山和第二座山的结合部有一片碎石，据说是兵营遗址。从凤凰山开始，长城逐渐呈南北走向，依次经牛角沟南山、上义合东山、大东山、郭庄小东山、郭家峪

11-19　大石门

11-20　潘庄西山

东山、草鸡寨、红山、杨土东山、孙土南山、黄路山、帽山、西南山、张家老庄东山等到三岔口，经历了漫长的路程。此段长城时隐时现，风化严重，多数已沦为大土埂，但遗迹明显，仍显气势。

帽山是一座突兀的尖山，海拔 432 米，因形似古代官帽得名。据传是刘秀追击王莽到此，王莽在慌乱中将自己的帽子丢在这里幻化成山。如果站在南面的长城上，向东北方向望去，三座山头向两翼展开，确实很像古代官吏头上的乌纱帽。山顶上有一座玉皇庙，据碑刻记载，此庙建于清末。山南面的齐长城顺势而下，长 1000 米左右，宽 6 米，高 2 米，是马山境内保留最长的一段石砌长城。

这段长城的石质很特别，是一种半透明的类似于"火石"的石块。这不禁让人想起了当地盛产的"水捞沙"。这种石头经长年累月风化后可以化为一些小颗粒，当地人将其粉碎后，再经水冲刷，当做建筑用的沙子出售。据说价格不菲，还富了一些人。

帽山与南面的山之间，有一道相对较低的山梁，长城沿山脊又爬上了大山——西南山。这座山海拔438米，南、北面的长城遗址清晰，阳面出现了一大片巨石，还有一片石光梁：巨石奇形怪状，石光梁平整如砥。接着又有比较完整的长城残垣，约50米长、6米宽。前面又过一道山谷后继续爬山，此处只能隐约看到齐长城走向，不十分明显。向南过一道山梁，到达张家老庄东山。此山海拔454米，为北线长城迄今为止最高山峰，与北边的西南山和帽山形成了三个台阶，非常壮观。这段长城开始扭头向东南，并且分了一个小岔：一段非常高大的石板长城沿山崖边垒砌；一道土石混筑长城继续向东南延伸。不远处经过一个圆形山头，百姓称大茂（帽）顶，从这里开始，长城沿山体一路下降，进入三岔沟。这里属于万德地界了。

11-21 凤凰山

从漩庄东山开始，到三岔口止，马山境内南北向的长城几乎贯穿整个镇的东部，总长度达到20600米，是南北向连贯最长的一段。其间有三段较好的城址：孙土南山长200米，宽7—8米，高2米；帽山南长50米，宽6米，高2米；张家老庄东山长30米，宽4米，高3米。

马山镇基本被长城所环绕：其西北、北、东、南、西南都有长城，与双泉镇、五峰山街道、肥城市多以长城为界，即使在千里齐长城沿线也是境内长城最长的街镇。

不仅如此，马山也是长清境内唯一有两道长城的街镇。长城南线从马山镇西南的于家庄西山开始，

11-22   帽山

途经老牛沟北山（肥城称呼），再沿着长清与肥城的交界线向东略偏南前行，经双山（子）、三山子、杨家山（又名羊山、羊角山）、南山子、七姑娘娘顶、张家花峪北山（肥城）、张家老庄东山等，至三岔沟与北线长城连接。

11-23　帽山南三连山

11-24　双山

于家庄有商周时期遗址，村西山上有明显的齐长城墙体。向东偏南是双山（肥城多称双龙山、长清多称双山子），因有两座并列的山峰得名。双山是104省道沿途极为重要的山，海拔280.8米，山西边五道岭的第一道、山东面其它四道岭都在其眼皮底下暴露无遗。它把守着通往肥城的咽喉，战略位置相当重要，抗战时期日寇曾在山的东南角设有一个据点，现在炮楼的地基还在。

五道岭是马山谷地的南口，五条通道中稍宽的一条曾设一隘口，名大石关，是齐长城上一大关口。原来这里的山路很难走，两面都是陡坡，高差足有二十多丈，总长度8里地。路有多难走呢？《肥城县志》记载："两山路崎岖，行旅往来，摧轮折轴"，清代平阴县出了一个叫孙光祀的进士，官至兵部右侍郎，五道岭南的肥城大石铺修玉帝阁时，请他作记。他在记中也说这个地方的山势险要难行，"山亘巘绵，草翁木郁，岘施环匝，丘壑纵横"。清初肥城诗人李廷桂有诗赞道："连峰开五岭，绵亘绕重关。曲径随流水，长城锁乱山。"（嘉庆《肥城新志》卷十八）曲径重关，形势险要，由此可以略见一斑。

遗憾的是，此处亦山亦沟，沟堑处大都是夯土或土石混筑的长城，秦始皇统一中国后皆被拆毁。因此，现在只有岭上才有长城遗址。虽然风化严重，但还有不少石砌长城留存。

第四道岭东面的杨家山还有较完整的长城墙体，该山主峰海拔319米，异峰突起，与马山遥相呼应。山上有残留寨址，残墙高1米。站在杨家山上，向南远眺能看到肥城市城区。

与杨家山连体的山被当地人称为小南山，上面长城痕迹非常明显。遗迹长约60米左右，宽4米左右，高仅1米多，大多为石筑。继续向东，山上怪石嶙峋，田地都已荒芜，根本没有道路可走。转东南向过一道山梁，即是七姑娘娘顶，传说七仙女曾来过这里。由于多年来当地百姓将长城上的石头拆除垒成了坝堰，长城遗迹已成为一道凸起的山脊，依稀还能分辨得出来。

七姑娘娘顶约30平方米，平坦宽绰。仔细寻找还能找到残瓦碎片。据说山顶原来有座小庙，早些年被拆除了。此山海拔301米，看上去不高，但相对比较孤立，从这里能看到四周的景致：西与小南山相接，南面是肥城市的张家花峪村，东面是连绵群山，北面是张家老庄。山南的张家花峪和山北的张家老庄一山之隔，以长城为界，南面属于泰安肥城。

在这里一眼便能望见马山，两山之间没有一点障碍阻挡视线。东北面的高山就是帽山，东面的山叫（张家）老庄东山，长城遗迹非常明显。

这座山上的巨石很多，也很大，非常险要。但长城却没沿这片巨石垒砌，而是在南面地势稍微平坦的地方修筑。这样不仅居高临下，势如破竹，还可以有效地增加阵地纵深。从七姑娘娘顶沿长城在东面

11-25　杨家山

下山，有两棵千年柏树，矗立城墙上。东边粗的柏树两人合抱还显费劲；西边稍细的那棵，直径也有半米多。两棵树龄都应在千年以上。它们守在一道宽约 3 米的山口两边。这里是长清通往肥城的一条便道，也是齐长城上的一道关口（古称"塞关"，即战时将其堵上，和平时期拆除作为隘口）。据相关资料显示，这是五道岭的最后一道，也是南线长城除大石关外，第二道险要关口。

　　长城通过这道隘口后，一路爬坡，这一段齐长城清晰可见，长度在 400 米左右，慢慢地成为阡陌。连续翻越两个山头，继续向东进入稍矮的谷地后，山势陡然耸起，长城呈近 90 度登上了高山。再东行，进入大山，继而与山东面由北向南的北线长城在三岔口会合。

11-26   七姑娘娘山

　　南线长城共经过 19 个山头，总长度 9900 米。遗址接连不断，城体清晰可见。其间于家庄西山有以山代城和石垒长城的遗址；双山西坡有遗址 30 余米，底宽 9 米，高 3 米；大石关山口济（南）兖（州）公路东侧有圆顶墙体，长 30 米，底宽 10 米，高 3 米；杨家山西坡城址长 20 米，底宽 11 米，高 4 米；小南山上面长城遗迹长约 60 米左右，宽 4 米左右，高仅 1 米多；张家老庄南山遗址脉络清晰，蜿蜒 200 多米，宽 3—7.5 米，高 2.5 米。

　　笔者之所以把这里称"南线齐长城"，是因为现在还有专家对南北两线谁为"主线"谁为"复线"、修建时间孰早孰晚观点不一致，因此，姑且先称南、北线应该是大家都可以接受的。

11-27　张家老庄东山

4. 万德段

　　齐长城北线过马山镇帽山后，向南到了海拔 438 米的西南山、海拔 454 米的老庄东山继续向南在三岔口与南线汇合。以上三座山步步升高，像弟兄三个，每座山上都有长城遗迹。最南边最高的山有一个圆圆的山顶，被当地人称大帽顶，其海拔 454 米，长城从此山脚下沿山体开始急速下降。一直降到海拔 356 米的三岔沟。三岔沟北面南北向有一段高大、厚实的墙体，长不下 200 米，底宽 6 米，高 3.5 米，目前保存良好，非常难得。在李家峪西山南有一片较为平整的高地，当地人称薄薄滩，应为因土层薄而得名。此段处于长清、肥城两区市三街镇的交界：马山、万德属于长清区，老城属于肥城市。其山峦起伏，沟壑交叉，植被茂密，幽雅僻静。长城时隐时现，又爬上大山，沿长清肥城交界线，基本顺着山脊向东南方挺近。在两座山的空档，一座山寨拔地而起，这就是狼英寨（一说狼顶寨）。传说狼英寨是古时候有个名叫狼英的人和妹妹狼金妹，因不满当朝的某些做法而建寨为王。狼英寨海拔 553 米，其西、北、东均是悬崖峭壁，寨墙长 120 米，现有散乱石块，寨门设在东南面。再继续向东南是窑滩、壳娄圈两座山，然后山体逐渐下降，在最矮处，一条道路将长城拦腰截断，宽达十几米——这就是后来的万肥

11-28 大帽顶

路，俗称辘轳道。据道旁的碑刻记载，这条路开凿于清同治十一年（1872），因形似辘轳把、崎岖难行得名。曾有诗写道："辘轳道悬山套间，行人登上如登天；叹憾千年神无主，不能把山分两边。"

过辘轳道后，山东面有个山沟叫西峪，偏东南山阴有个山泉名滴答泉，因泉水自高处滴落而名。此后长城又开始进入连绵起伏的高山，这些山海拔都在500米以上，其壮观程度是一路走来绝无仅有的。长城依次沿夹子山、莲花盆山、黄山（黄巢寨）、五花岩山山脊前行。从桃尖山开始折向东北直到长城铺村。其间险峻处以山代城。较完整的城址有三段：夹子山为肥城市东北山区最高山，海拔600米，城体保存较好，有一段宽7米，高1—4.5米的城墙；莲花盆山海拔476米，因山形酷似盛开的莲花瓣得名，遗址长400米，宽8米，高3.5米；跑马岭山遗址长50米，宽6.5米，高2.5米。

莲花盆山上有三界碑，为济南长清与泰安泰岱、肥城交界处，西面山口的一块岩石很独特，形状很圆，酷似一个人头，被当地百姓称为和尚口。从这里到黄山（黄巢寨）是齐长城自西向东的第三个险要的地段，要想从此处攀上齐长城，必须小心翼翼，有一段甚至要手脚并用，靠同伴帮助方能攀上去。好不容易爬上山脊，又被一段深涧拦住。此处凶险无比，当地百姓称其为仙人桥，意指只有神仙才能过得去。因此，这里没有城墙，又是一段以山代城结构。再往上爬就接近黄山了。黄山名称来历有二：一是山上岩石多呈黄色，二是黄巢在此筑山寨。黄山海拔628.8米，山顶怪石恐怖，且硕大无比，十分瘆人。

　　黄山四面绝壁，西侧有双重山门；北部呈半岛形悬崖，为点将台，上有擂鼓石、旗杆窝、石臼坑；南部有开阔缓坡，叫跑马场；北面有一段平地，叫杀人场，是黄巢军专门对奸细和逃兵行刑的地方；东面为官兵围寨时的驻扎地及双方交战场。据地方志资料载：1928年国民党军贺耀祖部第二次北伐时，曾据此寨激战；1930年蒋阎中原大战时，也在此厮杀过。

　　站在黄山的最高处，可以清楚地看到北边不远处的石胡同水库和

11-29　辘轳道东连绵群山

孙庄水库。石胡同村原名石寨城，据传史上该村曾一度叫血胡同，因为当年在山上黄巢起义军和官军仗打得非常惨烈，尸横遍野，血流成河，淌的血流到了山下村子，把胡同里的石板路都染红了，从此这个村就叫血胡同了。多年以后，人们嫌血胡同这个名字太血腥，忒恐怖了，又因为村里的民房都是用石头盖的，就把村名改成了石胡同。还有史料载：东晋义熙二年（406）南燕西中郎将封融奔降北魏，联络地方武装偷袭此城，杀南燕镇西大将军，使南燕举国震恐。又，明代曾在此置巡检司。

　　继续向东，就在相对平缓的长城南面，一堆堆散乱的石头很显眼。这，就是当年黄巢遗留下来的黄巢寨遗址。散乱的、坍塌的石屋有数十座，现只留下一些残垣断壁。

　　通过很短一段相对平缓的地段，长城就又开始起伏不定，不过城墙痕迹明显，宽6米，高1.8—3米，现存很长一段。有"齐长城遗址"

11-30　黄巢寨山

标识牌。自此长城继续向东北方向爬上五花岩山，此山因山顶狼牙石形似五朵花得名，海拔 663 米，为附近最高山。五花岩山西侧长城残存一段宽 6 米，高 1.8—3.5 米的城墙，山顶以山代险，墙体消失。五花岩山无论是纵向还是横向都很大，在其北面有一个断崖，百姓称无事崖，据说是抗战期间日寇嫌山高难爬而放弃这里，附近村民都上这里避难，每次都能躲过一劫，因此叫起了这个名。继续向东北，就到了海拔 532 米的桃尖山，此山因山形下大上小中间鼓，很像一个桃子而得名。桃尖山上也有座山寨，此地四面绝壁，地势险要，扼守着东面的狭窄谷地。过了桃尖山不远，长城由桃尖山向东下断崖，沿山脊东北行，过海拔 465 米的寺西崖，越锅饼山后有连着的两座山头，南面的叫后石方，北面的叫滑石岭。过小大峪北山口再向北，连绵的弧形的山岭向东拐了个弯，当地人叫这些丘陵为北圈山。此时山势逐渐下降，沿长城村西山南北向长岭脊北行，至北端沿岭脊东拐，从岭子东坡而下万德谷地，齐长城进入了富有传奇色彩的长城村。

从两道长城交会的三岔沟开始，到长城村村西，齐长城一直处于重峦叠嶂之中，总长 15150 米，是长清境内最为险要的一段长城。

长城村原名叫长城铺，齐长城至此跨越南北通道的大峡谷而东行，故在此曾筑有险要关楼，是春秋、战国时期齐鲁两国的"界关"。因此这里不仅是一个村子，还是千百年来"齐川通鲁"的重要关口，有着相当重要的战略地位。

过 104 国道，长城村东有一条河叫红石江，传说是当年孟姜女哭倒长城后投江自尽的地方。过了红石江，右首是曹庄村，穿过津浦铁路有一低洼处，名小东沟，这一段还是夯土长城，然后长城再次进入山区。

自曹庄村到大寨山，长城先呈东偏北走向，然后折向东南。这段长城被当地百姓称为长城岭。从曹庄村北，沿村后岭脊东北行，直至东北方最高山顶，再拐向东南行，此段长城起初还算平缓，接近大寨

11-31　大小峪山口

山时又险要起来。在上面听到呼呼的山风，脚下是巨石和深渊，令人毛骨悚然。比起前几段的以山代城，其险要度尤过之。大寨山正处在齐长城的中轴线上，并且是长清境内齐长城沿线除了五花岩山以外第二座高山，海拔637.2米，异峰突起，非常壮观。据《山东省长清县地名志》载：据传，隋朝前后曾有人在山上筑寨为王，故得名大寨山。大寨山又叫风门山，也是由两座山头夹峙形成，因两壁高崖垂直壁立，对峙如门得名。从谷底仰望，唯见一线青天；从山顶俯视，又如临万丈深渊。真是绝壁奇峰，惊险绝伦。

　　大寨山突峰兀石，险峻雄伟，站在山巅，东南方一眼就能望到泰山极顶。泰山山脉山峦起伏，宛如一幅现实版的山水画卷。北面的小山叫油篓山，山后面是武庄水库，近处东北是邵家庄水库；南面的竹杆顶（海拔524）、仙客楼子两座山隔着卧龙峪遥遥相对；西面的津浦

11-32　新曹庄东长城岭

铁路、京沪高铁、京福高速公路和 104 国道等南北大动脉的景致都在这里一览无余；再往西远眺，波光粼粼的坡里庄水库像一颗熠熠生辉的珍珠，夺人眼球。可以说一路走来，此处是齐长城沿线上视野最开阔、最能让人产生雄襟万里感觉的地段。

从大寨山开始，海拔升到 500—600 米，长城又崎岖呈东南走向，然后又转向东北。这个转折点所在的山，有一个很有意思的名字：三不管。因为此山处在店台、界首和马套三个村的结合部，又因为山上除了长城和几棵松树外，没有其它可栽种植物的土地，所以平时很少有人光顾。

接下来的这段长城绵延东行经马套村北顶山等几个山头时，更加跌宕起伏，更加雄伟壮观了。毫不夸张地说，这段游龙般的长城，城体完整，逶迤磅礴，和北方的万里长城比起来也毫不逊色，越是蜿蜒起伏，越是复杂多变，越彰显出曲线美。

11-33　大寨山绵延的齐长城

　　到张庄村南附近，长城又被一条公路截断——这就是近年开发的齐鲁8号风情路。齐长城从路东爬上山顶，继续东行。这一段由于都在山区，因此全部是石垒的，而石质是坚硬的花岗石，除了能看出岁月的沧桑感外，风化较轻。从马套北顶山到东面的钉头崖，这段长城长1600米，底宽约6—8米，顶宽5—7米，高约3—4米，是目前长清区境内保留最完整的一部分，其蛟龙闹海一般，神出鬼没，气势恢宏，完全代表着整座齐长城的石垒建筑风格，虽经过了两千多年的风雨侵蚀，仍不失昔日风采。

　　钉头崖的故事在长清是家喻户晓的，虽然流传了两千多年，但每每讲起来还是那么震动人心、那么让人心情久久不能平静……

　　相传当年齐长城修建到北马套村北边的大山时，因山高坡陡又有悬崖绝壁，空着身都很难攀爬，建筑材料更运不上去。不知道摔死、砸死、累死了多少民工，长城还是迟迟修不上去。负责监工的将军实在不忍心看着这些无辜的生命葬送在这里，便去齐王那里为民请愿，据实汇报。结果惹恼了齐王，把这位将军斩首，将其头颅钉在悬崖峭壁上，以杀一儆百，威胁民工必须把长城修上去。钉头崖由此得名。然而尽管杀了一员大将，但山势险峻根本不具备施工条件，长城始终还是没能修上去，就在悬崖峭壁下停滞不前了。并且从这里向东四十里都没有城墙。从此，当地便有了"长城修到钉头崖，一降四十里"的说法，流传至今。据多人多次现场考察，从钉头崖往东的崇山峻岭上，确实有 35 华里没有长城痕迹。据当地年纪比较大的村民回忆，几十年前，人们还在钉头崖上见过那个大大的铁钉，只是晃荡就是掉不下来，后来被人用铁锤弄下来，如今只剩下一个石窝子了。

钉头崖所处的这座山原名襁负山。襁负是背包袱的意思，谓一大一小两山相连，如大山背着小山。后为了纪念那位为民请愿而被杀头的将军而改名叫将军山。与将军山比邻的是老鸹尖山，海拔 903.9 米，

11-34 典型石筑墙体

11-35　钉头崖

因山尖突起，人不易攀，老鸹聚其上得名，是长清境内除海拔988.8米的摩天岭外的第二高山。

长城到了钉头崖，再往东都是以山代城结构，海拔900—1100米，山高岭陡，为齐长城最长一段山险。长城上钉头崖过老鸹尖山、穿穿顶、摩天岭、楼顶山，至大麻峪顶就是长清、泰安、历城三地交界了。从曹庄村到长清境内有长城遗址的钉头崖止，齐长城总长12220米，同样开始是土石混筑，继而全部是石头干垒结构，一直到最东边的老鸹尖山。

至此，齐长城到了长清区的最东边，完成了近百公里的里程。

万德街道境内的齐长城共有四种构筑形式，尤其是钉头崖及往东以山代城结构的墙体，是长清段最险要也是最典型的部分。每当人们登上这座古建筑，在为先人的勤劳和智慧所折服的同时，也为齐王的暴行而愤慨。这一座用劳动人民的血和泪筑就的宏伟建筑，这一段齐鲁大地上留下的悲壮历史，这一项极其宝贵的历史文化遗产，这一份长清人引以为豪的精神财富，应该让更多的人去了解它、宣传它、保护它、继承它……

第十二章
南北两线锁马山

据权威部门最新公布的数据，长清区境内的齐长城总长 99.3 公里，占整座齐长城的近六分之一。而马山镇为长城所环绕，其西北、北、东、南、西南都有长城，总里程在一百华里以上，是长清境内沿齐长城最长的街镇。多份资料显示，齐长城有主线和复线之分，但都只是一个大概说法。只有"泰山五老"编著的《齐长城》和山东省文物局、山东省文物考古研究所等四家单位于 2017 年 12 月编著，文物出版社出版的《齐长城资源调查工作报告》记录了三条复线的详细情况：一是泰安市肥城段支线 9900 米（《齐长城资源调查工作报告》记为 11384 米）；二是潍坊市、临沂市的穆陵关复线（41988 米），三是莱芜、淄博的青石关复线（15948 米）。在这里有必要声明一下：《齐长城资源调查工作报告》所说的泰安肥城段支线，经笔者同济南电视台国际部工作人员的实地考证，指的多是长清区内的齐长城南线。并且长清、肥城界碑（北站南）还在齐长城南面。说明这道齐长城大都在长清境内。把它写为肥城段是有失准确的。《齐长城》（路宗元著）一书是这样介绍的："根据我们的实际考察，此复线自西向东，始于长清与肥城交界处的于家庄西山（长清境内），至肥城与长清交界处的三岔沟与北部主线长城相会合，长 9900 米，遗址清楚，连续不断。"当然，从实地看，长清张家老庄和肥城张家花峪以齐长城为界，其中有一段长城在山体南面修筑，如果按分水岭为界的话，应该属于肥城，这也是说得过去的。

1. 关于南线齐长城

　　长清齐长城南线，也是笔者多年来一直有些困惑的话题。因为在史书和参考资料上齐长城南线的地图都是残缺的，都在马山于家庄西山一带"复出"，经老牛沟（肥城）北山，再沿着长清与肥城的交界线向东略偏南前行，经双山、三山子、杨家山（又名羊山、羊角山、莽撞山）、小南山、七姑娘娘山、张家老庄东南山至三岔沟与北线长城会合。

　　那么齐长城在双泉牛头山西青黄山的草帽子顶形成南北两线后，只在牛头山上出现了一小段就消失了，为何隔了那么远才复出呢？《齐长城资源调查工作报告》是这样介绍的："连环山东山脊近山顶处长城墙体开始出现……为了确认齐长城复线西端位置，将这里向西南牛山（肥城境内）方向的岭脊进行了调查，牛山山顶有晚期寨堡，山脊上没有发现齐长城迹象；沿连环山向北至崮头村的长山脊进行调查，也没有发现齐长城；而连环山山顶、西南坡、北坡都没有发现长城，最后确定齐长城复线的西端位于连环山山顶东侧。"——这与"泰山五老"得出的结论大体一致。

　　而济南社会科学院副院长张华松先生持有不同观点，他在2004

12-1　齐长城复线图

年出版的《齐长城》一书中是这样介绍的："双泉乡（镇）和马山乡（镇）分别坐落在两条谷地中，战略地位颇为重要，所以两乡（镇）境内齐长城分南北两线。南线长城自石小子山正东行，经牛头山，然后在双泉乡（镇）驻地的段店附近横跨双泉谷地，东南经小马山、锅背顶、瓦楞山、莲花山（连环山）、于家庄西山、老牛沟北山，以上诸山石砌长城遗址毁坏严重，然而遗迹仍然隐约可辨。不过双泉谷地的夯土长城却荡然无存。自老牛沟北山，南线长城始终沿着长清马山乡（镇）与肥城县的交界线向东略偏南前行……"

如果按照张华松院长考察得出的结论，齐长城地图上残缺的部分就能连贯起来了。这是我们一直希望看到的结果，也是从理论上站得住的观点。

为了彻底解开这一困扰了多年的疑团，我和好友赵福平几次到双泉谷地进行探寻，终于在小马山西面找到了一段土石混筑的长城遗址。

这段遗址被当地百姓称为"土龙"，目测长约300米，底部宽4—6米，高2—3.5米；其顶部长满了荆棘和杂草，整个轮廓连贯完整。从生产路边断开的剖面看，土、石、砂风化严重，根本不像现代产物。小邹庄村民张勇向我们介绍，在他的印象中，这条"土龙"原来还要高大，两边垒砌的石头都被扒掉垒到地堰上去了，只有拐角的结合部还有一些齐整的石块没有被破坏。几经分析、对比，我们意见一致，这就是张华松院长所说的从西面牛头山上下来的南线齐长城遗址。

张华松院长在1987年就同长清马山镇文化站李光宝站长、平安中学王绪和老师一起徒步考察过这段齐长城，那时植被少，遗迹较容易发现，当时看到石砌城墙确实是从小马山的"马头"下向东延伸的。然后经过锅背顶、瓦楞山等，一直到连环山。虽然这段石砌长城遗址毁坏严重，断断续续，但依旧能看出遗迹。因此，可以断定，南线齐长城就是从双泉镇牛头山上下来，过双泉谷地，在马山西南的小马山

12-2　小马山西"土龙"

下向东南方向到长清与肥城交界又东行的。这样，南北两线长城把马山拱卫起来，形成一个完整的防御体系。无论从理论上还是实际情况看，这都是能站住脚的。也就是说，南线齐长城根本没有断档，只是被人为地疏忽了才绘制了残缺的齐长城地图。

南线齐长城遗址从连环山开始逐渐清晰起来，向东南蜿蜒上了双山。双山因有两个并列的山头得名，东面的山头上有一座玉皇庙，里面供奉着玉皇大帝，为近代所修。这里处于104省道路西，山形尖而高，海拔280.8米，属于附近较高的一座，把守着今104省道。站在双山上面，北、东、南三个方向可望到目力极限，是一处非常险要的战略要地。抗战时期日军曾在山上设有一个据点，至今还留有炮楼地基遗迹。

长城在双山玉皇庙南沿着崖壁向东南，便是马山谷地的南口，从此处开始，山势略成西北东南走向，后总体为东西方向，长城总长9900米，谷峰相连，面积8平方公里。连绵群山横亘于长清与肥城之间，道路阻滞。过去只有五条山间小路相通，故名五道岭。道光《长清县志》引《旧志》载："县南七十五里神佛站之南，岭长三四里，路虽崎岖，亦为南北之孔道，上有肥城长清界碑。"光绪《肥城县志》载："五道岭，在城北十二里，南北径八里，南隶肥城，北隶长清，以长城为界。旧置五岭驿，后并为五宁驿，今裁。岭为南北孔道，而山路崎岖，行旅往来，摧轮折轴。道光年间，邑人济南府教授尹肇棨倡捐修之。同治年间，知县李翼清倡捐重修。光绪年间，千总吴炳文又倡捐修之。嗣经西商等捐资购山地若干亩，募佃岁修，而始底荡平焉。"岭间五条道以大石铺至北站通道最为重要，历来视为险关。过去山中驿道两边低中间高，过往行商负重者难行，两边村中多备老牛代为行客牵引车辆，至岭头解缰，牛可自行回家。

历史上五道岭不但是交通要道，还是兵家必争、强梁出没之地。

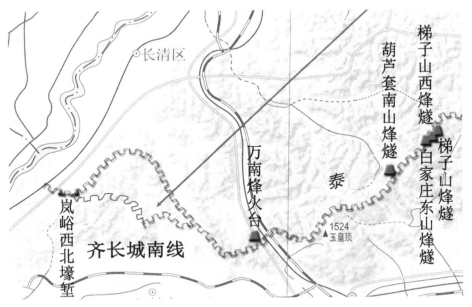

12-3   齐长城复线实际路线图

齐长城南线从五道岭山脊穿过，此段长城残缺不齐，遗迹断续。《明太祖实录》中载，洪武二十九年（1396）五月己巳，监察御史裴承祖上言："泰安州东接泰山，西接五道岭，绵亘深邃，逋逃者多聚其间，时出劫掠，宜于本州置卫，于五道岭立巡检司以镇之。"《文宗显皇帝（咸丰）实录》："捻匪分扑东境，势极狡狯。已据清盛奏报，现在贼距省城仅百余里。清盛截留调赴武定等属官兵一千名，改赴长清五道岭。"

这段齐长城时断时续，时隐时现，有痕迹，但不明显。

齐长城通过这道隘口后，一路爬坡，继续东行，逶迤进入大山。这段长城多已成为田地坝堰，但总体脉络清晰，一般宽3—6米，高1—2.5米，总长约1800米。此时山势连绵起伏，翻过最后一座山，有一山口，向东、向南、向北形成了交叉口：东面是万德街道李家峪村，西北是马山的张家老庄，西南是肥城市的张家花峪。在肥城相关地图

12-4 双山

12-5 五道岭

12-6　从左到右依次是杨家山、小南山、七姑娘娘顶

上此处被称为三岔口。其高大耸立，异峰突起，主峰海拔 421 米。三岔山顶部有南北向长城，向东不见长城踪影，继续向东，与北线向南延伸的长城在三岔沟汇合，南线长城到达了终点。经"泰山五老"1996年实际测量，"复线"齐长城总长 9900 米，夯土、土石混筑、石垒形式都有。

纵观马山段的齐长城，还有让人产生疑惑的地方：一、既然从南线向北都是齐国之地，为何当初不利用马山这道天然屏障，直接与南线长城连接在一起，而选择北上呢？二、两道长城孰先孰后、谁主谁复呢？这些至今没有找到最终答案。但巍巍马山被齐长城环绕是不争的事实，山上面寺庙林立、石碑颇多，虽然没有在碑刻上找到齐长城的相关内容，但从上面有十几座大小庙宇来看，马山被称为"鲁中三山"之一当之无愧。此山位于两道长城的中心，居高临下，从双泉马西一带远观，其状如马，活灵活现。加上两边的两条河，形成了"一城相抱、二水相绕"态势，其地理意义非同一般。

因此，齐长城的内涵极为丰富，相关历史文化内容尚待进一步深入挖掘。当然，由于齐长城修筑时间跨度大、地域广，史学界的前辈们所持观点也不尽相同。其实了解齐长城、研究齐长城本身就不是一朝一夕的事，观点不同很正常，需要更多专家学者和文史爱好者的参与。相信通过反复论证，总有还原历史真相的那一天。

通过对南线齐长城的了解和查找相关资料得知：原来，这道长城，史上被称作"百里之城"，它是春秋时期管仲辅佐齐桓公时为圈养从楚国收购的麋鹿所修。那时候管子大胆迷惑楚国，以高价大量收购楚国的麋鹿，使楚国百姓无心种地，转向捕捉和饲养麋鹿，造成了楚国"粮荒"。齐国不战而屈人之兵，轻而易举地夺取了胜利。此事见《管子》"轻重"诸篇。

国光红先生在《齐长城与管子》中写道："现在的齐长城，其起点是西端的广里，巨防遗址在其西而与之相接相邻。在广里的南面肥城境内，有与广里长城平行的另一段长城，被称为齐

12-7　张家老庄东山

长城'复线'，这段长城'复线'的南面就是汶阳之田。两道长城在长清的西境会合后直走泰山。这两段平行的长城就是管仲当年修建的'百里之城'。放养其中的楚国麋鹿憧憬外面的世界，就会从南面的'复线'某处结队逸出，隐身于汶阳之田竹篁之中，而随时光顾鲁国的田亩。"那么，南线齐长城共有三段，除了长清这段长9900米的一段外，还有潍坊、临沂穆陵关的41988米和莱芜、淄博青石关的15948米。这三段哪一段是圈养麋鹿的呢？还是分别都圈养了呢？从地理位置来看，长清段离楚国较近一些，在此圈养应该确定无疑。

那么如果这几段与管子时期有关系的齐长城成立的话，其所修建的时间就要比齐灵公的"防门之战"的长城早很多。因为管子辅佐齐桓公是在公元前685年至公元前645年，加上《管子》有："长城之阳，鲁也；长城之阴，齐也"的记载，据此最早修齐长城的时间又提前了100多年。当然，目前人们对《管子》还有很多争议，甚至有专家认为《管子》的内容不足为信。那就另当别论了。

2. 两道长城分界点

在长清，提起齐长城几乎是人人皆知，因为这里是齐长城的源头，齐长城也是"长清"一名的出处。齐长城埋藏着许多脍炙人口的动人故事，因而这道经过境内百公里之长的建筑也是长清人的骄傲。然而说起齐长城还有南线，就少有人知了。因为史书和参考书上极少有对长城南线的记载。

那么齐长城究竟有没有南线呢？《齐长城》（张华松著）、《齐长城与管子》（国光红著）两本专著，给出了答案。《齐长城》一书是这样介绍的："齐长城从双泉石小子山向东南行，同北线齐长城分岔后，经牛头山，然后在双泉镇驻地附近横跨双泉谷地，东南经小马山、锅背顶、瓦楞山、莲花山（连环山）、于家庄西山、老牛沟北山，再沿着长清与肥城的交界线向东略偏南前行，经双山、五道岭、杨家山（又名羊山）、张家花峪北山，至三岔沟与北线长城会合。"

《齐长城与管子》一书中还有一张关于齐长城走向的地图标明了齐长城南线的具体位置。然而，地图上所显示的齐长城南线在双泉东南出现了断档，而位于马山南部的连环山是南线的起点。这与张华松院长和我们现场勘探的结论有很大分歧。

　　那么齐长城南线起点在什么地方呢？同北线齐长城有没有关联呢？

　　齐长城大多建在山顶，长年人迹罕至，茂盛的树林把群山遮盖得严严实实，别说自远处瞭望了，就是走到近前，也不容易发现它。沿着齐长城从孝里的梯子山向东，经过一段绵延的山梁进入双泉镇，继而是石小子山。齐长城在石小子山寨东南门沿山脊东行，慢慢地进入了茂密的森林。

　　齐长城横亘在山顶稍微靠南的密林中，犹如一条巨龙的龙身，不见其首，更难见其尾。这段大致呈东西走向的长城，南北两面用石头垒砌，中间填土夯实，高1—2米，宽4—5米。尽管经过两千多年风雨摧蚀多已坍塌，但看上去仍然不失雄壮，令人震撼。

　　由于齐长城的顶部有大量的夯土存在，所以上面长满了荆棵及一些叫不上名字的灌木，这些灌木长得密密麻麻，让人很难通行。尤其是酸枣棵子遍布，小树浑身长满了刺，人走在上面稍不留神就会"一针见血"。这段长城没建在山的最高处，而是建在山南面的悬崖上，断断续续地可以看到保存相对完好的墙体。有一段城墙高5—6米，宽3—4米，由就地取材的石头叠加垒砌。

　　在青黄山的最高处，有个凸起的山头，当地人称草帽子顶，海拔430米。这里介于西面的石小子山和东面的牛头山（海拔404米）之间，西高东低，形成了三个天然台阶。从这儿向四下望开去，苍山如海，群峰奔涌，真正能体会到"横看成岭侧成峰，远近高低各不同"的感受。

　　草帽子顶顶部有一堆半圆形的岩石，既有天然大石块，又有人为垒砌痕迹。中心位置是一小片石头和山土混合堆积而成的凸起部分，而这个凸起的部分，据我们推断应是齐长城上的一个烽火台或是观察哨一类的重要遗存。也就是以这个草帽子顶为基点，齐长城的北线开

12-8　草帽子顶分界点

　　始由西至东，转而沿着南北向山形向北挺进，跨过北傅村西的谷地后，向陈沟湾东山爬去。这段长城同样修筑得粗壮高大，尽管掩映在密林下，寻找起来还是比较容易的。

　　而齐长城南线就从这个草帽子顶稍微靠北一点，向东继续延伸。只是由于 20 世纪五六十年代大规模植树造林，很多石头被搬去做了"鱼鳞坑"，损毁较为严重。但从上面向东向下望去，仍然可以看到一溜残存的、土石混构的凸起部分向牛头山方向走去。

　　接近牛头山，出现了一些规则的乱石垒砌的掩体，让人想起了"猫耳洞"。墙体经风雨侵蚀，裸露的石头已不多见，但走在上面仍能感觉到埋在土里的石块。牛头山顶现遗留一些不规则的石屋，应该是一座山寨遗址。

　　纵观这段少有记载的齐长城南、北线分界点，可以想象得出，当时决策者的决心是何等之大。可令人费解的是，为何要修建两道长城呢？又为何从牛头山向东的齐长城绝迹了呢？

笔者通过对南线齐长城的了解和查找相关书籍得知：原来这条（南线）长城，史上被称作"百里之城"，它是春秋时期管仲辅佐齐桓公时为圈养从楚国收购的麋鹿所修。而麋鹿是跳跃能力很强的动物，又个个都是"大肚子汉"，以当时条件大批圈养显然不现实，故此修建了这段阻挡这些精灵的高大城墙，以防止它们"外逃"。

如此说来，南线长城修筑比北线长城应该还要早，因为《管子》所记"麋鹿毁国"事件（前681）一百多年后，才有了齐灵公的"防门之战"（前555）。至于南线长城为何出现了断档，还有待于做进一步的寻迹、探讨。

12-9　分界点定位

附：《麋鹿毁国》事件

齐桓公派兵攻打楚国，但由于楚国粮食充足、城墙坚厚，齐军久攻不下。这时，宰相管仲献计于齐桓公，齐桓公拍手称妙。

不久后，管仲派出齐国商人到楚国高价大量购买麋鹿，在楚国原本很便宜的麋鹿价格一路走高，最后竟飙涨到"一鹿而当八万泉（钱）"的天价。

一头麋鹿卖的价钱惊人，而楚国境内麋鹿有很多，很容易就能猎到。于是，在利益的驱使下，楚国百姓纷纷放下农具，手持猎具奔往深山去捕鹿；甚至连楚国兵士也停止训练，将兵器换成猎具偷偷上山猎鹿。而楚王及满朝大臣非但没有觉得不妥，反而觉得这是件振兴本国经济的好事，不仅没有加以阻止，还极力提倡。楚国老百姓都进山捕鹿去了，再没有百姓愿意下地种庄稼了。仅仅几个月，楚国的农田里不见庄稼只见荒草，但楚国上下谁也没有觉得可惜。楚国国内缺粮食了就花钱到周边邻国去买，反正百姓们卖鹿的钱够买几年粮食的了。

几年后，楚国国库里堆满了铜钱，楚国百姓手里也有的是钱，但是粮食却需要从别国购买。管仲见时机已然成熟，对齐桓公说："大王，可以起兵攻打楚国了。"楚王做梦也没有想到，齐军会卷土重来。虽然齐军还是先前的齐军，而此时楚国却不是先前的楚国了，虽城墙坚固如初，但城内却没多少粮食，有的只是堆积如山的铜钱。楚王立即派人去邻国购买粮食，但通往邻国的道路都被齐军把守着，根本出不去。

没有粮食，楚军的战斗力大幅下降，一触即溃。直到此时，楚王才回过味来，知道中了计谋，忙派大臣向齐桓公求和，俯首称臣。

3. 三岔口与三岔沟

　　三岔口与三岔沟虽一字之差，但高差极大：三岔口在山上，三岔沟在山下。南线长城从张家老庄村南一路向东爬坡，逶迤进入大山。这段长城多已成为田埂坝堰，但总体脉络还算清晰。东面的高山被称为张家山，因山南面是肥城市张家花峪村，北面是长清区张家老庄村，这个称呼很亲民。向东翻过张家山，有一个山口，向东、向南、向北形成了一个倒写"Y"字形的交叉山体：南、北是连体高山，向东的一股山势开始下降。这里有一条近年刚修的土路，东面可通万德街道李家峪村，西北可通马山镇的张家老庄，西南直达肥城市的张家花峪村。在肥城相关地图上，此处被标为"三岔山山口"，当地百姓多称三岔口。土路可以过越野车，坡陡路况差。此处的山高大耸立，异峰突起，主峰海拔 421 米。三岔山口顶部有残存的南北向长城 60 余米，向北遗迹逐渐消失。

　　在三岔口的东南方不远处，一座山寨很别致。此山寨不大，东西约 60 米，南北约 100 米，山上巨石林立，形状怪异，非常恐怖。遍布山顶的巨石看上去大都超过几十吨重，甚至有上百吨。山寨南、北有寨门，东、西两面是悬崖，四周仍有残存寨墙。问起山寨名字，寨东

12-10　三岔口

村民称西山寨、寨西村民称东山寨，都没听说过相关来历。山寨位置
险要，向南过一段低矮山梁后长城即进入更高的崇山峻岭中。

　　据相关资料显示，南线长城从三岔山口继续向东，与北线向南延
伸的长城在三岔沟会合，南线长城到达终点。三岔沟在几座大山的峡
谷底部，有路可通长清万德李家峪、孙家庄等村。此处北线齐长城由
山上下来，脉络清晰，一眼便能辨出。而自西向东的南线长城则没找
到遗迹。根据肥城市文物部门 2021 年拍摄的卫星标志图得知：南线长
城到三岔山口即到了终点。笔者也曾两次亲临现场，看到北线南北向
长城在东面山下的三岔沟下沟又上山，就是没有找到西面过来的南线
长城。从三岔口到三岔沟，直线距离约 500 米，两者之间为什么没有
发现长城呢？"泰山五老"出版的《齐长城》是这样介绍的："复线
齐长城至马山、万德、潮泉三乡镇交界处的三岔沟结束，至张家花峪
东山与齐长城主线相接。"最新出版的《齐长城志》载道："长城沿
南北向长山脊南行，地势逐渐抬高，张家老庄东山高 448 米。到南端

的三岔山，与由西侧三山、杨家山、张家山来的东西向支线长城在此处汇合。"如此说来，两者都将交合点指向山上，而非山下，这就不排除"三岔口"与"三岔沟"所指的就是一个地方了。加之"三岔口"与"三岔沟"的音接近，将两者混为一谈很有可能。

　　翻阅了许多关于长清境内齐长城南北线的会合部位置的资料，都说是在"三岔沟"，但又都没有详细介绍，这就有点纸上谈兵、人云亦云的嫌疑了，为了弄个清楚，笔者约请胡德定院长再次一探究竟，但又失望而归。这不得不让人更加怀疑。由此判断，南北两线长城交会点很可能就在三岔山（口）上。理由有四：一、在三岔口山顶看到的南北向长城60米左右，是从北面过来的，南面是山寨，可以屯兵御敌，在这里完成交接方能很好地起到防御作用。二、山下所谓的"三岔沟"处在谷底，发生战事时如果敌方占据制高点，打起仗来是很被动的，决策者都会懂得"居高临下，势如破竹"的战术术语。南北两

12-11　三岔沟

12-12　卫星地图

线不可能在此交会。三、北线长城从大帽顶向东南方向下山，很有可能此前就已经分开一路向西南，同东西向的南线长城在三岔口会合，否则就不会在南面出现南北向长城遗迹，之所以只有60米长城，应该是早年植树或近年有承包山林者圈了一周栅栏，而将长城同山体融为一体了。四、经查，由山东省古建筑保护研究院2020年12月绘制的《山东省齐长城遗址保护规划图》，也明确标出了两线结合部位置就在山上的三岔口。同时，这也与肥城市文物部门近年拍摄的卫星标志图所标"三岔山山口长城结束点"相契合。

综上，三岔沟周围均是高山，中间有梯田，降水丰沛，气候宜人，且非常隐蔽。平时可以种田保证驻军给养自给自足；战时，东可以顺沟迅速撤离险境、西可以上山坚守长城防线。这样一来，两道长城就形成了一个庞大的环形工事，倒像是一座能藏千军万马的瓮城。当然，这只是个人的推测，一家之言。

第十三章
长城防线多战事

　　齐长城是在春秋后期开始修建，战国中期才完工的巨大工程，前后用了近200年的时间，主要目的是为了有效地防止南方诸国的进犯，同时加强食盐及各种商品的进出口管理，保证齐国的安全和税收。齐长城在春秋战国时期的争霸和兼并战争中，以及晚清官军防御捻军进攻中，都发挥了极其重要的军事作用。曾有人说，修齐长城不是为了保卫国土，甚至认为在齐长城上没有打过仗，这一观点是武断的、失察的。无论从时间顺序上，还是从危险程度上，齐国的劲敌皆先是来自西南方的中原，然后才是南方的楚国和东南沿海的吴越。中原诸国进攻齐国，总要突破泰山西侧长城防线，然后取道历下（济南），才能进入齐国腹地。因此，长清一带齐长城的战略地位尤显突出。从现有资料看，诸侯国突破齐长城沿线曾发生过乾时之战、长勺之战、平阴之战、艾陵之战和廪丘之战等大战役。其中平阴之战、艾陵之战和廪丘之战（两次）敌方都经长清段的长城防线，长驱直入攻进齐国，危及都城。这些战争中很大一部分都事关国家的生死存亡，这从另一个角度说明齐长城沿线军事地位的重要性。

1. 平阴之战

　　鲁襄公十八年——也就是齐灵公二十七年（前555），晋国率鲁、宋、卫、郑、曹、莒、邾、滕、薛、杞、小邾共十二家诸侯会师于鲁济（即鲁界内济水），兴师伐齐。齐灵公亲自率师，至平阴御敌。齐灵公下令在平阴城南"巨防"之外，深挖沟堑，引湄湖水以阻敌军。夙沙卫向灵公进言："不能战，莫如守险。"灵公没有采纳他的建议。两军相持不下，晋国用范宣子计，联军采用声东击西的战术，将主力分为两部，一部留在防门前虚张声势，故布疑兵；另一部迂回越过沂蒙山，偷袭齐都临淄。同时故意私下使人告诉齐大夫析归父说："吾知子，敢匿情乎？鲁人、莒人皆请以车千乘自其乡入，既许之矣。若入，君必失国。子盍图之？"析归父将鲁、莒分别出兵攻齐的消息告诉了齐灵公，齐灵公顿生恐惧。晏婴听说此事，感叹说："君固无勇，而又闻是，弗能久矣！"

　　灵公登上巫山（今孝堂山）观望晋军。晋军在山泽险要之处，遍插旗帜，虚张声势，又束草为人，披上衣甲，使乘车者左实右伪，并在战车后边拖上柴草，战车奔驰，扬尘蔽天，以为疑兵。灵公见状大惊，惧怕敌军人数众多，于夜间悄悄退兵。

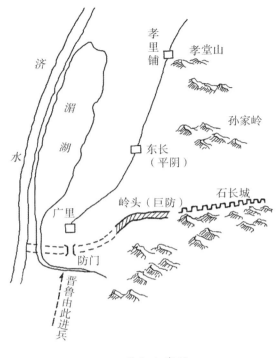

13-1 平阳之战图

第二天，晋国师旷告诉晋平公说："乌乌之声乐，齐师其遁。"晋国叔向也向晋平公说："城上有乌，齐师其遁！"于是防门洞开，长城不攻自破，晋军入平阴城，并追赶齐师。

齐军本来由夙沙卫殿后，将战车摆成一排以御敌军。因夙沙卫是寺人（阉人），齐将殖绰、郭最认为由寺人殿后是齐军之辱，于是让夙沙卫先行，二人殿后。夙沙卫对二将怀恨在心，当退到石门（今归德街道土屋南），见此处道路险窄，两边均是数丈高的峭壁，便杀死马匹，以堵塞道路，结果把殖绰、郭最也挡在外面，不能速行，被晋将州绰追上。州绰以箭射殖绰，中肩。殖绰、郭最被晋军俘虏。这就是史称的"格马塞道"。然而，此举只是迟缓了联军的进攻速度，联军继而克邿（今长清五峰一带）等地，主力进抵临淄城下，与先遣之军会合，将齐都团团包围，火攻其四面城门。齐灵公欲退逃邮棠（今平度东南），被太子和诸臣劝阻。联军穷追溃逃的齐军，东至潍水，南及沂水。此时，楚兴兵攻郑以救齐。晋平公恐腹背受敌，遂于次年春与诸侯会盟于督扬（原长清东北祝阿城），在城中缔约：大毋侵小！随后撤军。

平阴防门之战，是发生在平阴历史上最早的也是最有名的一次战役。虽说春秋无义战，但晋国战略战术的运用，还是给后人留下了不少的启迪。这次战役证明，位于齐长城源头的巨防起了很大作用，若不是联军用计瓦解人心，若不是齐灵公临阵脱逃，结果也许不会是这样。

由此看出，这道巨防虽然没能阻止住联军的攻势，但起码增加了攻城难度，让敌方付出了惨重的代价，绝不是可有可无的防线。

2. 艾陵之战

艾陵之战是公元前484年吴国在艾陵地区打败齐国军队的一次著名战役。吴、鲁联军在艾陵（今山东莱芜东北）全歼十万齐军。

公元前484年，夫差听说齐景公已死，就联合鲁国进攻齐国。齐国军队在国书、高无丕的统领下，从齐国的清邑（今长清东南）集结后，越过长城，深入鲁国腹地，直抵鲁都曲阜郊外。鲁国军队顽强抵抗，齐军折损80名武士，便连夜撤回齐国南境。

五月二十七日，双方展开大战，艾陵之战爆发。战役一开始，展如统领的吴国右军就打败了高无丕统率的齐国上军，胥门巢统率的吴国上军却不敌国书统领的齐国中军。夫差见状，急忙率领自己的中军增援胥门巢共同反击齐国中军，大败齐军，俘获国书、高无丕、公孙夏、间丘明、陈书、东郭书以及800辆兵车。3000名齐国甲士也战死在沙场。

《东周列国志》载："齐将国书，屯兵汶上，闻吴鲁联兵来伐，聚集诸将商议迎战。""陈逆曰：'吴军长驱，已过赢博。'""国书传令，拔寨都起，往迎吴军，至于艾陵。"时齐将国书屯兵汶上，此汶上是指泰山的汶河上游及源头以上，意即博城、赢城、牟子国城、齐长城泰山段各关和淄川区城子庄（汉置莱芜县城，有齐长城，是齐国防御要地）一带。

艾陵之战后，吴王夫差本应乘势率领吴、鲁联军，深入齐国腹地，积极扩大战果，一举彻底制服齐国。但出于对齐国长城的顾虑和畏惧，吴国军队没有继续北上，却屯驻在泰山脚下而按兵不动。由此可见，齐长城防御工程再一次起到了作用。

13-2　艾陵之战图

3. 廪丘之战

　　齐宣公五十一年（前405）齐大夫田会（公孙会）在廪丘叛归赵国。齐宣公派田布指挥大军围攻廪丘（山东郓城西北）。赵国派孔韦率领精锐部队，联合韩、魏军救廪丘。联军大败齐军，杀齐兵三万余人，获齐战车二千乘。《水经注·汶水》引《竹书纪年》载："晋烈公十二年（前404），王命韩景子、赵烈、翟员伐齐，入长城"，并占领了平阴城。接着进攻博山、五莲、胶南至海边，军威大振。

　　战国时代，平阴长城的二度失陷发生在齐威王即位前后。《史记·赵世家》记载，赵成侯五年（前370)，赵国攻打齐国，兵锋直抵鄄城。赵成侯七年，赵军再度进攻齐国，抵达长城一线。赵国进攻齐国，不会取道鲁楚之地，迂回数千里去攻打齐国东南长城。因此，《赵世家》中所说的"长城"，应指济右走廊平阴南边的长城。赵军攻占了齐国西南境长城。齐威王九年（前348)，齐国"起兵西击赵、卫，败魏于浊泽而围惠王。惠王请献观以和解，赵人归我长城"。可见，赵国占领平阴一带齐长城，时间可能长达二十年之久。

　　战国中期以前，济右走廊平阴一带夯土长城承受的军事压力远远大于其他地段的齐长城。然而自从齐宣王"乘山岭筑长城"，济右走廊夯土长城与其东侧山岭上石砌长城连为一体之后，中原列强对齐国的进攻似乎有意避开长城，而改道自齐国西北方向强渡济水，直接攻打济左陆桥东北端的桥头堡历下邑。燕将乐毅、秦将王贲攻打齐国，无不避开平阴而改打历下，这再一次说明了齐长城战略防御的功能是很强大的。

4. "御捻" 之战

　　齐长城除了在春秋战国时期发挥了作用，在后来的清末官军防御捻军之战中，也得到了修复和利用。《济南通史》有清军在长清五道岭"设防御捻"的记录。长清毗邻鲁西南，处于捻军进入山东腹地的要冲。早在咸丰三年（1853），捻军起义全面爆发不久，长清官府就组建起 16 个民团，进行防御，十一年二月，赵浩然率捻军黑白旗各部，由东平戴庙渡运河，分攻汶上、泰安等县，前锋直逼肥城、长清交界一带，威胁省城济南。山东巡抚清盛见状，慌忙截留本要调赴武定等地的一千名官兵，改赴长清五道岭进行防御，同时征调当地民团前往长清南境，协同官军扼守。九月，张敏行捻军从东平分批渡过运河，进攻汶上、平阴、肥城、宁阳、泰安、莱芜。雷彦捻军也由苏北一路打到莱芜，与张敏行会师，然后十万大军向西绕道泰安、长清，由济南郊外东进，直达胶东半岛。此次捻军进长清，也是分路齐头并进的，当时长清知县丁兆基曾带领团勇在长城铺等齐长城一线分道截击。同治五年（1866）三月和八月，又先后有两路捻军由长清张夏过境。

　　咸丰、同治年间扼守长清县南境的清军和民团，按照曾国藩"以静制动"、李鸿章"扼地兜剿"的军事方略，对齐长城的一些重要段落、关隘、要塞以及五道岭段长城进行过维修或重建。

5. 郭家峪突围战

　　齐长城大都修在山岭上，是一道界墙，不仅在古代，就是在现代也是很好的防御工事。1944年，日伪军遭到大峰山抗日军民的沉重打击后，疯狂进行报复，发起春季大"扫荡"，严密封锁抗日根据地，并派出一些汉奸特务，妄图寻机消灭我峰山县党政机关和抗日武装。4月2日晚上，峰山县委、县政府带领县大队干部战士驻扎在马山镇长城边的郭家峪、薛家峪、庄家峪和三合庄几个村庄里面。由于汉奸告密，3日拂晓，300多名日本鬼子和1000多名伪军，突然从北、西北、东三个方向合围过来，情况十分危急。

　　从五峰黑峪据点经三官庙、张家庄向西越过长城过来的一路日伪军奔薛家峪村，由李家店、地楼村而来的一路向南至郭家峪北岭，由马东街过来的一路直扑三合庄和"上三峪"（郭家峪、薛家峪、庄家峪）准备偷袭我县委、县政府机关和县大队。东路日军把齐长城上的草鸡寨当作制高点向薛家峪村发起攻击。

　　当时，中共峰山县党政机关及县大队共有1000余人被围，其中战斗人员仅600人，情况非常危急。敌人的偷袭行动被我哨兵发现，哨兵立即鸣枪报警，县大队大队长宋泮池、县委书记兼县大队政委侯筱章、副书记张立信、县长张澄秋以及长清的主要党政领导眼看都要落进包围圈。宋泮池、侯筱章立即向县大队下达作战指令：三连负责掩护县委、县政府机关干部和群众转移，在敌人没有合围前向西南方向的小尹庄转移，从马山南头垭口转移到双泉大山里去；一连、二连占领村东、村北高地和有利地形，阻击敌人。按照作战部署，县大队一连很快占据了郭家峪东面、南面两处高地，利用长城构筑了简易工事，负责反击东面的来犯之敌；二连占据北山阻击北侧之敌；三连在县委副书记、县长的指挥下，组织干部群众借着黎明前的夜色，沿着村西大沟向西南双泉山区转移，机关大部分人员和群众很快过马山南头垭口，向大山里安全转移。

战斗打得非常激烈，从早晨八点至下午两点左右，二连阵地失守，敌人由南向北包围了郭家峪。战士们先后打退敌人 7 次进攻，共毙伤日伪军 100 多名，缴获竹节炮一门、步枪一宗。

为保存有生力量，一连连长、指导员决定：阻击任务完成后，由三排长带一个班共 8 人，掩护全连其他人员撤退。这 8 名战士与日伪军展开殊死搏斗，当手榴弹打光，最后一颗子弹也打完时，他们就捡石头砸，没有石头后就和敌人进行白刃格斗，进行肉搏战，终因寡不敌众，全部壮烈牺牲。黄昏时分，县长张澄秋带着一个排的战士，潜回郭家峪村，在当地群众帮助下将牺牲的战士掩埋。郭家峪战斗沉重打击了敌人的嚣张气焰，鼓舞了人民群众的抗日斗志，打出了峰山县大队的威风，受到了军分区的通令嘉奖。

综上所述，修建齐长城是齐国保卫国家安全的决心和意志的体现，齐长城具有防御与机动进攻相结合、平时的管理功能和战时的防御功能相结合的特点。从这个意义上说，齐长城发挥了其他方式无可替代的作用。

第十四章
烽火台上起狼烟

　　古时候的战争，以战车、战马、弓箭、长矛等冷兵器为主，如果遇到敌情，受通信技术手段限制，很难在短时间内将情报送到目的地。于是古人想出了快速传递情报的办法：烽火台上点狼烟。狼烟，就是燃烧狼粪生成的烟。由于狼粪不易拾取，后来就逐渐用柴草代替。烽火台古称烽燧，早在商周时期即已有之。《史记·周本纪》："幽王为烽燧大鼓，有寇至则举烽火。"说的是周幽王时期在镐京附近的骊山上修建了很多烽火台，每隔2500—5000米一座，根据军情的轻重缓急点燃一定数量、频次的狼烟；用鼓声的节奏通知守军敌情的变化情况，类似于现在的军号、旗语等，以便及时集结兵力应战。《后汉书·光武帝纪下》唐人李贤注云："前书音义曰：边防备警急，作高土台，台上作桔皋，桔皋头有兜零，以薪草置其中，常低之，有寇即燃火举之，以相告，曰烽。又多积薪，寇至即爓之，望其烟，曰燧。昼则爓燧，夜乃举烽。"由此可知，烽用于夜间放火报警，燧用于白昼施烟报警。由于烽燧一般均设在用土筑成的高台之上，故又称烽火台。

　　实践证明，在通信、交通极为不便的古代，这一手段的确起到了很大作用。此方法在以后各代一直延续了下来，直到20世纪的抗日战争。不过，烽火台既能救国，也能亡国，周幽王"烽火戏诸侯"的闹剧，就是个典型。

1. 烽火戏诸侯

　　西周末年，周幽王得一美丽无比的女人叫褒姒，十分宠幸她。褒姒虽然生得艳如桃李，却冷若冰霜，自进宫以来从来没有笑过一次。周幽王为了博得褒姒的开心一笑，想尽一切办法，可是褒姒还是终日不笑。为此，周幽王悬赏求计，谁能引得褒姒一笑，赏金千两。这时有个佞臣叫虢石父，替周幽王想了一个主意，提议用烽火台点烽火一试。烽火本是古代敌寇侵犯时的紧急军事报警信号，由国都到边镇要塞，沿途遍设烽火台。西周为了防备犬戎的侵扰，在镐京附近的骊山（在今陕西临潼东南）一带修筑了 20 多座烽火台，每隔几里地就是一座。一旦犬戎进袭，首先发现的哨兵立刻在台上点燃烽火，邻近烽火台也相继点火，向附近的诸侯报警。诸侯见了烽火，知道京城告急，天子有难，必须起兵勤王，赶来救驾。虢石父献计令烽火台平白无故点起烽火，招引诸侯前来白跑一趟，以此逗引褒姒发笑。昏庸的周幽王采纳了虢石父的建议，马上带着褒姒，由虢石父陪同登上了骊山烽火台，命令守兵点燃烽火。一时间，狼烟四起，烽火冲天，各地诸侯一见警报，以为犬戎打过来了，带领本部兵马急速赶来救驾。到了骊山脚下，援兵连一个犬戎兵的影儿也没见到，只听到山上一阵阵奏乐和唱歌的声音，一看是周幽王和褒姒高坐台上饮酒作乐。周幽王派人告诉他们说："辛苦大家了，这儿没什么事，不过是大王和王妃放烟火取乐。"诸侯们始知被戏弄，怀怨而回。褒姒见千军万马召之即来，挥之即去，如同儿戏一般，觉得十分好玩，禁不住嫣然一笑。周幽王大喜，立刻赏虢石父千金。周幽王为看到褒姒一笑，数次戏弄诸侯们，诸侯们渐渐地产生了怨气，以后就是烽火再燃他们也不来了。

　　周幽王为进一步讨褒姒欢心，又罔顾祖宗的规矩，废黜王后申氏和太子宜臼，册封褒姒为后，褒姒生的儿子伯服为太子，并下令废去王后申氏的父亲申侯的爵位，还准备出兵攻伐他。申侯得到这个消息，先发制人，联合缯侯及西北夷族犬戎之兵，于公元前771年进攻镐京。周幽王听到犬戎进攻的消息，惊慌失措，急忙命令烽火台点燃烽火。烽火倒是烧起来了，可是诸侯们因屡次受愚弄，再也不予理会。烽火台上白天冒着浓烟，夜里火光烛天，可就是没有一个救兵到来。周幽王叫苦不迭。镐京守兵本就怨恨周幽王昏庸，不满将领经常克扣粮饷，这时也都不愿效命，犬戎兵一到，他们便勉强招架一阵，一哄而散，犬戎兵马蜂拥入城，周幽王带着褒姒、伯服，仓皇从后门逃出，奔往骊山。途中，他再次命令点燃烽火。烽烟虽直透九霄，还是不见诸侯救兵前来。

　　犬戎兵紧紧追逼，周幽王的左右也纷纷逃散，只剩下一百余人跟随他逃进了骊宫。周幽王采纳臣下的意见，命令放火焚烧前宫门，以迷惑犬戎兵，自己则从后宫门逃走。逃不多远，犬戎兵又追了上来，一阵乱杀，只剩下周幽王、褒姒和伯服三人。他们早已被吓得瘫痪在车中。犬戎兵见周幽王穿戴着天子的服饰，知道就是周天子，就当场将他砍死。又从褒姒手中抢过太子伯服，一刀将他杀死，只留下褒姒一人做了俘虏。至此，西周宣告灭亡。

　　此时，诸侯们知道犬戎真的打进了镐京，这才联合起来，带着大队人马来救援。犬戎看到诸侯的大军到了，把周朝多年聚敛的财物一抢而空，纵火退却。

就这样，本来用来传递军情的烽火台，却因为一场闹剧葬送了西周。

后来，烽火台普遍应用于长城上。据有关专家考证，千里齐长城沿线共发现烽火台遗址 13 处，多数建在长城沿线的山峰和高岗上；还有的筑在长城外侧 500 米左右丘阜上；个别的设在长城内侧。烽火台还有其他称谓，如：墩台、烽堠、烟墩、狼烟台、狼烟墩等。

查阅一些关于齐长城长清段烽火台的资料，大致记录了以下几处：由"泰山五老"主编的《齐长城》一书，记录的有岚峪北山、阳干山（羊栏山）等两处；《风雨齐长城》（于德善主编）一书记载的还有南线齐长城的杨家山一处。其他的书籍少有涉及。

2. 万南烽火台

　　万南烽火台遗址也称万南遗址，位于今万德街道万南村南 104 国道东侧。1992 年版《长清县志》记载：烽火台遗址位于万德镇万

14-1　万南烽火台遗址

南村南、104 国道东侧，齐长城北 1.5 公里处。高 20 米，长 31 米，宽 16 米，燃火点基高 4 米，长 11 米，宽 8 米，周围有散存地面的灰陶碎片，属春秋战国时遗物，为长清县境内仅有的 1 座土筑烽火台。

一直以来，当地村民将烽火台上突兀的土丘平整后种上了粮食作物，现在除了能看出凸起的一道厚厚的土墙，已经难以还原旧貌了。西边靠公路的一面盖起了民房，使本来就不显眼的烽火台愈加隐蔽。

该遗址于 1991 年被列入县级文物保护单位。标志碑就在路边，也被路旁的绿化带遮掩，人们即使到了跟前，也很少注意。

众所周知，齐长城主要是为防备南方诸侯国的进攻而修建的，而万南烽火台却在齐长城以北，这让人匪夷所思。究竟它与齐长城是不是一个防御体系？笔者没有找到相关记载。根据文物部门提供的《长清区各级文物保护单位一览表》显示，此为新石器时代产物，而那时有没有修建齐长城还是个未知数。这就更让人扑朔迷离了。

3. 店台烽火台

在长清，大都知道万南有座烽火台，而很少有人了解店台烽火台的情况。也难怪，此烽火台距店台村西南有一段距离，又距齐长城2公里远，人们习惯上认为齐长城南即是鲁国，北即是齐国，很少有人把它们联系到一块儿。而实际上按照相关材料记载，当时齐鲁两国分界线应该在今店台南边的界首一带，只因齐长城是从长城村挡水的"巨防"衍变而来，同长清西部的广里源头、岚峪谷地、黄崖谷地等处的长城属于同一性质。

《山东省长清县地名志》载：据传，（垫台）村址是春秋时期烽火台遗址，建村后名垫台。明嘉靖二十八年（1549）村中设驿站后名垫台铺。清中叶复名垫台。1949年写作店台。

店台烽火台山高树密，远看就是一座突兀的山头。从地理位置分析，其在万德谷地南段路西，正处在大弯道的要冲，视野非常开阔，是旧时观察敌情、点烟放火传递消息最理想的地方。这里长年人迹罕至，荒芜的大山布满了荆棘和酸枣棵，相当难爬，是座几乎被历史遗忘的烽火台。经多年的风雨侵蚀，烽火台已经完全塌落，仅剩下地基和两道残缺墙体了。

这座烽火台建在海拔 323.5 米的山顶上，长宽各七八米的样子。站在台子上，东、南、北三面都能望去 10 多公里，甚至连店台村的每户人家都分辨得出来。

和烽火台遥相对望的东北方最高处就是海拔 637.2 米的大寨山，那里是齐长城在长清境内经过的排名第二的高山，其气势恢宏，一夫当关。烽火台与大寨山互为犄角，遥相呼应，皆属于店台村，也都是兵家必争之地，说不定历史上真的有与之相关的战事发生过。

果不其然，大寨山本身就是一座山寨，至今还留有寨墙和旗杆窝等。据村中老人讲，大寨山前原来有个尼姑庵叫王落庵，是西汉末年十几个女兵因常年征战，错过了婚嫁年龄，又留恋这旦的景致，遂在此建庵，削发为尼；就现代来说，在店台烽火台上还打过一场硬仗：据店台村年近九旬的退休教师赵明堂老先生介绍，抗战时期他目睹了一个班的八路军战士在此处阻击日本鬼子，战斗非常激烈，一直持续

14-2　店台烽火台

了接近一天的时间。

那么，万南和店台这两处烽火台在齐长城一南一北，相互之间是否有必然的联系呢？目前还没有定论。但我们可以推测一下，如果把这两座烽火台认为是长城内外不可分割的产物，看看能不能说得通：首先，这里处于狭长的谷地，加上南面又是谷地大弯道，只有高高的烽火台不处在"盲区"，利用狼烟相互联系，就能迅速了解敌情；再者，齐长城并不是严格意义上的齐鲁两国境界线，春秋战国时期两国多半以今长清与肥城交界的陶山至泰沂山脉一线为界，店台及南面的界首都属于齐国，加上谷地往往是敌军大举进犯的突破口，一旦敌方进攻，只有及时通知长城内的守军，才能提前做好迎敌准备。这样，两座烽火台的存在意义就突显出来了。

退一步说，存在就是硬道理，既然店台烽火台摆在那儿，村名又是因它而取，即使店台烽火台与齐长城没有关系，也应该深度挖掘一

14-3　店台烽火台与大寨山遥相呼应

下，或许真的能揭开它神秘的面纱，还原一段鲜为人知的历史呢。

另外，根据北方的万里长城的经验，修建烽火台有一定规律可循，那就是在目所能及的地方必有一座烽火台，有的单独设置，有的用敌楼、屯兵营兼之。总之相当密集，不然是起不到快速反应、拒敌于国门之外的作用的。那么像长清近百公里的齐长城沿线，只有一两座烽火台显然是不合乎情理的。据笔者分析，除了以上两处，最适合设置烽火台的地方，应该还有陡岭山、岚峪北山、阳干山（羊栏山）、梯子山、石小子山、青黄山、陈沟湾东山、界山顶子、漩庄东山、帽山、狼顶寨、黄山、大寨山、北顶山、钉头崖等；以及南线长城的于家庄西山、双山、杨家山等。这些地方都具备设烽火台的条件，甚至不排除以上有山寨的山头都曾设有燃放点的可能性。只有将它们串起来，才能起到快速传递敌情的作用，做到万无一失。当然，根据记载，齐长城上发生的战事很少，平时是不会派重兵把守的，只有在紧急情况下，才会增兵保护。上述这些地方笔者都一一到访过，也做过一些考察记录，但仅凭一己之力和一家之言是不足以得出任何结论的，以上只是个人臆断而已，仅供参考，不足为据。

第十五章
民间传说故事多

　　齐长城在齐鲁大地上已矗立了 2500 多年，发生在这里的故事真是难以计数。可想而知，为了修建这座宏伟建筑，有多少人为之捐躯，有多少人受尽了磨难，有多少家庭妻离子散？本篇将发生在长清境内齐长城沿线的传说故事加以整理，尽量做到详实、细致，但在口口相传的过程中、在漫长的历史岁月冲刷下其中难免会出现一些逻辑性和真实性的错乱。传说毕竟是传说，它和历史记载还是有很大区别的，人们往往为了除恶扬善，给故事添加圆满的结局和神秘色彩，说得有点离谱。还有的把齐长城与北方的万里长城混为一谈，把齐王误传成秦始皇，但不管怎样，这些传说弘扬正气、鞭挞邪恶，作为非物质文化遗产流传下去还是很有必要的。

1. 长城铺有个孟姜女

孟姜女哭长城的故事在我国是家喻户晓、耳熟能详的，但是故事的发生地和具体年代却一直是争论的焦点。在长清区万德街道就有个长城村，经专家考证，齐长城就在村中穿过，到现在还留有一些城墙茬子。村北边原来还有一座高大的长城阁，是长清境内唯一的既是齐长城关卡，又是九省御道的交叉关口。直到今天，村里还有姜女庙遗址、孟宅和姜宅以及红石江等有关孟姜女故事的遗存。为这，长城村还专门成立了"孟姜女古文化协会"。

话说长城村东有一条很宽的河流叫红石江，发源于泰山后，因为岸边的一大片岩石是红色的而得名。听说在春秋以前，这条江曾叫作乌龙江，传说下面有条青龙，老长老长的。那么，乌龙江怎么又改名红石江了呢？这和"孟姜女哭长城"的故事有着直接联系……

孟姜女出世

从前有两户人家，住在寿山的长城岭下的铺子村（后改名长城铺村），一家姓孟，一家姓姜。他们是一墙之隔的好邻居，两家都无子女。

有一年，孟家栽了一棵葫芦，长得很旺盛，葫芦秧都从墙上一直爬到了姜家的屋顶上去了。奇怪的是这棵葫芦秧只结了一个葫芦，葫芦又正好长在两家共有的墙上。秋天葫芦成熟了，孟、姜两家都希望葫芦归自家，于是各不相让，争吵不休。最后，在村人的调和下，决定从中间锯开，做成瓢，一家一个。

两家把葫芦摘下来，当场就要锯为两半，但孟家找到锯后怎么也锯不开，后找来木匠师傅用大锯加凿子才总算打开了葫芦。当打开葫芦后，众人一看，可了不得了：里面竟然端坐着一位俊俏的小姑娘，一会儿就自己从打开的葫芦里走了下来。孩子不仅天真可爱，长得也跟仙女似的。两家一见这个小姑娘都不争着要那什么葫芦瓢了，抢着要抱那个小姑娘。这下两家更是谁也说服不了谁了。最后还是由众人调解，两家轮换着抚养她，一家一个月。自然，还是孟家先抚养。

从那之后，这个小姑娘就被孟、姜两家轮换养活着。真是捧在手里怕摔了，含在嘴里怕化了。一天，孟家对姜员外说："我们给她取个名吧。"经他们商量，便以两家的姓氏为名，起名

15-1　孟姜女出世

孟姜女。从此，孟姜女这个名字就被人们叫开了。

玉镯姻缘

再说这孟姜女，从小就长得聪明伶俐，招人喜爱，长大后更是心灵手巧。她纺线织布，剪裁缝衣，烹炸炒煎，样样拿得起放得下，简直是人见人爱。

长大的姑娘是轻易不出门的，整天在绣楼上的孟姜女也觉得实在憋闷。这年春天的一个上午，阳光明媚，她与丫鬟下绣楼到院外散心。这时一只蝴蝶飞来，孟姜女伸手便捉，没想到蝴蝶没抓着，玉镯却顺着手被甩进旁边的池塘里。丫鬟急忙去找竹竿子，想把玉镯捞上来，可哪来得及呀，眼看着玉镯沉入了水底。孟姜女脱去身上外衣，要下池塘去捞。恰在这时，池塘水中游来一个小伙子。原来这小伙儿在池塘对面游玩，看到了这一切，他扑通一下跳入水中，向这边游过来。玉镯早已沉入水底，但清澈的池水一望到底，小伙子一个猛子扎下去，将镯子捞了上来。他手举着那只玉镯，上得岸来，正要还给孟姜女，但被眼前的这一幕惊呆了：那孟姜女出落得面如芙蓉眉如柳，樱桃小口瓜子脸，怎么看怎么顺眼；再加上刚才脱了外衣，靠身的衣服短小贴身，将身条凹凸暴露无遗。小伙子张大嘴巴，两眼直勾勾地呆滞地看着她。孟姜女脸腾的一下红到了脖根，吓得双手捂住前胸，将身子扭了过去，心止不住怦怦直跳。但又忍不住扭头瞥了一眼那小伙子，只见他长得壮实英俊，眉清目秀，顿时芳心大乱。她迅速穿上外衣，两手扭着裙带，不知所措。小伙子一看，此女只能天上有，没想人间巧相遇，窃喜自己交了桃花运，心里想：这么漂亮端庄的女子，能做我的媳妇该多好啊！此时两人各自心中都产生了好感。还是小伙子主动，把玉镯递给孟姜女，然后通名报姓。原来他叫樊杞梁，是邻村樊家的长子。此后，这个池塘边的柳树下，便成了两人暗自约会的地方。

没有不透风的墙，孟姜女与樊杞梁的事被孟姜女的养父姜员外知道了，得知樊杞梁是从齐国国都（临淄）迁来做生意的樊家的孩子，读书写字，务家经商都是好手，并且模样英俊，品行端庄，无可挑剔。但姜员外意在为闺女找一个官宦人家的孩子做女婿，于是决定拆散他们。谁知道事与愿违，越不让他们来往，那小子越是胆大妄为，有时候还偷偷地跑到绣楼上和孟姜女幽会。姜员外就想要暗地里除掉这个樊杞梁。

一天晚上，孟姜女梦见樊杞梁被抓，心里十分害怕。为防万一，便悄悄地把樊杞梁叫到绣楼上躲起来。这一切都没逃过姜员外的监视，认为在这儿更加方便下手了。孟姜女近几日看到父亲的表情带有杀气，便警觉起来，她为看家的那只大黄狗盖上被子，让它装作樊杞梁躺在外间屋床上。到了深夜，姜员外派管家去绣楼杀樊杞梁，结果手起刀落，把黄狗误杀了。姜员外认为这是天意，连黄狗都能替主人去死，咱做人不能太无德，遂为自己的鲁莽后悔不已。既然孩子那么喜欢小伙子，不如就顺势成全他们。于是最后便和孟家商量着挑选了个黄道吉日，让女儿嫁到了樊家。

齐王征丁

再说孟姜女与樊杞梁成婚后，小日子过得甜甜蜜蜜，有滋有味；夫妻二人恩恩爱爱，相敬如宾。孟姜女既孝敬公婆，又百般体贴丈夫，一家人和和睦睦，其乐融融。街坊邻居谁见了谁夸。

日子没过多久，齐国开始修筑长城。要知道那时没有现在的挖掘机、推土机之类大型机械，全凭人力用筐挑、用肩抬，齐国内青壮年都得轮流征丁出工。照理说，眼前的齐长城还没完全修好，从家门口也可以完成官府摊派的出工任务。但怎奈临淄是齐国都城，那里是防护的重中之重，大批的民工被抽调到那里去集结，樊杞梁当然也没有逃脱得过。百般无奈，在难舍难离中他还是去了远处修长城。没承想这一去就是三年，从此杳无音信。父母牵挂儿子，妻子想念丈夫，全家人整天牵肠挂肚，泪流两行。可日子总得过下去呀！孟姜女白天操持家务，照顾公婆，晚上独守空房，以泪洗面。一闭眼，丈夫的身影总在身旁，同床共枕，嬉笑打闹，其乐融融。可现实是……她只能偷偷地哭泣，慢慢地熬下去。

千里寻夫哭倒长城

三年过去，杞梁仍没有消息。一天晚上，北风怒号，雪花飘洒，孟姜女面对孤灯，又泪眼婆娑，忍不住又哭了起来。当时公婆还在熟睡，忽听儿媳屋里有哭泣声，起身推开门一看，孟姜女盖着被子哭成一团。公婆疼爱媳妇，媳妇挂念丈夫，天也冷了，也许杞梁带去的棉衣早该穿破了，磨烂了。公婆非常理解儿媳妇的心情，就劝说她，还是看看杞梁去吧，好歹也打听个准信儿啊！于是，孟姜女便连夜赶做棉衣、棉鞋，撇下公婆，到齐国临淄打听丈夫的消息。不知走了多少天，带的干粮早已吃完了，她一路上饿了要口饭吃，脚磨破了一瘸一拐地继续向前赶。不知爬过了多少山梁，也不知翻过了多少沟坎，一路打听一路走。快到临淄一带时，有人说在这里怎么能找到人？民工都在南面很远的长城边上修长城哩，可以顺着长城找。于是她径直往南找到长城，又顺着长城自西向东继续寻找。

一天晚上，孟姜女蜷缩在长城脚下睡着了，梦中樊杞梁托梦给她："那个修好长城的地方，有座山叫'阎王鼻子'山，有大雁盘旋的地方，就能找到我。"第二天，孟姜女接着沿长城寻找。又走了三天三夜，走到一处修好的长城跟前，刚想坐下歇歇，结果一群大雁飞来，在她的上空正转七圈，倒转七圈，便飞走了。孟姜女想：这地方的长城早已修好了，哪还有民工啊？莫非？她不敢再想下去了。不一会儿，那群大雁又折回来正反又

15-2　孟姜女哭长城处

各转了七圈。这下孟姜女终于明白了，知道了丈夫已死，长城下就埋着杞梁的尸骨。孟姜女的心都碎了，便扑在埋砌丈夫的城墙上哭得死去活来。悲悲切切，一连十几天。那哭声惊天地、泣鬼神，哭得群山呜咽，日月无光，天昏地暗，风雨大作。忽然一声巨响，那坚如磐石、威武雄伟的长城竟然轰隆隆一下倒了800米，露出了一堆堆尸骨。孟姜女想，这残暴的齐王简直太无人道了，人累死了也就罢了，不该将这些无辜尸首埋在长城下啊！可面对那些尸骨，哪个是我的丈夫樊杞梁啊？说啥也要找到他带回家好好安葬呀！

指血认尸

北风呼啸，山风一个劲儿地吹。孟姜女蜷缩在长城下，面对那一片白花花的尸首，冻得直哆嗦，连劳累加悲痛，不知不觉睡着了。夜晚丈夫樊杞梁又托梦给她："你咬破指头，把血滴在尸骨上，血能渗进骨子里的便是我，如果顺着骨头流下去的便不是。"第二天，孟姜女咬破手指，对着满地的尸骨说："谁是俺丈夫就把手指上的血吸进去。"说完就举着滴血的手指一个一个地试，她的血快滴尽了，脸色开始苍白了，眼看体力也难以支撑下去。突然，有一尸骨果真把血吸进去了。孟姜女确认这就是丈夫樊杞梁，于是就趴在尸骨上撕心裂肺地又哭了起来。此景感动了附近的村民，大家看她可怜，这个送碗水，那个送块干粮，还帮着孟姜女收敛尸骨。

殉情投江

孟姜女哭倒长城 800 米，着实让人感动，但当时齐国派出去修长城的监工把此事禀报了齐王。倒了 800 米长城还了得？于是齐王命手下人将孟姜女抓去问罪。再说孟姜女千里寻夫，虽受苦挨冻衣服破烂，面黄肌瘦，但掩藏不住那年轻妩媚俊俏的脸庞。齐王见了垂涎欲滴，便心怀鬼胎，要纳她为妾。悲恨交加的孟姜女毕竟是女中豪杰，心想：如果不从他，自己死了无所谓，可丈夫的尸骨谁来安葬？她心生缓兵之计，告诉齐王："要想完婚可以，但必须派两辆高头大马车，一辆放棺材，一辆装银两作为聘礼，护送樊杞梁回老家风风光光地安葬，回来即可完婚。否则，死也不从。"齐王当场答应，差人打制了上等柏木棺，将樊杞梁尸骨入殓，用车拉着棺木和银子，雇上吹鼓手，赶往孟姜女家乡铺子村。

走了三天三夜，赶到了老家，孟姜女看见大门紧闭，敲门无应声，顿生不祥之感。街坊邻居告诉她：公婆因思念儿子儿媳，悲愤交加，已相继去世一个多月了。乡亲们帮忙凑了两顶席子把他们安葬了。那孟姜女又是一个晴天霹雳："苍天啊，你怎么那么不长眼啊！"又一次哭得昏死过去。

按风俗，那时下葬的最高规格是水葬，人们来到乌龙江边，举行了入水仪式，将两个棺木一起沉入江底。这时围观的人越聚越多，街坊邻居都为樊杞梁的死和孟姜女千里寻夫的举动而感动。可是齐王派来的监官催着要让孟姜女上车回府完婚。这时的孟姜女心彻底碎了，想到过去红红火火的日子，亲亲热热的小两口，和蔼可亲的公公婆婆，

15-3 传说孟姜女殉情的红石江

转眼间夫离子散，仇恨、怀念聚在心头，趁大家不注意，便一头扎进了乌龙江。

孟姜女投江后，滚滚的江水顿时变成了红色，血水将岸边的岩石都染红了。直到今天，两岸的岩石还是殷红殷红的……

后来，人们为了纪念孟姜女，更为了控诉齐王的残暴行径，让后人永远记住修长城的这段历史，便把铺子村改名为长城铺，把乌龙江改名为红石江。

《十哭长城》

孟姜女哭长城的故事在长城村讲述了上千年，后人又把它编成了《十哭长城小调》一直唱到今天。

一哭长城泪汪汪，点上银灯去裁衣裳。未曾拿钢剪，思想那身量，长短无样式，心中好悲伤，思想丈夫没见面，哭下泪来湿了衣裳。

二哭长城泪纷纷，秉上银灯停了钢针。手托菱花镜，为奴试试身，如了奴的意，便称儿父心，手托寒衣流痛泪，脸前没有穿衣的人。

三哭长城泪涟涟，身穿着一件白布衫。乌云结丝扣，头戴雪花冠，身上穿重孝，麻绳三尺三，扎裹起来白似玉，哭下泪来湿了衣衫。

四哭长城泪两行，清水洗手下了厨房。丈夫吃碗面，妻子盛碗汤，待吃滋味好，官人亲口尝，手端荷包香喷喷，尝好尝歹记在心上。

　　五哭长城泪满腮，手托寒衣出得门来。未到荒郊外，脚步实难抬，冷风渐渐起，阵阵扑满怀，一道长城十万里，一步一步哭了起来。

　　六哭长城泪盈盈，来到了万里一长城。走到长城门，不见有人踪，堆堆黄沙土，阵阵起狂风，不知丈夫存身处，连叫十声没人答应。

　　七哭长城泪不干，头上拔下了白银簪。就地画十字，就把灵台安，右手点浆水，左手焚纸钱，不知丈夫死何处，一处安身哭处使钱。

　　八哭长城泪号啕，留下奴家我怎么着？就地起旋风，平地三尺高，左刮左边起，右刮右边飘，丈夫你灵魂没消散，为奴送你上云霄。

　　九哭长城泪索罗，死去的丈夫你听着：衣服不如意，夜间把梦托，袖子长不长？领子合适不？托梦来到奴面前，不对奴说对谁说？

　　十哭长城泪悠悠，哭到了西山一抹秋。手扶尘埃起，杞梁转身走，走了十步远，回了九次头，奴家陪你一道走，红石江畔红石留……

2. "扁担开花"

"扁担开花"？这怎么可能呢！

各位看官没听错，扁担确实开不了花，就像太阳绝对不能从西边出一样。一根干巴了多少年的木条条怎么能开花呢？可是在孝里铺南部一带，确实有这个传说。其实这句话还不全，还有更邪乎的呢！那就是"铁牛上树"。啊？牛能上树？还是铁牛？越说越离谱了吧？

听俺给您细拉拉吧。

话说春秋时期，长清广里、东障那一带属于齐国最南边，和鲁国搭界，因为齐国潍坊和沿海盛产食盐——这可是谁也离不了的东西呀，西南上好几个小国不产盐，都垂涎三尺地惦记着来抢。可齐国那时候很强大，一两个小国根本不敢招惹。于是稍微大点的晋国就纠集了鲁国、卫国、宋国等十来个小国，抱起团来攻打齐国。这好虎斗不过群狼啊！齐王就想了个法子，从边界上修一道长城，挡住联军的进攻。长城从长清广里西边的湄湖开始，一直往东修到东边大海的海边上。这简直就是一道铜墙铁壁呀！你想想，这么大的工程，得费多大劲才能修完啊？这可苦了咱老百姓了！日复一日、年复一年，在监工的催促下，没日没夜地修啊修。在平原上用黄土打夯，垛起来两丈多高、三丈多宽的城墙，一直夯到东边的马骨油子山。那时候又没有推土机、挖掘机这样的大型设备，连小推车也没有啊！只能用肩挑人抬。用了那些人啊，老鼻子了。修到了山根前就用石头垒上边儿，中间填上土；再往山上修，没土了，光剩下石头了，民工们就凿山采石，干垒起来。那时候别说炸药，连铁錾子也稀罕啊！慢慢地，连累加饿，民工们病的病、死的死。而死的人多了，来不及埋，就直接把尸首填到城墙里去。这也太残忍了吧？大家伙儿听说过"孟姜女哭长城"的故事吧？原来都以为孟姜女哭的是北边秦始皇修的那道长城，其实不是，她就是哭的咱这道齐长城。

按理说，孟姜女把那长城都哭倒了，应该不修了吧！不行，齐王命令这长城修不到大海就决不罢休。这民工的士气越来越低落，抵触情绪越来越大。好多民工就偷着跑，可士兵看管得忒严了，把被捉回来的民工吊起来就打个半死。没办法，民工们就开始整天磨磨蹭蹭地出工不出力了。加上修到了山区确实难度太大，速度越来越慢了。任你威吓、鞭打，民工还是不紧不慢地磨洋工。实在没了办法儿，监工只得向上面报告，最后上报到齐王那里。齐王知道后就想出了个馊主意，把一根定阳针交给监工。光听过有"定海神针"，还有"定阳神针"？齐王想：你们不是不好好干吗，我有法儿治你！监工把定阳神针往那儿一杵，按照齐王传授的法语一嘟念，果然把太阳定在了当空。这一下众民工可更苦了，一天就管稀稀拉拉的三顿饭，早就饿得前心贴后背了，还不见太阳落山。别说出力干活，就是光打闲逛，白天这么长也受不了啊！眼看工友受不了折磨，一个个倒下被垒在了城墙里。众人一看斗不过齐王，只得妥协，哀求把那定阳针拔掉，俺们以后好好干就是了。可是你总得让俺心里有个盼头呀！光这样没黑没白地干，到底干到啥时候是个头呀？齐王听说民工想知道什么时候完工？哼，等到铁树开花、牛上树吧！可转念一想，铁树得60年才开一回花呢，这句话太绝了。万一民工一听没了盼头，真撂了挑子或是造了反也不好收拾。那就委婉一点儿，嘱咐属下，告诉民工们：等到扁担开花、牛上树，你们就可以回家了。民工们听了这么一句似懂非懂的话，以为齐王说的是一句气话，也惧怕他再使坏，只能忍气吞声地继续干。

　　就这样，不知又过了多少岁月，也不知翻过了多少座山岭，涉过了多少条河流，死了多少民工，一年一年的，继续没完没了地修长城。

　　转眼又进了腊月，年关就快到了，长城修到了一个村子边上，民工们听到远处隐隐传来了零星的鞭炮声，都不由得黯然神伤：唉，也不知道几年没回家过年了，能不能活着回去都难说。这时，一个站在城头上的民工，远远看到一个肩扛扁担的男子，顺着大道从长城边上路过。只见扁担头上的绳索里绑着两朵纸花。这不马上要过年了，人们习惯上称年关的集日叫花花集，赶集卖柴的樵夫给家里小闺女买了

15-4　石砌齐长城

两朵纸花儿，回家让孩子高高兴兴过个年，顺便把花插在了扁担头上。远处看还以为真的是扁担开花儿了呢！也是无巧不成书呀，大伙忽听到一个年轻媳妇在喊："铁牛，铁牛快下来，回家吃饭了。"众人抬头一看，原来是长城南边十几步远的地方有一棵大树，一个调皮的孩子爬到树上去玩耍，这孩子的名字就叫铁牛。这时一个民工忽然咋呼起来："扁担开花了，牛也上树了。这不都应了齐王那句话了吗，看来是老天可怜我们，要让我们回家过年去了！"一句话提醒梦中人：反正纸花也是花、铁牛也是牛，管他呢！众民工轰的一下潮水一般，都撂下挑子不干了。那些看管的士兵和监工，好多都被抽调去打仗了，剩下的根本阻止不住这么多人。于是大伙都打点行李跑回家过年去了。

其实，不是长城修完了，也不是齐王发了善心，而是修了这么长、这么坚固的长城，也没阻挡住晋国联军的进攻。你想啊，连齐王都撒丫子跑了，谁还管你修长城的事啊！

3. 岚峪传奇

　　话说孝里铺东边齐长城根里有个村子叫岚峪，意思是这条峪里经常云蒸霞蔚，雾霭升腾，是个仙境一般的山村。村名蛮有诗意的吧？可是这个村名也是一波三折，来之不易呀！听俺慢慢给你拉。

　　很久以前，大清河岸边上有一对小夫妻靠打鱼谋生，小日子过得挺滋润。一天，丈夫用渔网打上来一条硕大的鲤鱼，足够20斤。两口子高兴得了不得。可这条大鲤鱼嘴巴一张一合、一张一合的，眼里淌出了眼泪。小夫妻很纳闷：从小在大清河河岸边长大，还没见过鱼流眼泪呢！是不是个鱼精啊？不行，如果惹怒了鱼精，以后的日子就不肃静了。这时大鱼开口说话了："好心的人啊，我本来就是你们盘中一道菜，可现在我肚子里还有一大帮鱼子呢，等生下他们来再杀我行吗？"小两口吓了一跳：乖乖，这条鱼还能说话呢！看来还真不能带回去，还是放了吧！正在犹豫，大鱼又说道："你们靠打鱼度日也不容易，如果把我放了，我保你们这辈子有享不完的荣华富贵。"两口子被说动了，刚破开渔网，正要把它放了，哪承想它一个鲤鱼打挺就蹿回了河里。大鲤鱼回到水里，转了一圈儿露出头，又接着说："谢谢你们的大恩大德！记住，向东20里地有一个山洞，那里面有你们想要的东西，要什么有什么。你们顺着齐长城走到向北拐弯的地方，那里有一片高粱地，从东往西数九十九棵，然后从北向南数九十九棵，那棵高粱就是山门的钥匙，然后……"小两口听后半信半疑：这还真是条鱼精啊！

　　他们想：既然是鱼精，说的应该是真的，就照它说的去看看吧。于是二人收拾家伙，挑着打上来的两筐鱼就顺着齐长城，按照大鱼的嘱咐去做。来到长城拐弯的那片高粱地，从东往西数九十九棵，然后从北向南数九十九棵，果然，那棵高粱格外高大。他们取到了"钥匙"，就继续赶路，这时看到路边有一户人家，一个老太太正在摇着蒲扇纳凉，他们就对老人家说："大娘，我们上东面的山洞去一趟，先把这些鱼放在这儿，一会儿回来取。"老太太说："行啊，不过你们得快点回来，这鱼可不经放啊，工夫长了就糟了。"小两口又顺着山峪，向东翻过一个山梁，往右下坡，找到了山洞。只见洞口有近两丈高，一道硕大的石门紧闭着。他们拿着"钥匙"冲着山门左摇三圈、右摇三圈，嘴里振振有词："石门开，石门开，打鱼的夫妻已到来。"念叨了三遍。这时石门果然开了。一老者出来说道："来者都是有缘人，请随我来。"小两口跟着老头进了洞。原来这座山洞叫璇玑洞，洞口大，里面更大，再往里走就是一片汪洋了。老头说："你们不是打鱼的吗？在这里面有的是渔船和渔网，不如在这里住几天，用着哪件家伙什好就拿哪一件。"小两口看着眼花缭乱，觉着渔具都不错。再看看水里永远也打不完的鱼，真是喜出望外呀！就这样在这里用这些渔船和渔网打起鱼来。

　　有个词叫乐不思蜀，他们打了鱼也不用卖，然后再放生。山洞里应有尽有，吃喝不愁，哪里还想别的事呀！转眼一个月过去了，老头对他俩说："我们这里有个规矩，凡到访者在此不能超过 30 天，恕不能多留。你们挑几样相中的东西带回去吧！"

二人这才又回到了现实中来。于是，挑选了几件上手的渔具恋恋不舍地离开了璇玑洞。他俩这才想起了临走前放在老太太那里的两筐鱼。于是回到齐长城拐弯处找那个老太太。可看到这里怎么多了一些房屋，却找不到那位老人呀？是不是找错地方了？正在纳闷，一位中年妇女抱着孩子看到他俩在这里转悠了半天，就问道："你们找什么呀？"他们把老太太的事说了一遍。这女人睁大眼睛，带着疑惑："听我奶奶说，是有两个人那年放在这里两筐鱼，说一会儿回来拿，可等了好久也不来，鱼都烂了也没见人回来取。可我奶奶都过世二十多年了呀！"

啊？他们愣住了。原来在山洞里一天，就等于山外面一年啊！他们这才醒悟过来。再看手里那棵高粱，越发沉重起来，最后干脆就拿不动了。顷刻，突然砰的一声惊雷，这把"钥匙"带着一道闪光飞走了。这是天意啊？

后来，这小两口就放弃了打鱼生意，留在这里长住起来，过起了男耕女织的田园生活。人们把这个村子就顺口叫成烂鱼村了。

不知道又过了多少年，村里人口越聚越多，人们都嫌"烂鱼"这个名字忒难听，就想着改个村名。叫什么好呢？于是想起了这里因自古缺水，连老天爷都懒得下雨，干脆就叫"懒峪"吧。可一想还不妥，虽然是个谐音，可这个"懒"字实在不雅。唉，山沟里没有见过文化人，就先这么叫着吧。

一晃到了明朝，西边大清河边有个燕庄，出了个道士叫燕阳秀，在大峰山上的道观里修行，一天化缘回来，坐在齐长城边上睡着了。朦胧之中，遥望大峰山岚霭升腾，水流成河，泉出其间。等醒来向东北走了一里多地，果然有一个泉子汨汨冒水。他用拂尘向西南一摇，这么好的地方怎么能叫"懒峪"呢，还是叫"岚峪"吧！这一改音同字不同，意思就大相径庭了。前者缺少的正是后者所富有的含义：山

15-5 坐化真人燕阳秀

峪里雾气蒙蒙，不正是人间仙境吗？因此，后来人们把山后的泉子叫做梦泉。此泉多少年来极为旺盛，从未干枯过。再后来，在那里建了三教堂，梦泉又改名为大泉。把通往三教堂的山口叫大泉口了。大约在清朝的时候，村里人苦于干旱缺水，就沿着向下的山势翻过大泉口一直到村东的地方，硬是在岩石上凿修出一道大约2里多长的暗沟，将大泉的泉水引入山下村里的蓄水井中。从此，岚峪村告别了没有水吃的状况，生活大为改观，人口逐渐增多起来，成了一个远近闻名的富裕大村。

那么燕阳秀又是何许人也？怎么做了个梦就能想出这么好的村名呢？

传说燕阳秀是孝里铺大清河边上燕庄人。他的生卒年代没有确切的记载，但历史上确有其人。他是大峰山峰云观里唯一的"坐化真人"。有关燕阳秀的民间传说有许多，件件都是离奇古怪的蹊跷事儿，件件都是说他为人纯正、心地善良、忍辱负重、乐善好施的事儿。

话说燕阳秀当年来到大峰山峰云观当了学徒的小道士，由于他手勤脚勤心更勤，就特别得道长的赏识，道长也就特别乐意经心经意地把道业传授给他。他的道业自然就长进得快。久而久之，比他进观学道早的师兄们就觉着心理不平衡，有了嫉妒之心。人就是这样儿，心里有了别扭，就要冒出些怪古事儿来。这么一来，别说观里哪棵树枯死、哪段墙塌的大事儿，就是斋房里摔个盆、打个碗的，也要往燕阳秀的身上推。而燕阳秀从来也不反驳、不争辩，只管做自己该做的事，有时候反而主动在师父那里承担责任。日子长了，师父就有些生疑：这事儿怪呀，观里这么多的错事儿咋就都是燕阳秀一个人干的呢？燕阳秀心灵手巧腿脚勤，按理说不该有这么多疏忽才对呀？于是就把燕阳秀叫到自己的房里问他到底是咋回事。燕阳秀说："我年轻见识短，加上毛手毛脚地不利落，净办瞎事，还请师父多多原谅！"师父问："那柏树枯死与你何干？"燕阳秀说："是徒弟看护不周，浇灌不勤。"师父又问："那院墙塌了又关你何事？"燕阳秀说："是徒弟疏于观察，维护不力。"师父见燕阳秀不但主动承认过错，还将过错原因略述一二，愈加喜欢燕阳秀的同时，又愈加怀疑燕阳秀是在替别人"背黑锅"了。于是师父想试探个究竟。一天，师父支使燕阳秀去斋房为他烧壶开水来冲茶，可等燕阳秀离去之后，师父故意将一个细瓷茶碗拨拉到地上，摔碎了，然后便装作若无其事地读起经书来。待燕阳秀提水回来冲茶时，师父指着地上的碎片喝问："这是谁把这茶碗打破的？"燕阳秀立即跪在地上，给师父磕头说："师父息怒，是徒弟不小心打破了您的心爱之物，请您责罚我吧。"师父摇摇头，嗔笑道："无量天尊，孺子可教也！"

　　从此，峰云观里再有失误闪失之事，无论别人如何往燕阳秀身上推，还是燕阳秀主动承担，师父再也不相信了。

　　师父不以燕阳秀为错，却挡不住那些师兄弟们继续嫉妒难为他。有一回，恰逢六月连阴天，观里做菜烧饭的干柴全都用完了，过道里的湿柴怎么也点不着。师兄师弟们急得抓耳挠腮没办法，就你推我、我推你地把做饭的差使推到燕阳秀身上。燕阳秀知道这是他们又在戏弄自己，便不慌不忙地说："这个连阴雨季里柴火太潮，不好点火，做饭的活儿就算我包了。"众人一听，都暗地里偷偷笑，心里话："这个傻瓜，别人做一顿饭都愁得头发懵，他倒好，把个连阴雨天的做饭差使都包了。咱就等着瞧好吧！"可谁也没想到燕阳秀不仅把菜做得按时按点，还餐餐顿顿喷喷儿香。有人觉着怪，就悄悄地偷看燕阳秀是怎么做到的。原来燕阳秀把米淘净、把菜切好下到锅里之后，就把自己的一条腿放进灶腔里烧。更让师兄弟们吃惊的是，他一边拉着风箱做饭，一边端着经书，嘴里还叽里咕噜地念出声哩！全然不觉得腿疼。这下可把师兄弟们看呆了：俺的个娘呀，怪不得师父老是夸奖燕阳秀，人家修炼的就是到家，这不快成了无事不能的神仙了呀！

从此以后，师兄弟们知道他的道业匪浅，再也不给他出难题戏弄他了。

有一回，燕阳秀和师父一起外出布道，天过中午，师徒俩走到一个前不靠村后不着店的地方。师父觉得肚里饥得慌，口里渴得急。此时燕阳秀倒没觉出来，其实他修炼得到家，道业竟比师父还要深几分。燕阳秀见状，灵机一动，将带在身上的钵盆取下，在路边捡了半盆核桃大小的石头蛋子递给师傅说："师父，您先吃点石头疙瘩糕充充饥吧。"师父说："徒弟啊，你可真会哄师父，这些石头疙瘩也能吃？"燕阳秀偷偷往钵盆里吹了口法气，随手拿起一颗就往嘴里填，一边有滋有味地嚼着，一边说："师父你尝尝，这东西不但好吃，还能解渴哩！"师父见燕阳秀咬得不费劲儿，吃得怪有味儿，也半信半疑地拿起一块放到嘴里。咬一下，不但松酥可口，而且香甜也如蛋糕一般。这才知道燕阳秀的道业不仅远在自己之上，而且已有非凡人所能达到之功。从此，再也不让燕阳秀做观里的日常杂务，而专修布道讲经之功了。

自然，这样的道行，后来当观里的道长也是顺理成章的事了。

这燕阳秀的品行最终帮助他修成正果，最后在大峰山禅室内坐化。据说燕阳秀羽化后，道士们看他坐姿端庄，面目慈祥，和活人并无两样，就没敢打扰他，其肉身在禅室内打坐了50余年而不腐。但随着时间的推移，因遭虫咬鼠啮，弟子不忍，将肉身置入一瓮中，埋入地下，上塑真人金身，供后人祭拜。

4. 神秘红丝带

传说在齐长城修到钉头崖的时候，因为山势险要，施工难度极大，而且当时条件有限，山下的巨石是无法搬运到山顶的。尽管齐王杀了一员大将，但还是不能继续修建。齐王又残忍地下了一道命令，假如在规定的时间内不能将巨石搬到山顶修长城，所有人都要被当做石块砌进长城里。民工在监工们的驱使下，费力地从山下往上运石块。可这也太难了，很多因病无力劳作的民工被扔进城墙里，压在乱石下面。这时，泰山奶奶看不下去了，便派人扮作一个货郎，将一些红丝带挂在了山坡的树杈上，并告诉修长城的民工，用这红丝带就可以轻而易举地将巨石驱赶到山顶。消息秘密传开，很多人便拿着红丝带，像赶羊一样往山顶赶石头。可不知道谁走漏了风声，此事传到了齐王的耳朵眼儿里。他忙下命令，要将所有红丝带都收缴起来，编成一条巨大的鞭子，想用这条大鞭子将陆地上的所有大山都赶进大海里去。他自恃有了这条大鞭子，邻国也不敢来犯了，也就无需修长城了。可此时，山上的红丝带却神秘失踪了。从那以后，寻找能驱赶石块的红丝带便成了众多寻宝者的一个秘密目的。

将军山原名麒麟山，传说这座山是由碧霞元君的坐骑麒幻化而成。

在麒麟山山坳里的一处悬崖边上，有一座吴道人庵，据说庵中藏有神秘宝贝，多年来不断有人上山寻宝，可一直没有找到。

站在将军山的半山腰往西北望去，齐长城恰似一条沉睡的卧龙，逶迤盘卧在眼前的山脊梁上。如今，齐长城已不再那么雄伟，也失去了当年的防御功能，衍变成了一道壮丽的风景，但有关齐长城的故事，依旧在民间流传着。现在，很多游人来到齐长城跟前，都会将一条红丝带系在树杈上，以纪念那位舍身救人的将军，以及所有为修齐长城献出生命的人们……

5.长城北有个湾底街

　　多少年以来，万德这一带的人都听说咱这个长城，是秦始皇时候修的，这些年又都说是春秋战国时齐国修的。先不管这么多，反正是长城，咱也不较真，还是听听原汁原味的传了多年的湾底街的故事吧。

　　早先，长城北这一片儿属金山县管，金山县的县城就在凤凰台南边儿。话说金山县有这么个老嬷嬷，两个儿都被派出去修长城了。一个在东山上，一个在西山上。正是十冬腊月天，东北风、西北风是倒替着刮呀，那个冷就甭提了，冻得地上都裂了老宽的缝子。家里穷得叮当响，连棉袄棉裤也穿不上，这么冷的天，你想想叫谁能撑得住劲儿呀！老嬷嬷知道俩儿冷，心里疼得慌，东拼西借，好歹地做了个袄想着给儿送了去。可是袄只有一件啊，到底给哪个穿呢？给大儿穿吧，小儿得冻着；给小儿穿上吧，大儿还是冷啊！老嬷嬷抱着袄在十字路口可就转悠开了。说来也巧，秦始皇微服私访到这里来察看长城工程，他穿一身老百姓衣裳。看见老嬷嬷在十字路口打趔摸儿，就问老嬷嬷："你抱个袄干吗去呀？"老嬷嬷长叹了口气说："俺那俩儿都出民夫修长城去了，这么冷的天，还在野地里干活儿，俺怕他俩冻坏了，才做了这件袄，可俩儿到底给谁穿呢？""你不会再做一个吗？"老嬷嬷一下子流出泪水来，说："大兄弟，你是饱汉不知饿汉饥呀，俺要是能再做一件，谁还在这冻煞人的寒风里望着两个山膀儿伤心呀！咱家里还不是穷吗？"秦始皇一听，脸上也变得伤心戚戚的，试探着说："都怪秦始皇这个昏君，老百姓日子过得这么难还让他们受苦遭罪地修长城！"老嬷嬷说："话也不能这么说，听说他修长城一是为着防洪水，二是为着挡大兵呢。你想想，甭管洪水还是大兵来咱这儿折腾，咱老百姓的日子不也还是油里煎、火上熬地受苦吗？俺觉着，要是秦始皇真能让咱老百姓过上安生日子，还真得算是个有道明君哩！"秦始皇听后立马有了笑脸，高兴地说："老嫂子真是个明理人呀，不知道您这块儿有这个想法的人多不多？"老嬷嬷说："别的地方俺不知道，反正俺金山县的老百姓没几个怨秦始皇胡来蛮干的。"秦始皇一听，不光脸上高兴，心里也喜滋滋的，乐呵呵地对老嬷嬷说："你也别在这里犯难了，你回家等着，我保你两个儿子天黑以前就能回家吃上你做的热乎饭！"

老嬷嬷起初还不相信，等天黑之前，两个儿子还真的都回家了。后来他们才知道，那个瘦老头儿是微服私访的秦始皇。原来秦始皇回去就下了一道圣旨，说凡是金山县的民工从此免除徭役，一律回家种田，还免除三年赋税。这一下金山县里可热闹啦。别说周围的百姓，就是远处州县的老百姓也扶老携幼地来金山县里安家落户，逃避徭役和赋税。林子大了什么鸟都往这里飞呀！慢慢儿地，一个祥和安乐的小县逐渐变成了一个男盗女娼、尔虞我诈、人满为患的大县。不光是伤风败俗的事多，还在南边五道岭上出现了劫道的土匪。这一来，玉皇大帝发怒了，这成何体统？就命令雷公、电母、雨神、风婆全体出动，还调来四海龙王，将水一个劲儿地往金山县的地盘上浇。这可了不得啦，大水很快淹没了房屋，淹没了田园，整个金山县成了一片汪洋。

等大水消停了，再看金山县城，除了碎砖烂瓦，一切都没了影儿。侥幸逃出去的人站在鸡鸣山上往下看，红火热闹的县城让一场大水变成了蛤蟆乱窜乱跳的湾底，心里那个难受哟！可再难受也得过日子，再难受也得修房盖屋挡风避雨呀。远道来的人都纷纷回了老家，在这里土生土长的就在原来的地上重新安家立业，生儿育女。同时，为了躲避玉皇大帝再惩罚，金山县就别再叫什么金山银山了，干脆改名叫湾底吧。好端端的县城一下子剩的人也不多了，只有一条街了，还叫什么县啊！从此湾底街这个名就叫起来了。许多年以后，有才分的文化人觉着这个名字不但不雅，还会让人感到有些恐惧。你想想，在湾底上住着的都是些啥玩意儿？除了蛤蟆之外就是鱼鳖虾蟹烂泥鳅呀！所以，他们就按湾底的谐音改叫万德，不但好听好记，还能训教后人要以万种道德修心怡情、养身立命呢！

这个传说听起来也有点离谱，可是万德这个名字确实是由湾底演变而来的，不信？你上东边鸡鸣山南边的麻衣洞里看看去，那里有石碑为证哩！啊？爬不了山？那就找本《山东省长清县地名志》看看，上面白纸黑字写得明明白白的呢！

6. 黑风口

　　说起黑风口，许多地方都有，光长清就有好几个，像五峰山、大寨山、归德大石门等处都有，并且这几个地方还都各有来历和传说：五峰山黑风口据说当年发配的林冲曾打此路过、大寨山黑风口曾发生过"马前泼水"的故事等。今天说的是归德土屋村南大石门的黑风口。这个黑风口在土屋东南不远，原来叫石门。前面说过，春秋时期的鲁襄公十八年农历十一月初一，以晋国为首的诸侯联军攻克齐长城防门重地而进占了平阴城，然后沿着现在的孝里经过义合、土屋到崮头的山涧追击溃退的齐军。当时齐军负责殿后的是太监夙沙卫。大夫殖绰、郭最却说："让太监带兵，是不是咱齐国没人了？传出去多丢人啊！"于是他俩自告奋勇殿后。这个夙沙卫小心眼儿，就怀恨在心了，想着报复这两个人。他从路的最狭窄的地方跑过去后，反过身来杀掉了几匹战马，把这个路口就堵住了，殖绰、郭最被挡在了外边。结果晋国联军追至，俩人和剩余军兵跑不迭，都被逮住了。夙沙卫杀马塞道的那个地方，就是黑风口，也叫大石门。这里两边都是立陡竖崖的峭壁，有好几丈高，中间只能勉强过一辆大车，别说赶上大风，就是没风，站在这里也是凉飕飕的，非常瘆人，要不然叫"黑风口"呢！黑风口

15-6 土屋黑风口（大石门）

北边是归德镇，东南是马山镇，正南是双泉镇，人都说这里是"一腚蹲三镇"。过去黑风口南边不远就是齐长城，直到现在，一到天黑就没人敢从这里走夜路了。

黑风口用老百姓的话说是"很紧"，就是很凶险、常有猛兽出没的意思。在土屋一带，还盛传着两个传说故事哩！

传说一：在很早以前，村里有兄弟二人过日子，父母都死了。老二憨厚实诚，他哥哥可是忒精明。有一天，兄弟俩上大石门东边拾柴火，老大就起了坏心，想把老二从山上推到山沟里摔死，他好独吞家业。到了悬崖边上，老大假装一脚落空，把老二蹬了下去。没想到，老二大难不死，掉到半山腰被树枝挂住了。就在这半山腰间的石壁上，老二发现了两个铁匣子。他就把匣子盖儿撬开点缝儿，谁料到，从里边呼呼地淌出很多银子来。老二就把银子拿回家去，分给了穷人，自己也过上了好日子。

再说老大听见这个信儿，从老二那里诓出来藏宝的地方，也悄悄地爬到半山腰，看到里面还有匣子，也想取匣子里的宝贝。没料到，他撬开后，里边淌出的竟是些谷糠，气得老大就拔了一把茅草，把匣子缝儿给堵上了。到现在，那把草还在匣门上长着哩。

后来，有个外地人来到石门，听说这个地方有宝，就带着錾子悄悄来到这里。他找到那堆草，薅下来想取宝，哪承想猛个丁地刮起一阵黑风，把他刮到漫虚空里，不知落到哪里去了。

打那起，人们都说这里闹鬼，就在西边山崖上刻了一尊佛像，把这个山沟改名叫黑风口了。

传说二：说是清朝末年，黑风口是通往现马山、双泉的唯一小道。土屋一家人在马山说了一门亲，当婆亲抬花轿的轿夫抬着新娘来到山口上坡时，实在太累了，就想歇歇脚。可有讲究呀，娶媳妇的花轿是不能随便沾地的，人们只好一步三寸地慢慢走。可是那轿子越来越重，越来越下坠，简直把人快要压歪了。大家感觉不对劲，撩起轿帘想看个究竟。妈呀！原来里面坐着两个新娘子，样子长得完全一样，都说是这家娶的媳妇。这可怎么办？大家急忙找娘家人来辨认，可亲娘也认不出来，因为新媳妇身上长的胎记两人都一样。没办法，大家赶紧禀报到县衙，让县太爷来处理这事。那县官是个有着多年断案经验的老手，他不慌不忙，让人在两个新娘面前各竖起一根两丈高的杆子，说：谁要是能爬上去谁就是人，爬不上去的就是妖。遂让土枪队准备射击。这么高的杆子别说是小脚女人，就是会武功的男人也很难爬上去呀！正当真新娘泪汪汪地感到绝望的时候，假新娘看了真新娘一眼，噌噌噌几下就爬到了顶。这时枪响了，被打的不是地上的那个，而是爬上去的那个。这假货掉到地上，哼的一声一溜烟跑了，只留下一行血迹。原来这是县官用的一计，真人哪能爬上去呢？官兵们追了一气，只发现了一摊血和几撮狐狸毛，原来是只狐狸精呀。第二天村里人在东面的草窝里发现了只死狐狸。从此，谁家娶媳妇再也不敢走这条路了，只好多绕几十里地围山转了……再后来，人们又把黑风口叫死老婆峪了……

7. 黄巢智退大唐军

　　在长清区万德街道石胡同村南边有座山，原名叫黄山，只因唐朝有个带领农民造反的人叫黄巢，在村山上筑了山寨，因此后来取名黄巢寨。别看这个寨子不大，现也都坍塌了，但古时候这里可是发生过惊天动地的大事哩。

　　那是很久以前的事了：大唐江山兴盛了好些年，可后来李家后代是"黄鼠狼生老鼠——一窝不如一窝了"，到了末后越来越不得人心，把穷人逼急了，就都豁上了，联合联合就造了反。先是王仙芝，后是黄巢。把个大唐的江山搅和得地动山摇、摇摇欲坠。

　　这黄巢是曹州人，文武双全，领着几十万穷百姓，东杀西战，势如破竹，竟然攻下了长安，立了个朝廷叫"大齐"。李家爷们儿不死心呀，又把各路的唐军调起来跟黄巢较量。就在这关键时刻，黄巢手下有个叫朱温的大将，被官府收买了去，倒转枪杆又跟黄巢打上了。这下可惨了，黄巢败到泰山一带的黄山上。这座山山势险要，黄巢就在山上的齐长城边上筑起了工事和山寨，准备抵抗到底。朱温一看怎么也攻不上去，没法儿就把黄巢围在山上，想把他困死。这下可把黄巢急坏了。这时正是十冬腊月天，大雪一个劲儿往寨子里灌，愁得他一遭遭儿地在地上打趄摸儿（方言：转圈的意思），他也没觉得冷。他仰天望望飘摇的雪花，又低头看看雪地上踩的脚印儿，突然想出个法子来。于是下令兵将们到晚上都倒穿着靴子偷偷地下山，快到唐军兵营的时候再返回来，上山的时候再把靴子正过来。这样上来下去闹了几遭，看上去雪地上的一溜溜脚印全是朝山上走的。天露明儿的时候，黄巢叫兵将们吃饱喝足，拾掇利索，准备突出重围。

听说后来黄巢一帮子人杀出重围后，一路向东，终于也没逃出唐军的手掌，在泰山后全军覆没。不过在长清万德一带，这个"倒穿靴子胜唐军"，以少胜多的故事从此可传开了。到现在，黄巢寨北边的村子名，都和黄巢有联系。比如说上营、下营都是当年追剿黄巢的唐兵驻军的地方。还有石胡同村，原来不是这个名，因为那时候在南边双方打仗那叫个惨啊，血流成河，淌的血流到这里，把胡同里的石板路都染红了，这个村就叫血胡同了。多年以后，人们嫌血胡同太血腥，忒恐怖了，才改成了石胡同。这个，史书上都有记载哩！

8. 老牛识途

人们只知道有个成语叫"老马识途"，怎么出来个"老牛识途"？你没看错，就是老牛识途。

在马山齐长城南线的北边不远有个叫北站的村子，是个古老村庄，因为它地处肥城城北，又是古驿站，所以叫北站。其实北站是和肥城的南站相对应的。南站就是现在肥城市的安临站（又名安站）。"南站到北站，六十二里半。"这是两个地方至今一直流传着的民谣。五道岭是长清与肥城的界山，也是齐长城上的关隘。

北站街中心有一个地方是在大石崖上开凿出的光石梁，俗称石门崖。石门崖南北走向，冬天向阳，没风的时候，在这里晒太阳，挺暖和；到了夏天，这里蚊子少，透着凉风，大伙儿都爱在这"过堂风"里纳凉拉呱。因此村中还有"愿舍老婆孩儿，不舍石门崖"的说法哩。

这五道山岭是济南府到兖州府的要道，原来就是东西走向有几条沟的一座山，只有一条路，又窄又陡，车马行人一到这里就为了爬坡发愁。过去没有柏油路呀，到了雨天路滑或冬天下雪路面结冰，行人来到这里经常会你争我抢地谁也不让谁，以至于发生械斗。村民就在主道之外又顺着山谷开通了几条便道，一共在低矮的山口修了五条路，所以便得名"五道岭"。别看五道岭是小地方，却惊动过皇帝：说是明朝洪武年间有个叫裴承祖的监察御史给朱元璋上奏章说，五道岭这个地方山高林密，一些逃犯聚在一起，时不常地出山劫道，应在这个地方设立巡检司，以保这方平安。皇帝就下旨在这里设了一座驿站，叫五道岭驿。原来这里的山路两面都是陡坡，高差足有二十多丈，长度足有八里多地。早先的推车都是木头轮木头轴，车来车往把路压得到处是沟沟，后来的车一不小心车轮就可能断了，车轴就可能折了。因为路险，所以就有很多客商在崖子下面先找地方住下，第二天一早再过岭。于是五道岭南北两侧的村庄开了好多住宿歇脚的店铺。店家有店家的聪明办法，为了方便商客翻过五道岭，更是为了照顾自己家的生意，每个店铺都养了几头老牛，天天拴在店门外。客人们需要拉车过岭时，就只管自己解牛缰绳让老牛拉着车子上山，到岭头上，解了缰绳盘在牛角上、把套索搭在牛背上，一拍牛屁股，老牛便会溜溜达达地自己回家。店主们不收费用，全部免费提供，并且也没有店小二陪同赶牛，省时省力又能挣到钱。

有人要问了：为什么要用老牛呢？其实道理很简单，老牛都耕不动地了，没太大用处，也不值钱，就是把它杀了吃肉那老牛筋也塞牙难嚼啊！可它的劲头还是比人大多了，拉个小车一点也不费劲。再说它们过去成天耕地犁田干了大半辈子，认得回家的路，绝对走不丢。如果换成壮实的犍子牛，遇到个心眼多的临时起意顺手牵牛，店主不就赔大发了？

第十六章
非遗传承有特点

　　齐长城沿线有众多的古村落，在这些历史文化丰厚的地方，非物质文化遗产蕴藏量非常丰富。其中，以民间传承下来的地方戏剧、民间美术、歌舞表演等居多。这些非物质文化遗产，都有传承人，都具备民间展演活力，都连接地气，极大丰富了齐长城沿线人民的精神文化生活，又给齐长城的开发旅游提供了丰富多彩的资源和内容。

　　齐长城沿线之所以有如此丰富的非物质文化遗产，是因为齐长城凝聚了地域文化，保存了民族文艺。这些非物质文化遗产也衬托了齐长城的精彩风景线，丰富了齐长城文化长廊的内涵。

1. 响山东

　　"响山东"是一项以锣鼓为主的敲打活动，起源于长清区孝里街道的龙泉官庄，是以镲子、锣、鼓、大钹、小钹五件民族打击乐器组成的锣鼓乐队演奏的民间艺术形式。其声势浩大，声音震耳欲聋，人们在几里地外都能听到其铿锵有力的锣鼓点。

　　现有据可查的响山东传人叫宫希顺，大约 1875 生人，也就是说，响山东最早起源于 19 世纪中叶，以后的传人有宫殿明、宫德顺等。后来在当地民间广为流传，传人越来越多，阵势越来越大，一度发展到 30 多人。其中有：卢家泉、王东庆、王秦银、卢存金、卢振宝、李柱林、卢加振等。

　　响山东以丰富多变的锣鼓节奏为主要演奏形式，在表演形式上粗犷豪放，热烈有力，振奋人心。

　　乐队中镲子为指挥，有 1 人演奏镲子，鼓为多人演奏，锣由 2 人演奏，大钹、小钹 10 人左右演奏。阵容强大，气势恢宏。

　　响山东来源于民间，兴于民间。乐器全是民族打击乐器，节奏特征属民族音乐的范畴。具有以下特点：

　　1. 历史性：响山东可以查证的时间有 150 多年，据推断至少有 200 年

16-1　响山东演奏

的历史。在这200年的时间里，每逢重大节日，演员们自发地聚齐演奏。铿锵的鼓点，表达了劳动人民的心声，体现了民族的凝聚力、向心力。

2. 现实价值：与劳动人民的生活息息相关，劳逸结合，随意性强，使百姓在劳动以外得到身心的放松，艺术的享受。

3. 艺术价值：庞大的演出阵容，多种乐器组合，变化丰富，富有活力的节奏，具有较高的艺术价值。

近年来，龙泉官庄逢年过节或重大活动，村民们还会自动组织起来，操起家伙什儿表演起来。但随着进城打工潮的出现，活动曾一度停止。为确保响山东这种独特的民间艺术形式的发展，文化部门制订了一系列的保护计划，建立比较完善的非物质文化遗产保护制度，制定近期和中远期保护范围、措施、目标；全面了解掌握本地区响山东的种类、数量、分布情况，保护现状及存在问题；组织文化艺术人员进行重点整理，逐步建立资料库，使这一项民间表演项目得以传承下去。

2. 双泉糖画

　　"双泉糖画"是流传于长清双泉的民间画种,是非常独特的街头艺术,有着近百年的发展历史。它亦糖亦画,可观可食,是深受百姓喜爱的食物和玩具相结合的工艺品。

　　相传,糖画的祖师爷是刘伯温,当年朱元璋为了自己的皇位能一代代传下去,就造"功臣阁"火烧功臣。刘伯温侥幸逃脱,被一个挑糖担子的老人救下,两人调换服装,从此刘伯温隐姓埋名,天天挑着担子走街串巷,做起了卖糖的营生。在卖糖的过程中,刘伯温创造性地把糖加热变软后制作各种糖画,有小鸡小狗和一些小动物,煞是可爱,小孩子争相购买。在路上,许多人向刘伯温请教制作工艺,刘伯温一一教会了他们。于是,这门手艺就一传十、十传百,传到现在已有600多年的历史了。

　　双泉糖画于1896年起源于长清区双泉镇,小张村村民陈国如在外求学时,机缘巧合将其手艺带回家乡。一脸书生气的他,饱读四书五经,通过自己的学识,不断地将糖画进行研究和创新,使糖画技艺融入了很多当地的民俗、民风元素,自成一派,形成了今天的双泉糖画。

　　双泉糖画形成于双泉人民的日常生活中,通过双泉人的智慧发明

16-2　传承人吕平在做糖画

出来，所用工具和原材料也都来自日常生活，与人民的民俗生活息息相通。它是民俗文化的形象载体，符合中华民族的审美传统。就像一切有生命力的民间艺术一样，双泉糖画有着特殊的魅力。别看它简略得只是一个轮廓，但或龙或凤，或鸟或兽，无不惟妙惟肖，活灵活现，极生动，极传神。那曲折有致的线条，细若游丝，却也显得硬朗、坚挺，风骨棱棱，颇有些铁画的意趣。而那别致、大胆、诡异的造型，则更能让人联想到中国画里大写意的绘画韵致。

　　双泉糖画第四代技艺传承人吕平，生于1979年，出身糖画艺术世家，可绘制百种吉祥图案，是当地目前已知唯一具有双泉糖画技艺的艺人，其家族糖画技艺至此已传承百年。吕平自幼跟随母亲学习糖画手艺，为了提高糖画艺术的品质，他曾几次去天津、西安、河南、四川等地寻访糖画老艺人，进行学习交流。在近20年的钻研过程中，吕平的双泉糖画取众家之所长，既继承了四川糖画和天津糖画的特点，又摒弃了四川糖画的"小气"和天津糖画的"单一"。他用美术绘画的方式重新丰富和发展糖画艺术，创作出从品质上高于以往糖画的独特艺术。在此基础上，吕平还独创了"抿、抡、刮片、甩丝"等作画技法，至今无人能及。吕平还利用业余时间研习了西方绘画里的素描水粉，中国画里的工笔花鸟及写意画，将其艺术元素融入糖画创作当中，使双泉糖画更具艺术感。

2016年6月24日的《济南日报》为其做了题为"非遗展示亮绝活"的专题报道。同年他还参加了由市政府举办的"中日韩商贸交流会"，并为外国朋友现场表演双泉糖画技艺，受到了广大中外友人的高度赞扬。在当地政府的支持和帮助下，他积极参加各项文化传播公益活动，还与区各中小学校结成对子，定期为孩子们表演、讲解双泉糖画艺术的发展及创作过程，使孩子们在甜蜜的糖画里更多地了解中国传统的民间民俗艺术。近年来，吕平又创办了"静雅斋糖艺工作室"，他破除成见，大胆教学，为发扬民间传统艺术做出了贡献。

随着中外文化交流日益频繁，双泉糖画艺术也频频出现在各种大型的文化、旅游和经贸活动中。双泉糖画这种包含着劳动人民智慧的民间传统艺术，正向世人展现出中国民俗文化的不凡魅力。

值得一提的是：2014年5月《艺术研究快报》有文章指出，糖画等民间艺术所具有的民族性、多样性、独特性决定了其保护方式也是要有多样的，民俗文化要传承、要发展，要顺应时代的变化，与时俱进，才能开拓出一条民俗文化的传承和发展的康庄大道。提高民俗文化的"能见度"是民俗艺术文化继承和发扬的基础，推行民俗文化保护工程，让民俗文化形式走进课堂，培养孩子们对民俗艺术文化的感情，提升他们对国家民俗文化的荣誉感和自豪感，才是传承和保护民俗文化之根本。

当吕平无意中看到此报道后，被深深地触动了。也就是这篇报道，使他改变了想法，他感觉到自己作为一名民间技艺传承人，身上应有一份民族责任感和使命感，而不是只为自娱自乐，养家糊口而制作糖画这么简单。也就是从那时开始，吕平的糖画手艺从"制作"转为"传播"。

　　为了能将这百年传统技艺继续传扬下去，吕平主动找到当地文化部门。在当地政府的支持和帮助下，吕平积极参加各项公益文化传播活动，带着他的糖画走进了孤儿院、敬老院，为那里的智障、残疾儿童和孤寡老人送去了甜蜜，送去了温暖；还与区各中小学校结成对子，定期为孩子们表演、讲解双泉糖画艺术的发展及创作过程，受到了社会、家长和同学们的一致好评。

3.对打花棍

　　"对打花棍"起源于长清区双泉镇隋峪村。约在 20 世纪初，对打花棍由隋峪村先辈共创而成，后经村民世世代代流传至今，有近百年的历史。据村内年长者说，对打花棍是由郑氏和房氏等先辈在闲暇之余为强身健体、提高精神文化生活，共创的一套具有口诀及木棍打法的完整健身形式，由村民一代代、一辈辈传承下来，成为村里老老少少闲暇之余强身健体和交流感情的一项独特的文化艺术娱乐活动，在当地具有一定的影响力。表演者分别身穿红、黄、绿色的表演服，头戴扎巾，经过一番装扮后，按照服装颜色各站一排，每位表演者分别手持一根硬实顺手与表演服颜色一致的木棍，两人面对面站立。表演者们随着领队指挥旗的指示，和着《八月桂花遍地开》的轻音乐开始表演，表演的同时要口诵花棍口诀，以便保持动作一致性，口诀内容是：

　　　　一指二指，连三带四；四上五吧，把门锄吧；锄六棍吧，六棍一吧，桃花展展八十一吧。
　　　　六月里吧，舍水皮吧，我打花棍整四十吧；四十满吧，刷清碗吧，清碗清吧，大豆豌豆开花一起升吧。

升不平吧，撵上龙吧，龙拉车吧，撵上鳖吧，鳖媳蛋吧，撵上雁吧，雁没头吧，撵上牛吧，牛没角吧，撵上马吧，马没鞍吧，乞里扑哧上西天吧。

西山一窝猴，大的会作揖，小的会磕头，乞里扑哧地磕到头。

我打花棍面朝南，南边来了个半斤连，拉着弓，射着箭，这才认识个半斤连。

我打花棍面朝西，西边来了个他二姨，穿花衣，倒骑驴，这才认识了他二姨。

我打花棍面朝北，北边来了个武二黑，脚又大，脸又黑，这才认识个武二黑。

我打花棍面朝东，东边来了个二相公，拿着扇，扇着风，这才认识个二相公。

我打花棍面朝上，上边来了个老阎王，打刮喇，劈石匠，这才认识个老阎王。

隋峪村对打花棍动作既具有舞蹈的优美和体操的柔软、腾跃、整齐的特点，又具有武术的刚劲、干练、利落的动作特征，还具有朴实、优美、朗朗上口的语言艺术。

在历史发展的长河中，经过不断锤炼、优化、升华，对打花棍成为具有特定内容、形式相对稳定的民俗活动，很难将其定位为一项体育活动，还是舞蹈。其存在模式是一个文化统一体，融体育、音乐、语言、舞蹈、教育于其中，是普通老百姓抒发、沟通、表达情感，增强群体凝聚力和社会活动力，以及寄托对美好生活期盼与追求的方式。它既可强身健体又愉悦身心，同时又宣扬了独具风格的民俗文化，达到多方位的和谐统一，成为一种时空文化的集合体，形成民俗文化的相互碰撞与吸

16-3　对打花棍表演

收、融合与发展。

　　时下的隋峪村的对打花棍，在原有基本动作的基础上吸收、融入了舞蹈、广场舞、健美操的动作元素，以崭新的面貌出现，充分体现了与时俱进，顺应了新时期民俗文化保护、改造加工再发展的方向。

4. 孙膑庞涓的故事

　　孙膑、庞涓肄业于双泉学城村，又斗智于马山脚下，明代即有此一说。万历八年（1580）《重修隔马丰施侯庙记》有文云："下有孙庞之斗智，上有鬼谷之隐形。"另外，马山西南十里的马陵道，自明代就有"孙、庞马陵之战发生于此"的说法。马陵道旁至今仍然立有明万历四十七年王珍子撰文的《创修马岭川石盘路记》的戴帽方碑，云："询其马陵之名，道人称为孙庞故地。"

　　春秋战国时期，群雄逐鹿，烽烟四起。著名的纵横家鬼谷子隐居于学城水帘洞内。孙膑与庞涓拜其为师，学习兵法布阵、纵横捭阖之术。同学期间，两人情谊甚厚，结拜为兄弟。三年后，庞涓听说魏国招贤求将，便有下山之意，又怕先生不肯放行，心中犹豫不决。鬼谷子见状，早知其意，笑着对庞涓说："你时运已至，可以下山求取富贵。你去摘取山花一枝，我为你占吉凶。"庞涓只找到一些草花，鬼谷先生道："此花乃马儿铃（止咳润肺中草药），一开十二朵，为你兴盛之年数。我有八字，你牢记在心：'遇羊而荣，遇马而瘁。'"至今，还能在学城北的马山脚下，找到马儿铃草。这个地方有个村庄，叫庞庄村，据说就是当年庞涓采花之地。庞涓拜见魏惠王时，正遇侍者为惠王进膳烤羊，庞涓暗自高兴："老师说我遇羊而荣，果其然也。庞涓向惠王讲了些富国强兵的道理。魏惠王听了非常高兴，就拜庞涓为大将。庞涓天天操练兵马，先从附近几个小国下手，一连打了几个胜仗，后来把齐国也打败了。从此，魏惠王更加信任庞涓。

后来魏惠王听到孙膑的名声，便跟庞涓说起孙膑。庞涓派人把孙膑请来，跟他一起在魏国共事。哪知道庞涓心存妒忌，背后在魏惠王面前诬陷孙膑私通齐国。魏惠王十分恼怒，把孙膑治罪，在脸上刺了字，并剜掉了他的髌骨。幸好齐国有使臣到魏国访问，偷偷地把孙膑救了出来，带回齐国。齐国大将田忌知道孙膑是将才，把他推荐给齐威王。齐威王也正在改革图强。他跟孙膑谈论兵法后，对孙膑大为赏识，并有相见恨晚之意。

公元前 354 年，魏惠王派庞涓进攻赵国，围了赵国的国都邯郸，第二年，赵国向齐威王求救。齐威王想拜孙膑为大将，孙膑忙推辞说："不行，我是个受过刑的残废人，当了大将，会给人笑话。大王还是请拜田大夫为大将吧。"齐威王就拜田忌为大将，孙膑为军师，发兵去救赵国。孙

16-4　双泉张庄西《创修马岭川石盘路记》记有孙庞之战

膑坐在一辆篷帐的车子里，帮助田忌出谋划策。孙膑对田忌说："现在魏国把精锐的兵力都调去攻赵国，国内大多是些老弱残兵，十分空虚。咱们不如去攻魏国大梁。庞涓听到了，一定会放弃邯郸，我们在半路伏兵，两路夹击，准能获胜。"田忌按照此计策去做。庞涓的军队已经攻下邯郸，忽然听说齐国打大梁去了，立刻吩咐退兵。刚退到桂陵，正碰上齐国伏兵。两军交战，庞涓大败。齐国大军得胜而归，邯郸之围解除。这就是历史上三十六计之一的"围魏救赵"。

公元前341年，魏国又派兵攻打韩国。韩国也向齐国求救。齐宣王派田忌、孙膑带兵救韩国。孙膑又故技重使，不去救韩，却直接去攻魏国。庞涓得到本国的告急文书，只好退兵赶回去，齐国的兵马已经进魏国了。

魏国调动大量兵力，由太子申率领，抵抗齐军。这时候，齐军已经退了。庞涓察看齐军扎营的地方，数了数做饭的炉灶，足够十万人吃饭用的。庞涓大惊。第二天，庞涓带领大军赶到齐国军队第二次扎营的地方，数了数炉灶，只有能够供五万人用的了。第三天，他们追到齐国军队第三次扎营的地方，仔细数了数炉灶，只剩够两万人用的了。庞涓这才放心，笑着说："我早知道齐军无胆。十万大军到了魏国，才三天工夫，就逃散一大半。"他率领魏军彻夜按着齐国军队走过的路线追上去。一直追到马陵，正是天快黑的时候。马陵道十分狭窄，路旁边都是障碍物。庞涓恨不得一步赶上齐国的军队，就吩咐大军摸黑前进。忽然兵士报告说前面的路已被堵住。庞涓上前一看，果然见道旁的树全砍倒，只留下一棵最大的柏树，细细瞧去，那棵树的一面还刮去了树皮，上面写着几个大字，庞涓拿火来照，见那树上面写着"庞涓死于此树下"。庞涓大吃一惊，连忙命令将士撤退，但为时已晚，四周弓箭齐发，马陵道两旁杀声震天，到处是齐国的兵士。原来这是孙膑设下的计策，他故意天天减少炉灶的数目，引诱庞涓追上来。他算准魏兵在这个时辰到达马陵，预先埋伏下一批弓箭手，吩咐他们只等树下有火光，就一齐放箭。庞涓走投无路，只得拔剑自杀。

在双泉乡大张村西的马陵道上，至今仍生长着一棵千年古柏，而且在柏树的树干上，还能看到那块被刮掉树皮的部分。

孙膑见庞涓死于此地，心中仍念师兄之情，便有远离喧嚣、归隐修行之心，忽听不远处黄鹂鸣叫，似有招孙膑之意，孙膑随黄鹂行进至一山洞，见此地幽邃曲折，泉水叮咚，卉草呈祥，百鸟争鸣，乃是修行宝地，于是取名为黄鹂洞，留居下来。此洞所在的村庄，就是现在的黄鹂泉村，据说村里的人是孙膑的后代，至今该村村民还大都是孙姓。

5. 马山李记羊肉胚子制作技艺

　　马山李记羊肉胚子，是长清一道传统名吃。其制作技艺历史悠久，始创于清代末期，盛行于民国年间，历经百余年沧桑。它是因以羊肉包羊肉，成品成胚状而得名。因其外观似人的肚皮，又称羊肉罗汉肚。羊肉胚子是纯手工制作，由熟羊肉多次加工而成的熟食制品。其制作过程复杂烦琐，工艺要求非常之高，用料考究，成品色泽鲜亮、肉嫩可口，尤其在秋冬低温季节，是老少咸宜的养生保健上品，在长清及周边县市区获得了很好的口碑。

　　马山李记羊肉胚子产于长清马山镇关王庙村，这里独特的地理优势和优美的自然环境，为羊肉胚子的制作提供了优质的食材。马山镇地处长清南部山区，气候宜人，交通便利，素有"齐国咽喉"之称。境内土壤肥沃，有着丰富的水资源、森林资源、药材资源和历史文化旅游资源。森林绿化率、植被覆盖率分别高达78%和65%。居民多有养羊的传统，斗波羊、波尔山羊及短毛山羊遍布大小山坡。因产于此地的羊肉蛋白质含量较多，脂肪含量较少，维生素 B_1、B_2、B_6 以及铁、锌、硒的含量颇为丰富，故做出的羊肉胚子具有香而无膻、肥而不腻、肉嫩爽口的特点。

16-5　制作羊肉胚子

　　清光绪年间，羊肉胚子第一代创始人张成（1876—1940）年轻时迫于生计，离乡闯荡京城，凭借一手好厨艺，在一家饭庄做了厨师。他为人热情，性格耿直，结识了不少志同道合的朋友，其中一位姓高的同行与他私交甚笃。有一年，京城突发天花疫情，高姓朋友一家不幸被感染。张成不顾个人安危，四处求医，在其精心照料下高姓一家病愈康复。为报答救命之恩，高家人将羊肉胚子制作秘方赠予张成。后张成根据自己的经验，多次研方，数次改进，最终形成了日趋成熟、独具一格的羊肉胚子制作技艺。宣统初年，张成携家人回归故里，在当时较为繁华的肥城县城（今肥城市老城镇）租赁门房，开了一家羊肉胚子铺。抗日战争爆发后，店铺因战乱倒闭，张成无奈回乡，后因病去世。第二代传承人张希岭（1894—1949），跟随父亲制作经营羊肉胚子多年，抗日战争爆发后，随父迁回老家郭家庄，继续开店制作经营羊肉胚子，直至去世。第三代传承人张英奎（1930—2008），在其父亲去世后，继承父业。新中国成立初期，张英奎将父亲留下的店铺，在原址翻建，直到 20 世纪 60 年代初，受自然灾害和政策的影响，生意萧条停业。第四代传承人李新文，与第三代传承人张英奎系翁婿关系，1999 年单位下岗后，得其岳姨丈的亲授，完全掌握了羊肉胚子制作技艺的精髓，在关王庙村开了家羊肉胚子铺，因其姓李，当地人称之为"李记羊肉胚子"。

李记羊肉胚子，采用百年传统秘方，陈年老汤煮制，精心加工制作而成。精选山区斗波羊、波尔山羊等天然绿色羊肉，加入八角、小茴香、花椒、香叶等三十余种道地佐料熬制料汤，历经选羊、宰羊、分解、剔肉、割肉、腌制、下锅煮肉等多道工序制成。其成品口味独特、色泽鲜亮、香而不膻，又兼有补血温经、问补脾胃、益气补虚等保健功效，是当地人走亲访友、保健养生的首选美味。

6. 泰山玉石雕刻制作技艺

　　泰山玉，产于泰山山麓。该石为蛇纹石质玉，致密块状，质地细腻温润。颜色以绿色为主，有碧绿、暗绿、墨黑等色，石中含有黑黄色的斑点，半透明至微透明，油脂、蜡状光泽，先秦时代已有名闻。据《山海经》记载："又南三百里，曰'泰山'其上多玉，其下多金……，环水出焉，东流注于河，其中多水玉"。《山海经》之后，对泰山玉有明确描述的是魏晋时期曹植的诗作《驱车篇》："驱车掸驽马，东到奉高城。神哉彼泰山，五岳专其名……上有涌醴泉，玉石扬华英……"。五代时期，道书《福地记》中曾记载："泰山多芝草、玉石。"直到当代人撰写的《五岳志》中还有"泰山方圆四十四，多芝美玉石"的记载。据考证，早在五千年前的新石器时期大汶口的先民们就已经用泰山玉制作出了碧玉铲、臂环、佩饰等艺术品。

　　现在泰山玉石雕刻传承人王光禄，生于1959年，长清张夏街道靳庄人，出身石雕世家，是当地泰山玉石雕刻技艺水平最高的艺人之一。王光禄的曾祖父、祖父辈都是当地知名的石雕艺人。为了生计，王光禄早年跟随爷爷王智仁、父亲王庆年学习石雕手艺。

　　制作泰山玉的工序很复杂：

16-6 泰山玉雕刻作品

1. 采料：通常在每年春季天气渐暖时开工采石。开采过程中，严禁炸药炸山采石，全部为人工操作，以减少对泰山玉石材的浪费。一般来讲，开采一块百余斤重的石材，至少需3人共同协作才能完成。

2. 选料：泰山玉石的制作，选料至关重要，靠的是独到的眼力和丰富的经验。

3. 解料：依据作品形态要求，将石材切割成合适大小。传统的做法是，先用墨斗、直尺、拐尺取线，再用锤子、凿子进行切割。目前，多使用切割机切割石料。

4. 画样：按照作品形态的具体要求，依“样”把相关图案和纹样直接画在解好的石料上。

5. 扯毛坯：根据画出的大样轮廓线，用锤子、凿子凿刻出产品的大形，多用平雕技法。

6. 雕刻：不同材质石料需要不同的雕刻技法和工具，同一类石料不同部位的雕刻也需要不同的技法和工具。就泰山玉石雕刻而言，工匠在石材表面上以平雕、浮雕、透雕等技法雕刻出各种花纹图案，通称剔凿花活儿。

平雕，又称凿活儿。先用錾子沿线条“穿”一遍，然后开始雕刻雏形，再把边缘修平。

透雕，又称透活儿，与凿活儿相似，只是雕刻得更深，凹凸起伏更大，有的地方需要掏空挖透。特别是空心作品的雕刻运用此技艺较多，无论雕刻的精确度，还是力度，都颇为讲究。

圆雕，即立体雕刻。通常来说，先要根据作品要求的体量，将坯子多余的部分凿去；再凿荒，将图样之外的地方凿去；然后打糙；最后一步是打细，用小铁锤、小凿子、錾子等进行修整。

7. 细化雕刻：在前一道工序的基础上，对产品进行细化处理，刻出精致的纹饰图案，所用工艺包括平雕、浮雕、透雕、线刻等。

8. 打磨（抛光）：雕刻完成的作品，需用牛皮砂纸打磨、抛光。传统的牛皮砂纸多由石匠艺人自己制作。首先将牛皮切割成条状，再将植物胶加热熬成水胶，然后把就近从沙河取来的粗细程度不同的沙子用水胶粘合在牛皮条上，制成各类型号（依据沙粒粗细来分）的牛皮砂纸，晾干待用。打磨时，先用粗砂纸打磨作品，然后再用细一些的砂纸细磨，然后选用更细的砂纸依次打磨，直至作品光亮精美。

2010 年 9 月 28 日，王光禄被济南市民俗旅游文化产业协会、济南市民俗艺术馆授予"济南市工艺美术大师"称号。2013 年，"光禄泰山玉石雕刻"产品成为中国第十届艺术节指定产品。第十届艺术节"文华奖"和"群星奖"的奖杯，都由王光禄制作，奖杯所用玉石均为泰山玉。

7. 木鱼石雕刻工艺

木鱼石产于长清区张夏街道馒头山，在泰山隆起边缘，离齐长城仅十余公里。这里地势东南高，西北低，由东南向西北依次是山区、丘陵、山前平原和黄河洼区。境内物产资源十分丰富，农副产品种类齐全，矿产资源有煤、金、铜、铝、磷、铁等，特别是木鱼石材资源比较丰富。木鱼石雕品发展成为长清区的拳头产品。

木鱼石又称木纹玉，呈紫檀色，质地细腻，纹理清晰，它形成于寒武纪，与泰山玉的形成年代相近，同为在 16 亿年前海底沉淀生成的一种珍贵玉石矿材，其成材距今已有 5.5 亿年—5.8 亿年，而产地仅限于列入世界三大古老剖面标本的泰山西侧的张夏镇境内的馒头山。对于木鱼石，明代李时珍在《本草纲目》石部中作了精辟论述：有"定六腑、五脏，保肝益脾胃，蓄精固本理中焦，利下焦"之功效。

久服用木鱼石器具浸泡的汤水，有强力、耐寒、耐暑，不饥、轻身、延年不衰老之神奇疗效，故木鱼石被世人称为"多福石""鸿福石"和"神石"。早在 2500 年前的战国，卢医扁鹊就用砭石疗法为民众疗病，而在宋、明、清时代已有人将木鱼石雕刻成工艺品进行把玩。

直到改革开放后的 1989 年，经科研部门对木鱼石进行科学鉴定，确认该石对人体具有较高的保健作用后，方才进行规模生产，并由王光禄组织成立了"山东长清木鱼石协会"。

木鱼石是史上稀有的珍贵保健石材，仅产于长清区张夏附近。在张夏街道境内产的木鱼石材中，又以上泉村的为最佳。这里的木鱼石，质地细腻，纹理清晰，密度高，不渗水，能与广东省高要端溪出的端砚石媲美。1994 年日本穗高科研株式会社对用上泉出的木鱼石保健杯浸泡 24 小时的水的水质进行检验，结果证明水质中含有锌（<0.2）、锶（1.1）、钼（<0.2）、硅（130）、硒（<60）6 种元素。对木鱼石材用光谱检验，结果其内含钾、钙、锆、钛、钠、铜、铌、钒、铝、铁、铬、镁、硅、硼、钡、铷等 16 种元素。故早在唐代药王孙思邈就用木鱼石进行砭疗；20 世纪 80 年代被人称为"中华一绝"。目前山东长清木鱼石协会生产的"长清木鱼石"牌茶具、保健杯和工艺品既有实用价值，又有观赏价值。用木鱼石保健杯泡茶，酷暑季节其色、香、味十日不变，春秋季节三十日不变质，当日泡的茶水，绵绵入口，清香怡人。普通的酒，装在该杯内 3—5 日后，味道更加甘醇，芳香扑鼻，饮之口感极佳，回味悠长。木鱼石杯不仅具有神奇的消毒净化作用，而且还能不断补充人体必需的微量元素，调节人体新陈代谢，预防高血压、动脉硬化，有蓄精固本养颜

16-7　木鱼石茶具

护肤的保健功效，能起到抗衰老、防癌、延年益寿的作用。木鱼石的产地馒头山下的馒寿村，村里人均寿命在 95 岁以上，该村从来无癌症患者。中央人民广播电台、中央电视台分别于 1993 年 5 月 10 日、18 日报道了木鱼石保健品的开发价值。

8.孟姜酥盐煎饼卷

　　孟姜酥盐煎饼卷是万德街道长城村历经两千多年传下来的传统名吃。春秋时期，长城村由于地处要冲，交通便利，人丁兴旺，经济比较繁华，人们衣食无忧，路不拾遗，夜不闭户，从而摸索出许多"吃"的文化来。其中酥盐煎饼卷就是最流行的代表食品。推出它的初衷，是为了来往商贾和外出经商的家人携带方便，且不易发酸变霉，吃时不用生火，不用菜肴。传说这种煎饼卷，在孟姜女千里寻夫要离家出门前，闻讯赶来的邻居们送了很多，成为孟姜女寻夫路上唯一的食品。因长城村是孟姜女的故里，所以村的人，尤其是妇女都知道孟姜酥盐煎饼卷的制作工艺，一直传到现在。

　　酥盐煎饼卷的主要原料就是玉米，或稍加小米、豆子，做出来的煎饼卷成色微黄，最大的优势就是香、酥、略咸，给人一种吃了还想吃

16-8　制作孟姜酥盐煎饼卷

的感觉，而且吃下去后，余香不仅留口，还香飘四溢。

因为它的制作工艺比一般的食品工艺复杂，又要掌握多种技术要领，延续到人民公社时期，人们就没有时间做这道食品了，只是冬闲或过年之际，喜欢这一口的村妇才做个一回两回的解解馋而已，成为一种奢侈品了。

制作孟姜酥盐煎饼卷需要的工具是：石磨子，大盆，鏊子，石碾，技术要点：炒盐，炒芝麻，摊煎饼的火候，烙煎饼的成色等。

孟姜酥盐煎饼卷被列为济南市级非遗项目，由万德街道长城村姜家的后人姜庆平、赵殿香传承下来，"济南市长清区长城村孟姜女古文化协会"申报获批。

9. 双泉陈沟湾小磨香油制作技艺

　　陈沟湾小磨香油产地为长清双泉镇齐长城脚下的陈沟湾村。陈沟湾小磨香油传统技艺的历史渊源可追溯到清朝末年（约 1875 年）。新中国成立前后生产芝麻香油这门手艺传到了第三代传人董泗友的手中，近几十年开始工厂化生产加工，虽规模不是很大，但"酒香不怕巷子深"，逢年过节，周边几十里的人都到双泉来买香油。

　　近年来，双泉镇政府加大对产业的扶持力度，"双泉美芝麻香油"的第四代传人董光山得以继续传承发展，他遵照祖训和父辈的教诲，诚信经营，严把原材料购进关。在严格按照传统古法工艺生产加工的基础上，扩大了规模，芝麻香油香味浓厚，纯正持久。小磨芝麻香油就成了双泉特产中的精品特产，后注册"双泉美"商标。产品现已形成系列产品，香油、麻汁、芝麻盐等已打入济南市场。

　　董光山的儿子、第五代传承人董建子承父业，在陈沟湾村建立了"济南市长清区陈沟湾百年小磨香油专业合作社"，并结合目前国家提倡的产业扶贫工作，种植芝麻 200 余亩，引领全村 20 余户脱贫致

16-9　陈沟湾小磨香油等产品

富。为此，长清电视台多次将其作为扶贫典型进行过报道。同时自己种植的芝麻实现了对无公害原料品质的保证，满足了陈沟湾小磨香油传统技艺的生产需求。

陈沟湾小磨香油采用石磨水代法传统工艺，高度原始地留存了本工艺的精髓。产品香味浓郁，晶莹剔透，不饱和脂肪高达80%以上，它所含有的亚油酸比花生油、菜籽油都高许多，还含有人体中不可缺少的脂溶性维生素，能促进人体的生长发育，抗病延年，为真材实料的"绿色食品"。

10.双泉豆腐皮制作技艺

　　豆腐皮是北方地区的传统豆制食品，双泉豆腐皮制作技艺是民间独有的传统手工技艺。

　　双泉豆腐皮又名豆腐衣，已有一千多年的历史。李时珍《本草纲目》云："豆腐之法，始于汉淮南王刘安。凡黑豆、黄豆及白豆、泥豆、豌豆、绿豆之类皆可为之。造法：水浸硙碎，滤去滓，煎成，以盐卤汁或山矾汁、或酸浆醋淀，就釜收之。又有入缸内，以石膏末收者。大抵得苦、咸、酸、辛之物，皆可收敛耳。其面上凝结者，揭取晾干，名豆腐皮。"清代以豆腐皮作包子，有数种做法，一、腐皮包裹馅心，如纸包之四折，成方包，以蛋清糊其封口，上笼蒸之；二、用腐皮裁为小片，包馅成兜子，以麻线收口，蒸熟成型，再去麻线。亦有以豆腐切碎，拌调味品为馅，包面以蒸熟。豆腐皮包子清代为贡品，清宫御膳档案中有此物。

　　素有"豆腐皮之乡"之称的双泉制作的豆腐皮薄如蝉翼轻似纱，色泽洁白，皮薄筋道，品味鲜美、营养丰富，高蛋白、低脂肪，含多种人体所需微量元素，具有极高的营养价值。它口感独特，风味纯正，可煲可炒，食用方便，久煮不化，深受城乡人们的欢迎。

16-10　双泉豆腐皮

以当地优质大豆为原料，并用当地山泉水，采用独有的制作工艺生产出来的成品，才是地道的双泉豆腐皮。整个工艺流程主要为：筛选→清洗→浸泡→磨浆→滤浆→煮浆→泼皮→压皮→揭皮→叠皮→盐煮→晾皮等十二道工序，每道工序都有具体要求，不得马虎，否则会影响到产品质量。

双泉豆腐皮制作技艺一直是传统手工操作。有史料记载："双泉为最早制作豆腐皮的地区之一，用平底锅烧柴草，日投黄豆20斤，得豆腐皮12斤……"2002年，双泉豆腐皮在国家工商局注册商标，并由当地群众建起了豆腐皮加工厂，生产规模不断扩大，工艺不断改进，传统工艺与现代机械作业相结合，有效提高了产品质量和生产量，产品畅销全国。目前双泉境内的豆腐皮加工厂及作坊多达30余家，传统的豆腐皮制作技艺在现代经济发展中表现出强劲的生命力。

第十七章
岸防长城之我见

　　近来，有不少专家学者发现了有关春秋战国时期齐国济水"岸防长城"的资料，为研究齐长城又增加了新课题。2011 年 12 月，清华大学所藏战国竹简《清华简·系年》整理者根据竹简"齐人焉始为长城于济，自南山属之北海"的记载总结出："（齐长城）最初当是在济水的防护堤坝基础上加固改建而成，其走向是南起平阴东部的山陵，沿济水东北行，经过济南，东北入渤海。南山，疑指平阴一带的丘陵地带；北海，应指今之渤海。《庄子·秋水》：'（河伯）顺流而东行，至于北海，东面而视，不见水端。'济水走向是自南山起，经历下（今济南）往东，到北海。"

　　2013 年 12 月在齐河召开的清华简《系年》篇所见齐长城学术座谈会上，经过来自中国社会科学院、国家博物馆、故宫博物院、清华大学、中国人民大学、中央民族大学、山东省文物考古研究所等单位的 12 位专家教授经论证得出结论："齐长城有两条：一条是沿济水的齐长城，一条是泰沂山地的齐长城，前一条修建的时间最早，在春秋战国时期。齐国沿济水修建的长城总长在 300 公里左右，在齐河境内约 60 公里。"

　　山东师范大学齐鲁文化研究院副院长燕生东也认为："出土的文献证明，齐国有两条长城，一是沿着济水的一条长城，二是沿着泰沂山地的一条长城。沿济水这条长城的发现解决了历史的许多矛盾、好多困惑的地方，这条长城是比较早的，首次证实了，尤其是清华简发现了以后证实了历史上的确有这条长城。"

　　他们的理论根据还有：《清华简·系年》第 20 章所载：晋敬公十一年（姜齐宣公十五年，即公元前 441 年），晋国的赵桓子与越国令尹宋举行会盟，双方达成共伐齐国的协议，遂在同年联合进攻齐国。在这种战争背景下，齐宣公指挥军队在济（水）岸边建造线状军事防御工程"长城"，以强化防御能力。

专家们认为："齐人焉始为长城于济，自南山属之北海。"此处所谓"济"，指的是春秋战国时期的济水，乃两千多年前的江、淮、河、济四渎之一。齐国济水长城顺着济水东岸呈现出西南——东北的走向。西南起始于"南山"，即今济南市长清区与平阴县间的泰山山系西缘；东北终止于"北海"，即今山东省东营市区的古渤海之滨。长城自"南山"起始，沿济水（今山东省境黄河大部分河段）东侧伸向东北，直至"北海"之滨，即两千多年前的济水注入"北海"的入海口附近终止。

依据《中国历史地图集》等既有的研究成果可知：春秋战国时期济水河道下游河段走向为：济水由今河南省东部的兰考县北部向东流，进入今山东省境内，至今菏泽市定陶区北部，转向东北流去，经由今巨野北部的古大野泽、梁山县东、东平县西部的东平湖区、平阴县西侧、长清区西侧、济南市北侧，继续流向东北，经行于今章丘西、济阳东侧、邹平市北、高青县北、滨州市东、博兴县西侧，直至东营市区的古海岸，注入渤海。因此，齐国西疆济水长城东北终止地应在今山东东营市市区附近。

然而在其后的两千多年里，济水的季节性泛滥、人类社会经济活动的破坏、人为刻意的拆毁行为，以及黄河下游河道的反复摆荡、冲刷和淤积，致使齐国济水长城遭受破坏。尤其是黄河于清咸丰五年（1855）在兰考县铜瓦厢决口后，滔滔洪水袭夺原先的济水河道，河水多年泛滥、冲刷、淤积，彻底损毁了济水流道及其两侧的村庄、农田。作为中国古代建造最早的线状军事防御工程，齐国济水长城遗址在巨大的自然灾害中荡然无存。

众所周知，位于山东境内的齐长城始建于春秋时期，完成于战国时期，贯穿济南、泰安、淄博、日照、青岛等8市，延绵1200余里，比秦长城早400多年，是我国现存最古老的长城。如今，专家新发现的沿济水而建的另一条齐长城，使得"齐长城"的概念有点扑朔迷离。

那么果真有两条齐长城吗？

烟台大学人文学院中国学术研究所硕士研究生陈民镇在《中国史研究》2013年第3期上发表的《齐长城新研——从清华简〈系年〉看齐长城的若干问题》一文中，对清华大学藏战国竹简整理者据"齐人焉始为长城于济，自南山属之北海"之北海为"渤海"的观点提出了不同看法。他认为《系年》的"北海"属泛指，故"北海"应该是黄海。他的观点是：诚然，在先秦典籍中，"北海"大多解释作渤海，但这并不是绝对的。《左传》僖公四年（前656年）齐桓公率兵攻打楚国，楚成王派使者到军中说："君处北海，寡人处南海，唯是风马牛不相及也。"这里指的"北海"，便指处于三面环海的齐国；"南海"则泛指楚国。可见，"北海"不一定要坐实到渤海，也可以指涉一个较大的区域范围。"君处北海"出自楚人之口，而不少学者认为，《系年》的作者也与楚人有关，所谓"北海"，可以是楚人宽泛的地理概念，不一定是指的渤海。如果结合现有的文献资料和考古发现，《系年》的"北海"就应该是黄海一带。也就是说，竹简所指的"长城"应该就是现在仍然保留的齐长城。

至于各位专家的结论，笔者位卑言轻，不敢妄加评论，但可以谈一点自己粗浅的看法：

首先，经笔者翻阅《清华简·系年》（修订本）第20章（李松儒著，中西书局2022年11月出版），并没有关于"济水岸防长城"的字句，只有"齐人焉始为长城于济，自南山属之北海"这一句话。如此，此观点就值得商榷了。因为现在残存的齐长城遗址，长城源头就在原济水东岸的长清区孝里街道境内。长城不是南北向，而是东西向，一直向东直达大海。至于南北向的夯土"城墙"也确实存在过，其位于原孝里街道东障村西。经山东省考古研究院人员考察，那里原有一段长几百米的夯土城墙遗址，当地人称城壕顶，应是春秋战国时期为防止古"平阴城"被济水侵害所修建。城壕顶于20世纪中叶还有较明显的痕迹，东面紧挨村庄，现早已埋没于旧村废墟中。再向北也踪迹全无。把它看成是"济水岸防长城"似乎有点牵强。

其次，陈民镇先生说得很有道理，此处的"南山"和后面的"北海"并不是一南一北的对应关系，不能按方位把它看作是"由南向北"。此"北海"或许就是现在的黄海，因为按照中国版图的方位看，其也在北方，不一定就是今天的渤海。此处的"南山"应该指平阴邑南面不远的陶山，因为春秋中前期陶山曾是齐、鲁两国的界山，齐长城就修建于春秋末期，起点在陶山以北的济水岸边。也就是今天的齐长城位置。

再次，著名学者王献唐先生曾分析，春秋战国时期，齐国当时西、北部的国防线，是并行入海的济水和黄河，河在外围的西北，济在内围的西南，等于两重水防。在先秦时人的眼中，齐国西边之塞也正是济水与河水（黄河），与长城相比，则是更理想的天然屏障。《战国策·齐策》之《苏秦为赵合从》载苏秦语："齐南有太山，东有琅琊，西有清河，北有渤海，此所谓四塞之国也。"加上春秋战国时期，两国交战用的多是战车，在平原和谷地修夯土长城，以阻止这种轮式武器进攻是较好的选择。而依靠黄河和济水天堑足以阻止西面和北面诸国大军的进攻，敌方靠武装泅渡来实现大兵团作战基本不具备条件。齐国最多也就在岸边较薄弱环节加强防御工事，以防敌人突袭。因此无需耗巨资兴建长城。

还有，济水（现代黄河）进入平阴后，地势依次东高西低、南高北低，一直以来"以山束水"，从1855年黄河侵占了济水河道成为地上悬河后才筑堤修坝。黄河素有"善淤、善决、善徙"等特性，喜怒无常，水患极大。而2500多年前济水河道深、水患少，沿济水修建偌长的防护大堤几乎是不现实的，即使有，也应该是分段修建，以保护处在岸边的城池，如前面提到的古平阴邑和下游历下邑城等。

最后，《系年》中提到的晋敬公十一年（齐宣公十五年，前441），比齐灵公二十七年（前555）指挥的"平阴之战"要晚100多年，怎么能说"岸防长城"是"修建的时间最早"呢？并且齐国防备南边的劲敌应是当时的重中之重，那里修筑长城的时间应该是最早的，绝不可能短期内同时修两道长城。另有洛阳城东古墓出土的一套骉羌编钟，发现的13个编钟有5个上铸铭文："征齐，入长城，先会于平阴"的记载，"平阴之战"时齐灵公始修"巨防"，结果被联军用计攻破防门，是确定无疑的。就是晋敬公十一年攻打平阴城，也不会舍近求远到西面先越济水再攻打城墙的。更何况当时平阴城西面是成片的湄湖，一望无际，再强大的敌人也不会从那里进攻。

总之，由于历史上黄河夺济水故道入海，又经历数次变迁，即便存在过这么一条长城，我们也已经难以发现踪迹，而齐长城源头就在长清，就在眼前，就自西向东横卧在齐鲁大地上，这是不争的事实。因此，我们还是要尊重这一事实，首先要保护好这一世界级历史文化遗产。至于济水长城是否存在，还要靠实证来说话才行，单靠书简中的一句话来做定论，未免有点武断。

第十八章
山东泰西小"延安"

　　长清的西南部有一座主峰海拔 376.2 米、高大俊秀的大山，原为长（清）肥（城）平（阴）3 县交界中心，距 3 县县城均为 70 华里，其山势围合，三面峭立，曲如列屏，形若箕掌，南北长 24 华里，东西宽 18 华里，占地面积为 12800 亩，因顶峰高而大、广而长，故得名大峰山。

　　大峰山东接泰岳，西扼黄河，南临平（阴）肥（城），北为川谷，有连山扼塞四固之势。其气势宏伟，蔚为壮观，尤其是始建于 2500 多年前的齐长城与之擦肩而过，相互依托，呈犄角态势，使得大峰山战略地位显得愈加重要。抗战时期，东面的交通大动脉——津浦铁路，是连接华北和华东的咽喉要地；西面的长（清）平（阴）公路，是扼守

冀鲁豫抗日根据地东北大门的交通要道；南面的陶山一带，是保卫山东
根据地通往延安秘密交通线的屏障；北面的省会济南，离此仅数十公
里。因此这里是山东抗日根据地和冀鲁豫抗日根据地中离敌人"心脏"
最近的一个根据地。同时，大峰山顶有一大片营寨堡垒，被称为"屯
兵营"，是齐长城沿线第一座也是规模最大的城堡。山上堡垒城墙坚
固，层层递增，携关扼口，攻防兼备，进退自如，非常适合军队驻扎。
我党领导的大峰山抗日根据地设在此处，同泰（安）肥（城）山区、
平（阴）阿（东阿）山区相呼应，位置非常理想。

18-1 大峰山全景图

1. 地窖油灯播火种

一张小桌子、五把小凳子、桌上的一盏豆油灯——这就是归德街道阎楼村一家农户的地窖里当年的摆设。然而，就是这个看来普普通通的地窖里微弱的灯光，犹如一颗火种，点燃了抗日烽火，熊熊烈焰烧遍了整个长清，照亮了长清大地上的每一个角落……

这个地窖就是当年济南市第一个中共县级党支部诞生的地方，是长清区最早的中国共产党活动的遗址。长清著名革命烈士、济南第一个中共县级党支部的主要成员之一、长清县委书记魏金三就是这个村子里的人。

1937 年七七事变后，魏金三多次回长清指导抗日救亡工作，并发起成立了"长清县人民抗敌后援会"。1938 年 1 月，魏金三与万晓塘、冯乐进、袁振等人在阎楼村成立中共长清县临时支部，他任支部委员；2 月，在马湾举行抗日武装起义，公开打出"长清抗日游击队"的旗帜。同年 6 月，中共长清县委在大峰山下的岚峪村建立，万晓塘任县委书记，魏金三任县委委员，不久，接任县委书记。1942 年 9 月 30 日，在反击数千日伪军"铁壁合围"的一次战斗中，魏金三率部突围时壮烈牺牲，年仅 29 岁。

18-2　地窖油灯播火种雕塑

　　当时的局势是非常严峻的：1937年11月，日军步步向济南逼近，济南危在旦夕。国民党长清县县长李起元逃跑后，韩复榘部驻长清的一个旅和一个团亦仓皇南逃，全县人心惶惶，局势动荡不安。为促进团结抗战，扩大救亡运动，鲁西北特委按照中共中央发出的中央关于组织抗日统一战线扩大救亡运动给各地党部的指示要求，与国民党山东省第六区专员兼保安司令范筑先结成统一战线，共同抗日。1937年11月初，中共山东省委派组织部部长张霖之到聊城，以省委代表的身份统一领导鲁西北地区的抗日斗争。张霖之指示共产党员姚第鸿等向范筑先反复阐明抗战形势，劝其坚持敌后抗战。范筑先经反复考虑，于11月19日向全国发出"不忍南渡，誓率我六区游击健儿及武装民众，以与日寇相周旋。成败利钝，在所不计，鞠躬尽瘁，亦所不惜"的著名"皓电"。皓电的发表，震动了全国，振奋了鲁西北民众的抗日热情。同时，也标志着中共鲁西北地方党组织和范筑先的抗日民族统一战线正式形成。共产党在与范筑先合作抗战的同时，还建立了直接领导的人民抗日武装。1938年1月31日，经中共鲁西特委与范筑先商定，建立了"山东省第六区游击司令部第十支队"，成为党直接领导的坚持鲁西北抗战的一支重要力量。

后来的大峰山独立营的番号，就是沿用第十支队而取的，全称为"山东省六区第十支队独立营"。

魏金三等根据中共山东省委关于发动抗日武装起义的指示精神，与张耀南在东关一小举行了全校师生员工抗日誓师大会，喊出"脱下长衫，到游击队去"的口号，得到了广大青年学生和大多数教职员工的热烈响应。魏金三、张耀南等在育才教育用品消费合作社召集"民先"队员、宣传队员紧急会议，决定划片分组活动。指定夏页文、石中白、杜镜秋、刘晋、吴志笃、张有壬、董涛7人为各组召集人，听候通知，以便迅速集合。确定各组的活动任务是，秘密调查散存在社会的枪支、子弹，为组建游击队、开展武装斗争作准备。在日本侵略军长驱直入济南，长清即将沦陷的紧张形势下，魏金三等共产党员决定将长清县的抗日领导核心从县城向农村转移，首先到达县城南部山区的南坦山阎楼村。

阎楼村300多户，地处贫困山区，是魏金三的家乡。魏金三与老家的群众有密切联系，为抗日斗争活动深入迅速的开展，创造了极为有利的条件。在这里，魏金三等集中全力通过"民先"队员联络抗日进步力量，动员各村群众有人出人，有钱出钱，有枪出枪，很快组织起一大批抗日积极分子队伍。由于宣传工作的广泛深入，党的抗日救国主张深入人心，全县人民响应党的号召，积极投入抗日救亡活动中。有的人主动献出枪支、弹药、粮食。在筹措枪支和款项的活动中，张耀南利用他上层关系多的有利条件，昼夜奔忙，先从二区小屯村杜鹤泉家动员出三支步枪和一支冲锋枪，后又从铁路东的村庄动员出几支枪，运到阁楼村。同时还筹集了部分捐款作为活动经费。通过广泛的宣传发动群众，全县开展抗日武装斗争的条件已具备。

为加强党对抗日武装斗争的领导，1937年12月初，魏金三、崔健赴泰安请示中共山东省委，省委肯定了长清抗日武装斗争的发展方向。按照省委的指示，魏金三、崔健去平阴县旦镇王青云的游击队，向中共鲁西北特委组织部长王晋亭和共产党员吴力践传达省委意见。王晋亭召集共产党员万晓塘、冯乐进、袁振研究决定：万晓塘、冯乐进、袁振去坦山，吴力践在长清县黄河西地区发展党组织。月中，冯乐进一人先期到达南坦山阁楼村，对当地地理位置、阶级关系及人员成分等情况作了调查了解。月底，万晓塘、袁振及冯晓云到达阁楼村，与长清县的共产党员一起发展党的组织，领导全县的抗日斗争。吴力践按照王晋亭的指示，在长清县八区赵官镇村孟乐轩家南园建立中共河北特别支部，书记孟乐轩，组织委员吴力践，宣传委员孟鲁言。河北特别支部在长清县八、九、十区和肥城县九区发动群众开展抗日斗争。

1938年1月初，万晓塘等在阁楼村魏立政家的地窖内举行会议，成立了中共长清临时支部，万晓塘任支部书记，冯乐进任组织委员，袁振任宣传委员，魏金三任军事委员，夏页文任委员。党支部决定当前的任务一是发展党员，壮大党的队伍；二是加强领导，发展抗日武装，募捐枪支弹药，开展抗日游击斗争。党支部隶属中共鲁西北特委领导。当时人员组织结构非常年轻，是一支富有极强生命力的干部队伍。

万晓塘（1916—1966），齐河县人，惠民乡村师范毕业。1937年9月入党，当时21岁，任临时党支部书记。

冯乐进（1908—2010），阳信县人，阳信师范毕业，1933年5月入党，当时29岁，任组织委员。

　　袁振（1917—2003），莱州人，曲阜师范毕业，1936年5月入党，当时20岁，任宣传委员。

　　魏金三（1913—1942），长清南坦山阁楼村人，长清县立中学毕业，1937年4月入党，当时24岁，任军事委员。

　　夏页文（1918—1988），长清南关人，山东省立师范毕业，1937年5月入党，当时19岁，任委员。

　　中共长清第一个红色政权建立后，成立了长清第一支抗日游击队，开辟了大峰山革命根据地。从此，在长清大地上，抗日的烽火越烧越旺，经过艰苦卓绝的抗战，终于取得了最后胜利。

　　习近平总书记强调："让信仰之火熊熊不息，让红色基因融入血脉，让红色精神激发力量"。地窖里油灯下诞生的党支部，是济南市第一个中共县级党支部，是中共长清县党组织的基石，是高举火把带领长清人民从黑暗走向光明的先行者，也为中共长清地方史留下了浓墨重彩的一页。

2. 军民共筑新长城

　　1938 年 1 月 29 日，中共长清地方支部决定：为扩大抗日斗争的影响，筹措抗日活动经费、枪支弹药，拟组织"民先"队员袭击长清县维持会。自 2 月 5 日起，许多青年学生、教员和有志之士纷纷奔向马湾庙，共集中 60 多人、20 余支枪，举行了长清人民在党的领导下具有历史意义的马湾抗日武装起义，正式建立了抗日游击队，定名"山东抗日救国军"。冯晓云、张耀南为负责人。1938 年 2 月下旬，为取得上级党对长清抗日武装的领导，党支部派袁振和冯乐进分别到聊城、肥城与鲁西北特委和山东西区人民抗敌自卫团联系。上级党委决定，长清游击队编为"山东西区人民抗敌自卫团第四大队"。1938 年 5 月初，日军攻陷肥城县城，山东西区人民抗敌自卫团撤至肥城边家院一带。在泰西特委的领导下，自卫团决定部队分别到泰肥山区、平阿山区、大峰山区开展游击战争，开辟抗日根据地。王晋亭、袁振、汪毅（延安派来的干部）、李文甫、徐麟村等带领自卫团第四、十一、十七大队进驻大峰山区，创建大峰山抗日根据地。1938 年 6 月初，中共长清县委员会在大峰山下的岚峪村成立，隶属中共泰西特委，成为当时泰西各县成立的第一个县委。1939 年 6 月，中共长清县委召开由全县 60 多名代表参加的会议，选举产生了长清县抗日民主政府，这也是当时泰西各县成立的第一个人民政府。抗日民主政权的建立，标志着大峰山抗日根据地的初步形成。至 1939 年 8 月，全县各乡镇均建立起中心党支部，各区、乡、村民主政权相继建立，形成了比较巩固的大峰山抗日根据地。

从此，长清县（一度改为峰山县）以大峰山革命根据地为依托，先后成立、改编或升编了"长清抗日游击队""山东省六区抗日游击第十支队大峰山独立营""长清独立营""峰山武装工作团""长清县抗日自卫队司令部""峰山县大队""峰山青年抗日游击队""武工队"等人民武装，抗日救国运动风起云涌，抗日烽火在长清大地上熊熊燃烧。解放战争中，又成立或改编了"峰山县联防大队""长清独立团""人民武装部"等组织，为取得全国胜利做出了很大贡献。

当时中国共产党领导的其他抗日根据地，大多是八路军、新四军主力部队开辟的，而山东抗日根据地及大峰山根据地，是在八路军主力部队到达之前，地方党组织发动起义建立的，从而创造了在敌后创建抗日武装和开辟抗日根据地的独特模式，在全国具有开创性意义。

大峰山革命根据地又被称作"泰西的延安"，曾经出现过很多令人振奋的名字和数字：抗战期间在大峰山工作过的干部中后成为党和国家领导人的有万里、田纪云、段君毅等人；十大元帅之一、时任八路军 115 师政委的罗荣桓曾来到泰西，亲自指导部署大峰山根据地的抗战工作；开国少将刘贤权就安葬在大峰山革命烈士陵园内。从大峰山游击队走向全国战场的兵员达 13.8 万人，后来成为将军和高级干部的达 400 人之多。20 世纪 70 年代，中国人民解放军八大军区中有 4 位司令员出自大峰山，有 7 位省委书记在大峰山工作、战斗过。可以说大峰山为党和国家培养、输送了大批军政人才，为中华民族的解放事业做出了卓越的贡献，在中国革命斗争史上留下了光辉的一页。

　　大峰山连着的是长清光荣的革命历史。济南作为山东的省会城市，当时集中了日军在山东的主力部队，大峰山抗日根据地在敌人的眼皮底下，不仅建立了党组织，还拉起了抗日武装，成立了抗日民主政权，成为当时泰西唯一稳定的抗日根据地，这背后凝聚着无数革命志士的鲜血和他们坚定的信仰。长清（峰山）县军民以坚韧不拔的顽强战斗，终于取得了抗日战争的胜利，共毙伤日军 560 余名、毙伤伪军 1860 余人，俘 2100 余人，炸毁火车 4 列、汽车近 20 辆，摧毁碉堡、据点 60 余个（有些据点攻克两三次）。在抗日战争中，有 603 名长清优秀儿女为民族解放事业献出了自己的宝贵生命。

　　为了广泛宣传大峰山革命根据地的英勇事迹和卓越贡献，教育干部群众不忘初心、牢记使命，继承先辈的光荣传统，中共济南市委组织部在大峰山脚下修建了一所"济南大峰山党性教育基地"。2018 年 3 月开始建设，2019 年 4 月 25 日正式揭牌投入运行。大峰山革命根据地是抗日战争、解放战争中我党的坚强战斗堡垒，是山东联系延安秘

18-3　济南大峰山党性教育基地全民抗战雕塑

密交通线上的重要中转站，是培养党政军干部的红色摇篮，为抗日战争、解放战争的胜利做出了很大贡献，熔铸了"信仰如山，一心为民，不怕牺牲，勇往直前"的大峰山精神。围绕"牺牲奋斗为人民、公而忘私为人民、忠诚担当为人民"这一主线，大峰山党性教育基地高标准打造了"两馆、一广场、一园、一旧址"，规划建设了大峰山革命根据地中心教学点（占地 30 亩，由大峰山革命根据地纪念馆、初心广场、大峰山革命烈士陵园、中共长清县委旧址和党员政治生活馆五部分组成），全景视角展示了战争年代、建设时期和新时代长清党政军民传承红色基因，不忘初心使命，忠诚为民担当，砥砺奋进前行的壮丽画卷。

大峰山革命根据地纪念馆按照大峰山革命根据地创建及发展壮大的历程，展厅共分为"泉城播火，光照长清；国难当头，浴血抗战；同仇敌忾，共筑长城；坚如磐石，迎接曙光；奋起自卫，欢庆解放；

18-4 大峰山革命烈士陵园

遍地英雄，不朽丰碑"六大部分，每部分分为三个单元，详细介绍了从抗日战争到解放战争中，长清军民浴血奋战，取得最后胜利的艰苦卓绝的斗争历程。馆内陈列了许多反映侵华日军犯下的滔天罪行和根据地军民抗击日寇的实景、实物，详细介绍了当年革命根据地发展的实况。纪念馆的开放，为济南乃至山东省的爱国主义教育提供了新的讲堂，丰富了"红色旅游"资源。

大峰山革命烈士陵园于 1951 年修建，安葬着抗日战争和解放战争时期在长清牺牲的 22 名革命烈士，几十年来一直作为长清爱国主义教育基地。2011 年 7 月 1 日，即中国共产党建党九十周年之际，长清区委又竖立了"革命英雄纪念碑"一座：碑座高度 1.938 米，寓意为 1938 年中共长清县第一届县委成立；碑座到碑帽高度为 7.1 米，寓意为七一党的生日；主碑高 9 米，寓意为庆祝中国共产党建党九十周年而建。碑体上"革命英雄纪念碑"七个金色大字熠熠生辉，陵园内矗立着"大峰山抗日根据地纪念碑"和"小燕庄惨案纪念碑"。

巍巍大峰山，铁血铸英魂；泰西小延安，共筑新长城。济南大峰山党性教育基地主题突出，特色鲜明，自开放以来，共接待省、市、县（区）各类党政培训人员近百万人次，得到了广大群众的一致认可和好评，形成了具有大峰山鲜明特色的红色教育品牌。

第十九章
寻迹齐长城琐记

　　齐长城，一道有 2500 多年历史的齐国南部边防工事，经历过多少往事，发生过多少故事，谁也说不清。多年来，曾有诸多专家学者和齐长城文化爱好者纷至沓来，实地考察和专题论证。不知不觉中，笔者也鬼使神差地加入到这个行列里来，并且深陷其中，不能自拔。这道残墙遗迹已深深地印在我的脑海里，挥之不去，梦绕魂牵。慢慢地，就有了沿着长清境内的齐长城走一走、拍一拍、写一写的念头。付之行动后，断断续续，或结伴或独行，经过近二十年的跋涉和近两年的晨昏伏案，终于将《长城之源》初稿完成。然兴奋之余，笔者总觉得意犹未尽。思之再三，索性把这些年寻访齐长城的点滴经历盘点一下，权当游记或散记留存，毕竟这些事都是真实的，有的甚至是刺激的、危险的……

1. 三访黄巢寨

黄巢寨位于万德街道石胡同村南的黄山上，这座山因石头多呈现黄色而得名，海拔 628.8 米。黄山峰高谷深，山势险峻。据记载，黄巢率部于唐中和四年（884）在此驻扎，修筑山寨，因此也称黄巢寨。

第一次

2015 年 5 月 3 日，晴。我和影友加驴友马道泉、于兰青第一次到访黄巢寨。山高路险，又不熟悉，好在有道路施工人员给我们指明了大体方向。我们瞄准正南方向，出发。

山之高、路之险，令我们始料未及。先是磕磕绊绊，后是手脚并用，再后只能靠同伴相助才能攀爬。最要命的是走着走着就没了路，我们只好在树丛、荆棘中穿行。总算是穿过树丛，已是气喘吁吁，各自找块石头坐下来歇息一下，补充给水，积攒能量后继续前进。

真是"望山跑死马"！本来看着挺近的山，怎么走了一个多小时，才到了山崖下？坏了，找不到路了。我们在一块高约 1 丈，宽约 2 丈多的硕大岩石跟前停滞不前，东找西探转悠了半天，也没找到攀爬的地方，真有点盲人摸象的感觉；不过也验证了一个事儿：这里的石头确实是黄色的。

此路不通怎么办？只好回头下山另寻他路。

"天不灭曹"，下山时遇到了一位肥城大哥，他给我们指了上山的路，并开车把我们带到了西面山口的齐长城下，说只要在齐长城上往东走，就能找到黄巢寨。于是我们爬上长城向东寻找。

此时的路比起刚才好走了许多，这段长城有别于其他地方的是城墙上的石头都很大，有的地方是借助于山体的岩石垒砌的。刚走不远，在长城边看到了两棵比碗口还要粗的树，有好事者在树身上刻了一些字，其中"完美"二字在上边最显眼处。我想，当时可能他（她）留下字，觉得小树见证了他们到此一游，还有可能是见证了山盟海誓的爱情，挺完美。可如此破坏大自然会不会造成人生的永不完美，甚至是遗憾呢？这还真不好说。

继续走。忽然间，同行的马道泉老弟一下瘫坐在地上，浑身像筛糠，并面朝绝壁捂着脸喊着："哎哟，不行了，不行了……"

我的头嗡的一下大了一圈，心想："坏了，是不是犯心脏病了？在这里什么条件都没有，弄不好会出人命的！"

我和于兰青异口同声地问："怎么了？"

马道泉双目紧闭，连屁股底下的石头都跟着晃动："于哥过来，站在我旁边。"

这是怎么回事？于兰青本来在最前面，我离得老马近，就忙过去扶他。此时的他只管面朝里边的崖壁捂住脸，过了一会儿才慢慢睁开眼说："没事儿，我不敢往外看，晕！"

我这才发现，我们面临的南边的悬崖很深，也很陡。哦，原来他有恐高症。我站到他的外边，他才不紧张了。我们这才松了一口气。

再往前十几米处是一个更大的断层，立陡竖崖，好几米宽，不用说，老马肯定是过不去了。三人只好"望山生叹"，悻悻而归。

后来我们才知道，这个断崖叫"仙人桥"。试想一下：这里是仙人走的地方，我等凡人岂能过得去？

第二次

2015 年 5 月 7 日，薄雾。黄巢寨很难找，可它是在齐长城上建造的山寨，意义非凡，再难也要爬上去。我们接受第一次的教训，首先要找个向导领路，否则还会事倍功半。隔了 4 天，稍事休整后，我同万德街道领导联系，找到了黄巢寨护林员张英贵，又开启了第二次黄巢寨之行。当然，这次顺利得多。除了上次我们 3 人外，又多了一位影友薛平华。这次是由东向西走的。我们一边走一边攀谈，得知张英贵老人已经 70 岁冒头，做护林员多年，这里的一草一木他都了如指掌。别看他已年逾古稀，但身子骨比我们还要硬朗。他随手拿起一把砍刀，带上朝夕相处的两个伙伴——一黑一黄两条看家狗，为我们增加了安全感。

起初我们顺着村民种田的道向东走，然后偏南沿着山的 "水道"开始向上爬。所谓水道，就是下大雨时聚集水流的地方，因雨水冲刷露出来许多山体碎石。这里没有树木，能免遭荆棘的刺伤。

接近山顶，穿过一片树林，前面有一块相对平整的山坡，是一片开阔地，据张英贵介绍，这里叫杀人场，是专门对逃兵、俘虏和奸细行刑的地方。

继续前行，不远处开始有散乱的石头，继而就看到了石砌的长城。虽然已塌落，但痕迹明显，彰显出沧桑感。

大家兴奋不已，在凸起的长城上再向西走，前面约百米处，发现南坡有一些散乱的方形石堆，像是石屋地基。这就是山寨了。令人疑

19-1　二次进发

惑的是，寨子没有设在山的最高处。张英贵介绍说："一来上山的路实在太难走，那里不适应建军营；二来山顶风大寒冷，并且没有较大的开阔地，因而把山寨建在了下面平整朝阳的地方。山上只留下几个哨兵轮流站岗就行了。"

仔细查看山寨布局：东北向寨门处有高3.5米，宽2米，长约50米的残墙。东有乱石垒砌的半穴式房基6间，由于多年的侵蚀，现只留下残存的石头和隐约的痕迹。据张英贵介绍：听说本来寨子就是半成品，大概当时黄巢军被官兵追杀，还没来得及建好就撤走了。

继续向西，确实很难攀爬，20分钟左右，我们终于来到山顶。视野一下子开阔了起来。张英贵指着四周给我们一一介绍：东面连体的是五花岩山，南面是同黄山海拔差不多的鸡冠岭（在泰安境），西面是略微矮一些的莲花盆山，北面是石胡同水库。这里地势非常险要，易守难攻，素来是兵家必争之地。由此看来，当年黄巢在此建寨是很有战略眼光的。

北部有一片向北凸出的巨大平石，约30米长，呈半岛形，时称点将台。看着这块巨石有点眼熟，原来上一次就是在这块大岩石下被拦住上不来的。难怪呢，巨石上大下小，纵然会飞檐走壁的功夫也休想爬到山顶啊！

山顶上发现有擂鼓石、旗杆窝、石臼窝。南部有开阔缓坡，面积有足球场那么大，因此叫跑马场。除了这一片空地外，山顶上四面绝壁，到处怪石嶙峋，南北边上都是万丈深渊，顿时让人增添几分恐惧感。山寨西侧有双重山门，又有一线天（仙人桥），地势非常险要。

站在最高处，望着北面山下的村庄，想象着当年黄巢与官兵厮杀的场面。

这次如愿以偿，终于见到了黄巢寨的真面目，也结识了张英贵老人，了解了几段与齐长城有关的陈年往事。比如石胡同、上营、下营等村庄的来历，还有"倒穿靴子退唐军"的传说等。可说是收获满满。

第三次

2017年7月19日，晴。应济南电视台《走近齐长城》栏目组邀请，我随记者吕妮、崔阳，还有同行的长清一中李现新老师，第三次到访黄巢寨。这次还是找的张英贵大哥做向导，轻车熟路，肯定顺利。

但有一件事让我们始料不及：天热得出奇，才走几步，衣服就被汗水浸透了，夏天山坡上长满了艾草，齐腰深。又走了几十米远，突然崔阳惊叫了起来——大家没注意，身上都爬满了蜱虫。这小东西我第一次见，本来也没感到大惊小怪的，但崔阳上年刚报道过长清双泉一位老人被蜱虫咬伤后中毒不治身亡的案例。结果这次他在自己的腿上竟然找到了23只。你说恐怖吧！据说蜱虫专门趴在人或动物的身上，把尖嘴插进皮肤里吸血，然后眼看着肚子被血撑得鼓鼓的，身体比原来大好几倍。据说这东西不能拔，越往外拔，它钻得越深，一旦把它拽出来，头却断在身体里，就会有毒液传遍全身，危及生命。我们听后立刻慌乱了起来，迅速穿过这段平地，在山坡上抖搂衣服，将其全部驱赶下来。

19-2　现场采访

这事整的！我发誓再也不来黄巢寨了。

真是世事难料，人生无常。2023年春天我去万德街道上营村拍齐长城辘轳道时，得到不幸消息，张英贵老人已在两年前因病去世了。

2. 探寻将军山吴道人庵

2017.7.31

　　2017 年 7 月 31 日，晴，正值盛夏，气温 34℃左右。济南电视台《走近齐长城》栏目组记者吕妮、崔阳，邀请山东艺术学院原副院长胡德定先生和我一道探访马套将军山和山里的吴道人庵。

　　将军山原名襁负山，襁负是背包袱的意思，因一大一小两山相连，如大山背着小山，又如翁负孙，故名。当年齐长城修到这里，因山势陡峭无法施工，负责监工的将军为民请愿，却被齐王怨杀，并将首级挂在山崖上。后来人们为了纪念这位将军，把这座山改名为将军山，沿用至今。

　　吴道人庵坐落于将军山东面的山坳里。不仅十分隐秘，而且相当难行。据考证，此庵由吴姓道人肇建，具体年代不详，清宣统年间，道人于义成云游至此扩大成现在的规模。其隐藏于大山深处，许多年无人问津，道路淹没在乱石及树丛中。起初根本就没有路，我们只能在马套村向导任兴元、段宗君的引领下艰难攀爬。

　　费了好大劲，才在山腰处找到了废弃多年的蜿蜒小路。途中脚下山路陡峭，头顶树枝遮天蔽日，路边的巨石似乎随时都有滚落的可能，给人增添了几分恐惧感。每前行一段，就要停下来喘口气。衣服不一会儿就湿透了。

接近山顶，又找不到路了，我们只好在树林里拨开树枝摸索前进。不时还要挂上"四驱"。天气实在是热得出奇，记者崔阳拖着200多斤的身体边爬山、边拍摄，浑身已经没有一块干的地方。口袋里的毛巾早就湿透，一会儿就得擦把汗，然后再拧一把。用"汗如雨下"一词形容一点也不夸张。他自嘲道："这回减肥了。"

终于到山顶了，看到了树上挂的经幡。胜利在望，路也好走了许多。脚下是落满松子和树叶的松软土地，十分肥沃。

然而，失望伴随而来：吴道人庵根本就不在山顶，还要下很长一段陡峭的山崖才能找到。正彷徨间，突然从草丛里飞出来一只马蜂，没征得本人同意，伸出毒刺就扎进了我的脚踝，我顿感一阵钻心刺痛。

19-3　汗水湿透衣衫

胡德定院长眼疾手快，即刻帮我把蜂毒使劲挤出来。本来心里稍微平静了一些，但任兴元老伯提醒我不要大意，说山里的马蜂个大毒性也大，村里某某人就是被山上的马蜂给蜇死了。我又慌乱了起来，心想：如果真的死在这么个小东西身上，实在是太窝囊了。还有，这算不算因公殉职？

接下来我忐忑不安地看着周围布满毛细血管的伤口，随时注意身体的变化。胡院长若无其事地安慰我："没事，蜇的地方是骨头，毒汁都在肉皮上，我都给挤出来了，放心吧。"

我苦笑道："不是你的肉，使这么大劲！"

"上山容易下山难"，大家深一脚浅一脚地开始下山谷。这里四面几乎都是刀削一般的悬崖峭壁，有的岩石还龇牙咧嘴，好像大风就能把它们刮下来，非常瘆人。

潮湿的环境，是蚊虫理想的家园，我们这些到访者都成了它们盼望已久的大餐。还是吕妮心细，用随身携带的风油精为大伙涂抹被叮咬的肿包和裸露皮肤。还别说，挺管用。只是一瓶风油精一会儿就见了底儿。

在三面环山的山坳里，我们看到了一座石屋，又经过狭窄的天然石板路，终于来到了吴道人庵。此庵的地势十分隐蔽，当年建庵者真会选地方。前面大殿就是玉皇殿，原来里面供奉着玉皇大帝。看得出来，此殿是后来修葺过的，但又被侵蚀得千疮百孔。地上到处是散乱的石头和建筑构件。不难想象，昔日的规模应该很大，香火一定很旺。

殿前不远处有一块被毁坏的石碑，虽然七零八落难以复原，但还能断断续续读取只言片语。大概内容是：此庵为吴道人所建，时间久矣。清宣统年间于姓道人携弟子来此扩大规模，修洞建房，开垦荒地，栽植果树，塑像供奉，使这里香火逐渐旺盛。云云。

继续往深走，隔着悬崖隐约看到右下方毁坏更加严重的废墟，据说那是泰山奶奶庙。这里就处在泰山后，离岱顶近在咫尺，不知道泰山奶奶如果发现了供奉自己的庙宇成了这样，会有何感想？

玉皇殿后方上边一层石崖上有一个洞，门口斜立着一块石板，上写"老君洞"。洞是贯穿的，约5米深、2米高。应是道人修真的地方。在洞口外3米处突兀出去一块近2米的独立岩石，据说是道士当年打坐的地方，凡人很难跳得过去。因为有高度差，即使勉强跳过去，也肯定跳不回来。

老君洞西面斜上方有一小片开阔地，再后转是一处突出的潮湿悬崖，崖下有一处清泉，泉水顺着山崖流下叮咚作响，为大山带来灵气，也为道人提供了生活用水。

继续往西又爬一坡，一个大碾盘呈现眼前，但石碾已不知去向。任老伯讲，是有人恶作剧，将石碾滚到了山下。虽然此庵地处峭壁间，但周围还有不少零星平地和坝堰，当年的道人在这里开荒种地，过着自给自足的生活，少了下山化缘的辛苦。

在庵的最东边还有一个小石屋，应该是土地庙。里面已没有任何有价值的物件。

据任兴元老伯讲，民国年间这里曾设过庙会，成为长城岭内外人们进行物资交流和祭神的场所。后来发生战乱，荒废了。传说曾有打家劫舍的土匪被红枪会追赶到这里，匆忙中将宝物埋于庵中。土匪悉数被杀，藏宝的地点也就成了一个谜。后来许多人来寻宝都没找到。

由于山路实在难行，也就不能走回头路了，大家只好围着将军山转一大圈，再通过北边的钉头崖下山。将军山东面是长清第二大高山——海拔903.9米的老鸹尖山。我们从两座山的山口斜穿过来，再顺着钉头崖下的长城到界马路（界首通往马场的路），结束了一天的行程。一看表，已是下午4点多了。乖乖，这一来回走了近七个小时，饥饿、口渴、炎热、疲劳集于一身，感受难以言表。

2019·9·11

2019年9月11日，阴转小雨。前日与赵福平、张德青、刘伟、韩特等约好，一行五人一起爬归德街道李庄南到马山潘庄段齐长城。一早，我们驱车从归德街道土屋村南过大石门，再从西边小石门的山势平缓处登山。

这一带的齐长城是比较容易爬的一段，因为植被不多，山也不算高。大家信心满满，预计可以很轻松地两个小时完成此行。

天气预报本来报的是多云转阴，怎么就淅淅沥沥地下起雨来。大家都没带雨具，猝不及防，商量着是不是要继续走下去。

赵福平坚定地引用古文中的一句话："今亡亦死，举大计亦死，等死，死国可乎？"

是啊，虽然不是"举大计"，更不至于"死国可乎"，但此刻下山同继续向前走都一样被雨淋，既然上来了，哪能言退？大家异口同声："走！"于是先把相机护起来，最好也保护一下头部，免得感冒。意见统一，大家在谈笑中沿长城一直往东行。

走不多远，非常清楚地能看到北边隔谷相望的大石门。大石门由两座山夹峡谷自然形成，东侧叫云头山、西侧叫赵化山，两边峭壁万仞，中间是一个天然绝壁山口，进深近百米，宽5米左右，宛若一道大山门。不禁让人想起发生在这里的与齐长城有关的平阴之战格马塞道的故事。

继续向东，就到了界山顶子。界山顶子因山顶位于归德、双泉、马山三个街镇的交界点上得名，属于典型的"鸡鸣三镇"。马山的雄姿在这里已看得非常清楚。前面即将进入起伏跌宕的山体。此时地面的荒草被淋湿，需注意脚下了。

19-4　山顶小憩

这一段长城多在山的南面依崖而建，好在山脊上有许多大石板，虽然被雨水淋湿，但走起来还算顺利。

雨，时下时停。大家择机掏出相机拍摄。脊背上雨水和汗水已分不清了。往前越来越难走，出现了落差很大的连续三个山头，一个比一个高。

第一个山头和第二个山头之间，是一个断崖，两边几乎都是近90度的峭壁，下面就是深涧。这里有一道宽约8米的大豁口，非常惊险。修长城时，在山体外侧的悬崖上修了一段高大厚实的墙体，把两座山连接起来，形成了一道浑然一体的城墙。当时修建这段长城的难度可想而知。

此时上有雨淋、下有深涧，加上鞋子里都灌满了水，走起路来"咕叽咕叽"的，很不舒服。山涧很深，本来就不好越过，加上杂草丛生，下涧时有两个人不小心擦滑坐在了地上，本能地作为支撑点的手也被搓血印了。很幸运,我因独脚架替代登山杖而免受屁股之痛。

此时大家的衣服已全湿透了。

继续攀爬,第二座山上面有长、宽各 8 米左右的寨墙,里面两间石屋已不完整,有住过人的痕迹。第三个小山头上出现了一片少见的光石梁,上面有两块平石。很难得的一块山顶平地。在一个残破小屋茬子前,大家自拍留个影吧。姿势嘛,随便一点更自然,反正也都是一副狼狈相。

再向东,长城遗迹逐渐淡化,只在断崖处能寻到土石混筑的残墙。

从潘庄村西,山势急速下降,继而被村庄截为断崖。此段长城多被压在民居或小巷下面。村东即是崮头水库,原来的夯土长城也在当年修水库时被埋入水底,无迹可寻。再往东就进入马山谷地了。

下山后,大家在潘庄村参观了国际主义战士"史元厚纪念堂"。

老天真会捉弄人,此时雨也停了。这次行程比预计的时间超了整整一个小时。

3. 岭子头 "炸机"

　　"炸机"，原是航模术语。一般来说，由于操作不当或机器故障等因素导致飞行航模不正常坠地，就叫炸机。随着无人机的广泛推广，现在往往把炸机指向无人机因发生各类事故而致的坠机。我的一位影友5年前曾接连几次炸机，以至于不敢再玩儿无人机了。他自嘲地说："在我认识的用无人机拍照片的影友中，就没有一个没炸过机的。"足见无人机炸机频率之高。

　　但也有例外，当时我笑着对他说："我就没炸过。"

　　当然，什么话也不能说绝了。这不，5年后的2023年4月29日，我的无人机就栽在了张夏街道周家庵南边的山上。虽然毫发无损，也顺利找了回来，但也算是实现了"零的突破"吧！这是后话。

　　下面说的是两年前的事：

　　2021年11月8日，晴。前一天刚过立冬节气，晚上就下了一场小雪，虽然不大，但也下白了地皮。赶上济南电视台正在拍摄六集大型纪录片《齐长城》，剧组成员贾卫国老师约我去齐长城源头航拍雪景。我也正有此打算，于是爽快赴约。初冬地温高，这雪说化就化，要赶早不赶晚，我草草吃了几口早饭就出发了。

19-5　雪后岭子头

　　一路看着两边被一夜染成白色的农田和树木，一幅幅美丽的画面浮现在眼前。心里一兴奋，脚底下的油门也就轻快了许多，恨不得马上"飞"到现场。

　　"岭子头"就是齐长城的源头部分。春秋中、后期，为了防止他国侵入，齐国在孝里广里一带修筑了这道夯土长城。因原来的齐长城既高又长，当地百姓给取了个土名叫岭子。后因这道岭子逐渐遭到破坏，到20世纪末仅剩下不到200米的一段，大家就习惯上称之为岭子头了。随着时间的侵蚀，长城已慢慢荒废。为了将这一"世界文化遗产"展示给世人，有关部门投资对齐长城源头遗址进行了修复。现在的夯土长城总长260米，底宽27—30米，顶宽24米，高2.7米。虽然远远不及原来的长城恢宏、高大，但整体基本还原了昔日的状况，又能让人领略到当年的齐风古韵。

　　半个小时的车程很快，在岭子头东，见有一辆黑色越野车停在路边上，推断这一定是贾老师他们的车。顾不得多想，一会儿太阳升起来，地上的雪很快就会融化，还是先"飞起来"再说吧。于是我迅速启动无人机，沿着岭子头尽兴地拍了一番。

东边距岭子头不远的珠珠山，是齐长城沿线的第一座小山。也是一个亮点，必须拍一下。几百米的距离，以每小时70公里的速度，飞过去很快。珠珠山因半圆形的梯田向上层层收叠，像一串串佛珠而得名。21世纪初，文物部门在山上竖起了一座以当时齐国流行刀币为原型组合成的"齐"字巨型雕塑标志，富有"齐川通鲁"的古风遗韵。在遥控器里能清楚地看到：近有巨标下初冬残留的红叶，远有横跨东西的东风渡槽，还有旁边济菏高速路上川流不息的车辆，在白雪的映衬下，显得那么和谐，那么温馨。我是照片、视频切换着一气儿拍了个够。

正在兴头上，突然，遥控器上的画面静止了，接着变成了黑白色。不好！我立刻意识到无人机可能出事了。急忙按"一键返航"键，可毫无反应。

恰在这时，贾老师二人手拿着他们的无人机从北边回到车跟前。我简单地跟他们打了声招呼，顾不得多说，急切地看着遥控器上的画面——还是没变化。我的心提到了嗓子眼儿，对他们说："我可能炸机了，你们先拍着，我去东面找一下。"

此时，戏剧性的场面出现了，贾老师指着我的车顶上方说："这不是无人机吗？"

我抬头一看：乖乖，自动返航了！真是"喜从天降"啊！原来因为下雪，地面上起飞容易刮起雪花，我便把无人机放在车顶上起飞。自动返航后，它基本上还会在起飞点降落。我还是不放心，忙把它横过来，向左遥控，用手接住了它。

此时，我一颗悬着的心总算平复了下来。

　　我边收无人机边问贾卫国老师拍得怎么样。他递过无人机让我看：只见四个螺旋桨有歪着的，也有劈成两半的。原来他们的无人机起飞不久，刚拉到北边小树林上面就炸机了！不过有惊无险，机子挂在了树上，他们用劲摇晃小树，无果；又从地上捡起土坷垃投掷，数次后击中，无人机掉落在了松软的雪地上。后来一检查，只是螺旋桨被树枝打坏了，换上一副新的试了一下，没大碍！

　　我心想：今天是个什么日子？怎么这么不顺呀！可不管怎么说，我们还是记录下了岭子头及珠珠山难得的雪后景色。值！

4. 山路难行车爆胎

2020 年 12 月 24 日，晴。与韩特、赵福平约好去双泉镇石小子山到牛头山一带探寻齐长城南北线分界点。之所以选择这个季节爬长城，是因为山上的草都枯黄了，没了绿色，长城的遗迹更容易找到；并且拍出的照片更"骨感"，更能反映出长城的沧桑感。

在长清提起齐长城几乎人人皆知，因为其源头就在长清，它也是"长清"一名的起源。这座经过境内百公里之长的雄伟建筑也是长清人的骄傲。然而说起齐长城还有南线，就少有人知了。因为史书和参考资料上对长城南线极少有相关记载。那么究竟有没有南线？如果有的话，起点在什么地方？同北线长城有没有必然关联呢？这只能在两线的分界点寻找答案。

我们驱车到满井峪村南的半山腰，然后下车步行爬山。起初，三人沿着时隐时现的山路走，找到了齐长城后，再在长城上向东探寻。

爬到山顶，周围大树参天，荒草丛生，没有找到可供无人机起降的平台。只好一手托着，一手操作遥控器单手起飞，先把长城的脉络和山势大致走向拍一下。

从孝里的梯子山向东，长城经过一段绵延的山梁就到了双泉镇，继而是石小子山。这座山因有一块孤立的岩石酷似一个少年形象而得名，海拔 440 米，四面绝壁，茂林遮掩。上有古山寨，城墙沿崖边围筑，内有较完整的石屋 70 余间。长城在其东南门沿山脊东行，慢慢进入了茂密的森林。

齐长城大多建在山脊上，但这里的树林把整座山遮盖得严严实实，别说向远处瞭望了，就是走到近前，也不容易被发现。本来隆起的长城，反而成了一道"深沟"。我们就在这道"深沟"里穿行。

齐长城游走于密林中，犹如一条巨龙，不见其首，更难见其尾。这段长城两面用石头垒砌，中间填土夯实，高两三米，宽四五米。遗迹非常清晰。

由于长城的顶部有土，非常荒凉，上面长满了荆棵、酸枣树及一些叫不上名字的灌木，密密麻麻，很难通行。这些灌木还时不时地跟你"亲热"一下：不是"拉住"你的胳膊，就是"拽住"你的衣服，再不就在你脸上留下个记号。这不，刚走不远，韩特就被圪针扎破了手。此段南边多是悬崖，北边的柏树密不透风，蜘蛛遍布。无奈，大家只能硬着头皮在长城上走。

有段城墙在山南面依崖而建，断断续续地可以看到保存相对完好的墙体。其中有两段均高五六米，宽三四米，都是就地取材的石板垒砌，仍然十分坚固。

走过一段较平的"路"后，又开始爬坡，前面就到了青黄山。在青黄山的最高处，有个凸起的山包，当地人称草帽子顶。因其很像遮阳避雨的草帽得名。从这儿向四周望去，苍山如海，群峰奔涌，大有"一览众山小"的感觉。草帽子顶介于西面的石小子山和东面的牛头山中间，西高东低，形成三个均匀的天然台阶。

在草帽子顶略偏东南位置，有一小片石头和山土混合而成的凸起部分。据我们推断，这里应是齐长城上的一个烽火台或是观察哨一类

的遗存。以这个草帽
子顶为基点，齐长
城的主线转而向北，
跨过北傅村西的谷地
后，向陈沟湾东山爬
去。此段长城同样修
筑得敦壮高大，尽管
掩映在树丛中，寻找
起来还是比较容易
的。

　　南线长城则继续
向东延伸，只是由于
受 20 世纪五六十年

19-6　探幽三人行

代大规模植树造林的影响，看上去较主线偏瘦偏弱，很多石头被搬去
做了"鱼鳞坑"，损毁较为严重。向东向下，仍然可以看到一溜残存
的土石混构的隆起部分。

　　东边不远就是海拔 404 米的牛头山，因其山形似卧牛，主峰似牛
头得名。牛头山与双泉谷地对面的马山隔谷相望，默默守护着双泉这
方宝地，共同见证着世事沧桑。

　　找到了分界点，也就达到了此行的目的。向北的齐长城我已在两年
前到访过，这次再继续向东寻找分叉后的南线。牛头山上有一些规则的
乱石，像是植树时用长城上的石块垒的鱼鳞坑。"牛头"顶上还有几间
单独的小屋，应为近代或现代产物。据说这里曾有一座小型山寨。

　　纵观这段少有记载的齐长城南、北线分界点，可以想象得出，当
时决策者的决心是何等之大。而令人疑惑的是，从牛头山顶起，寻不
见长城了。

也许大家都太专注了，竟忘记了时间，一看表：1 点 20 分了。我们这才感觉到肚子在"提意见"了。不知不觉中，已经快到双泉镇了，如果再往回走的话，下山还要用一个半小时，而直接向东下牛头山，半小时就足够了。所以我们决定，给双泉的朋友打电话，让他们到山根来接我们，吃饭后再把我们送到满井峪南山去取放在那里的车。这样既节省了时间，又能及时吃上午饭，降低体力消耗。

双泉供电所的房玉杰所长接电话后立刻派人到山下来接我们。三人在一家小店里草草吃了饭后，司机又把我们送到满井峪。一切都挺顺利的。可帕萨特毕竟不如越野车泼辣，刚爬山不远，就听"嘭"的一声，后轮胎爆了。

司机立刻更换备胎。可是山路狭窄，往前走难免还会造成别蹭或爆胎，我们正想徒步去。你说巧不巧，恰在这时，承包这片山林的孟宪成先生开着一辆面包车来巡山，得知我们是齐长城文化爱好者后，他热情地介绍了有关齐长城的一些情况。为了减轻面包车重量，老孟把赵福平一人送到我们的放车处。

取车，下山，完成了一天的行程。只是当时也忘了对两位司机表示感谢了，我至今还深有歉疚感。如果他们能看到此文的话，我还想借此机会道一声："谢谢你们！"

5.《记住马山》与齐长城

　　从 2019 年开始，长清区马山镇 53 个行政村中的 45 个进行拆迁，规模之大在济南乡镇拆迁史上屈指可数。为了让乡亲们留住乡愁，不忘乡情，有关部门计划同时出版一本书、拍摄一部纪录片，并定名为《认识马山》和《记住马山》。我有幸担任了《认识马山》这本书的摄影师和撰稿员。正当紧锣密鼓为这本书"备料"的时候，济南电视台《记住马山》摄制组执行导演王刚先生专程来家找到了我，说想把马山境内齐长城的内容收录进这部纪录片中，希望我作为摄影师协助他们拍摄一下。齐长城是我多年来一直热衷拍摄的对象，手头也积累了大量资料，但个别地方还有缺憾，尤其是位于马山境内的南线齐长城。再者，《认识马山》书中也有许多航拍照片需要专程去拍，这样可以一举两得，我就爽快地答应了。

　　马山镇地理位置特殊，基本上被齐长城所环绕：其西北、北、东、南、西南都有长城，与双泉、归德、五峰、万德等街镇及肥城市多以长城为界。总长度不仅为长清境内之最，即使在千里齐长城沿线也是长城过境最长的乡镇。因此，作为马山的山（马山）、水（宾谷河）、城（齐长城）三大要素之一的齐长城，地位举足轻重。

　　于是，2020 年 6 月中下旬，我们对马山境内的齐长城进行了重点采访、拍摄：

　　2020 年 6 月 18 日，阴，中午前后有小雨。《记住马山》摄制组王刚、王柏乔等四人，一早接我直奔马山漩庄村东，因为那里至今还保留着一段长约 80 米，宽约 6 米，高约 8 米的夯土长城，其高大雄伟、夯筑坚实、墙体牢固，蔚为壮观。因此，第一站我们就选择了这段夯土长城。

　　由于人们前些年缺乏文物保护意识，附近村民为了出行方便，将夯土长城拦腰截为两段，致使其缺失了 12 米之多，对长城整体造成了严重破坏。不过也算是歪打正着——这里露出部分形成了夯土部分的剖面，为研究齐长城的结构提供了第一手资料。

　　据有关专家考证，马山谷地残存的这段夯土长城，是目前千里齐长城上保留最长、最高、最宽，也是最壮观的一段，引得全国各地许

19-7　行走在齐长城上

多齐长城文化专家及爱好者前来考察论证。

时间紧，任务重，我们拍完这里后，收起家伙什儿马不停蹄地又去了薛家峪、帽山等齐长城相对完整的地段。中午吃饭时下起了雨，不过雨天很容易出现飞云流瀑，对摄影师来说，也是可遇不可求的。果然，我们在帽山上拍到了云雾里若隐若现、虚幻神秘的玉皇庙。

大家冒雨来到帽山南面一段保存状况良好的长城遗址前。这段长城非常令人震撼，雨水把石块儿上的浮土冲洗得很干净。两位摄影师等雨一停，立刻架上机器拍了起来。

此时踩着长城上的乱石，呼吸着雨后特有的清新空气，我们仿佛穿越时空，到春秋、战国时代走了一趟，别有一番感受。

终于雨过天晴，大片云彩匆匆掠过，正是延时摄影的好机会。拍罢几段延时，天色渐晚，心想一天的行程应该结束了吧？而太阳却从云层里俏皮地钻了出来，估计还会出现晚霞。王刚又问我能不能再去补拍一下夯土长城的落日余晖。作为一名摄影师，哪有不愿意的道理！

19-8　站在恐怖岩石上

说走就走，大家又返回头来到漩庄，补拍了长城落日镜头，为一天紧张的工作画上了圆满的句号。

2020年6月23日，阴。同《记住马山》摄制组王柏乔、张福禄等三人驱车到位于马山镇最南端的张家老庄，拍摄齐长城南线（东段）。村里派向导为我们带路，很快找到了齐长城。史书和参考资料上对齐长城南线西段起源记录得不是很一致，而对东段与北线长城结合部则没有争议。我们从张家老庄村南的小南山开始登长城，先向西查找杨家山上的遗址。杨家山异峰突起，海拔293米，上面还有较完整的墙体，还有一堆乱石，疑似有过山寨或是烽火台。

再向东南过一道山梁，是一座凸起的平顶山包，当地人称七姑娘娘顶（肥城人称七姑娘山），其海拔304米，传说七仙女曾来过这里。我们发现有庙宇残留的构件，说明原来有过建筑。

我们深一脚浅一脚继续向东，山上出现了狼牙似的怪石，大且敦壮。其中两块巨石中间有一道大裂缝，很像一块"试剑石"。如果在战时，这里作为一处狙击阵地非常理想。

此时向东望去，只见乌云翻滚，齐长城蜿蜒曲折于群山叠嶂之中——又是一次延时摄影的好机会。我们坐在岩石上，静等"完工"。

十几分钟后，我们顺着长城下七姑娘娘顶。前面有一条通往肥城老城的路——五道岭的最后一道，把齐长城再次截断。路两边各有一棵千年柏树矗立城墙上。东边粗的柏树两人合抱还显费劲，西边稍细的那棵，直径也有半米多。两棵树龄都应在千年以上，分别守在一道宽约5米的山口两边，像寺庙山门里的"哼哈二将"。再往东，长城逶迤进入大山。这段长城多已成为田地坝堰，但总体脉络清晰。此时山势连绵起伏，翻过最后一座山，有一个山口，即三岔口，南北两线齐长城就在那里会合。

午饭后我们又分别到张家老庄村和潘庄村与村民交谈，详细了解了一些齐长城沿线的民俗风情和古往今来后，结束了一天的行程。

本以为两天拍摄的内容已足够多了，因为齐长城毕竟只是《记住马山》中的一部分内容，此后大家就各忙各的了。没想到5个月后，王刚编导突然又联系我，想拍一下秋后的齐长城。因为山上的草都枯黄了，没了绿色，拍出的影像更能反映出长城的厚重感。

2020年11月12日，晴。一大早，我准时在小区大门口等候。摄制组接上我后征求我的意见，设定拍摄地点。我们决定从南线齐长城西段的双山开始。这里处于104省道路西，山形尖而高，有两座并列的山峰，东边的一座略高一点，海拔280.8米，属于附近较高的一座，原来一直把守着今104省道上的关口（过去叫大石关）。站在双山上面，北、东、南三个方向可望到目测极限，是一处非常险要的战略要地。抗战时期，日军曾在山上设有一个据点，至今还留有日本鬼子炮楼地基遗址。

南线齐长城基本上在长清与肥城的分界线上，在这段东西长近10公里的连绵群山间，过去曾有五道关口，故称五道岭。秦始皇统一中国后，拆毁小国之间的关隘，五道岭上的齐长城遭到很大破坏。但山上断断续续仍留存很多遗址。我们自西向东，一路拍摄，发现了一些残损墙体。

在104省道东上山不远处，发现了掩映在杂草中的长城南面的"长清—肥城"界碑。证明这一段长城确实在长清境内。据有关资料显示，南线长城共经过19个山头，总长度为9900米。遗址接连不断，城体清晰可见。我们沿长城一路走到五道岭的第四道岭下山，打道回府。

三天的拍摄任务结束了，其间，济南电视台《记住马山》摄制组全体成员早出晚归，爬山越岭，十分敬业，非常令人敬佩。同时我们彼此也结下了深厚的友谊。对我个人而言，补齐了多年来齐长城资料的短板，可说是收获颇丰。接下来摄制组进入了繁杂、紧张的后期制作。

2021 年 8 月，在《认识马山》一书出版后不久，赶在马山镇乡亲们搬入新居之前，《记住马山》这部凝聚了许多人心血的三集纪录片与观众见面，给马山人民交上了一份满意的答卷。

6.四登杜庄古城堡

　　杜庄古城堡在今双泉镇境内，西面离齐长城 500 米左右，其规模宏大，气势非凡，总面积约为 5 万多平方米，是一座攻防兼备的军事工事。据相关资料显示，这座古城堡是千里齐长城沿线附近现存最完整、防御体系最严密的堡垒。

　　那么它是不是和齐长城同期建造，与齐长城有没有必然联系呢？目前还没有结论。不过它与齐长城擦肩而过，许多专家都把它定位于齐长城沿线上的古城堡。正因为这座古城堡处在非常险要的位置，西边的齐长城又是以山代城结构，越发显得它与众不同。为了弄清古城堡的存在意义，揭开它神秘的面纱，同时也由于自己是名摄影师，在这里可能拍出非常震撼的片子来，故曾四次到访过古城堡，每次都有不同的收获，尤其是最后一次……

第一次

　　2005 年 8 月 19 日，晴。说起第一次爬杜庄古城堡，就不得不提起一个人，一位玩摄影比我还痴迷的影友——张锐。张锐是一名聋哑人，毕业于泰安聋哑学校。他聪明伶俐，善解人意，济南摄影圈有很多人认识他。我们一开始交谈是用笔在纸上写字，后来发现他能从对方的口型看出你要表达的意思，时间长了，我们基本就用手势加口型进行沟通了。

是日临近中午，我问他是否去过杜庄古城堡，他连忙点头，并表示可以带我一起去。我很早就想去一趟，只因没人做伴，也不知道具体位置而没去成。说走就走。吃过午饭，背起行囊准备出发。当我把相机往车上放的时候，他连忙摇头，比画"说"路太难走，不如他骑摩托车带我去。乖乖，我可不敢坐一个听力几乎为零的人的两轮"专车"，何况有三四十公里的路程呢！他急得在地上打转转，连连比画，意思是他的驾龄很长，技术很过硬，让我放心。拧不过他，加上急切想去古城堡，我只好背起相机和三脚架，惴惴不安地坐上他的摩托车。别说，我的担心还真是多余，他拍拍耳朵"说"，自己能听到路上汽车的鸣笛声，连大车、小车的震动都能分辨得出来。

半个小时，我们来到孝里到双泉的燕傅公路，他停下来摇摇头，"说"不是这条路，就又调头往回走。这时候我真有点后悔了，他说上次是同别人一起来的，有点记不得路了。幸亏我早有准备，掏出一张长清地图查找，果然，跑过了好几里路。

我们看着地图走走停停，刚来到杜庄村南，他就顺着小路往西拐。我拍拍他肩膀，想让他停下来问问路。他坚定地比画了一下继续骑车向里走。我只能服从。其实摩托车也有优势，就是汽车到不了的地方它能到。在古城堡山下正南方，我们停了下来。这里已经能清楚地看到城堡的轮廓。他停车拔下钥匙，示意我们可以爬山了。

其实这里根本没有路，我们深一脚浅一脚地先在梯田里的田埂上穿行。再往上就是山体了，我俩在石崖形成的天然"台阶"上开始攀爬。走了近一个小时，终于到达山顶。

　　杜庄古城堡所在的山体，总体呈东西走向，如汉字的"凸"字。向北伸出部分像一个狗头，故称狗头山。整个山顶细长而狭窄，最窄处不过5米，两边均是悬崖峭壁。如果徒手攀爬，无论南面还是北面，是绝对上不去的。

　　我们通过悬崖边上一处破损的墙体进了古城堡。整座古城堡规模很大，但房屋却不是很多，均用石板叠涩搭建而成。仅在内城两道墙内建有房舍，加起来也就20几间。令人称奇的是，整座古城堡竟然设置了五道城墙，用"铜墙铁壁"来形容一点也不过分。而最精美、最壮观的建筑当数最西边的第五道城墙了。依山势而建的墙体，外面齐整，垛口高低错落，随地势上下起伏，透出一种古朴苍凉的独有魅力。这道墙体高达5米，厚2米多，试想一下，在没有炸药的古代，想攻破这样的堡垒简直是痴人说梦。城墙的内墙设有走道，可以站在上面很容易地从垛口观察情况。而偌大的城墙，仅在最北边的绝崖处留了一个小边门，不仔细看很难发现。

　　还没有欣赏够这座经典建筑，太阳就要落山了。此时正是摄影师最难得的"出大片"的机会。我们的运气还算不错，天空没有彩云，晴空万里，又大又圆的太阳照射在城墙上，既充满诗意，又给人一种穿越时空的苍凉感。

　　接下来，我挨个寻找垛口，看看有没有可以发挥想象的空间。果然，在一个缺损的垛口上找到了灵感。这个垛口上的石板经多年的风蚀已经不全了，但正是这几个残缺的"洞"，与圆圆的太阳叠加在一起形成了一张"脸"，像一位开怀大笑的慈祥老人。于是对焦、曝光，一连拍了几张。心底里立刻想到了一个标题："笑傲长城"！（暂且把它当做齐长城吧）

　　我俩光顾着拍照片了，落日后天黑的速度很快，于是匆忙下山，可还是没有在天黑前下到底。我们在跌跌撞撞中用三脚架当拐杖，摸索着前行。等到了山下才发现不对劲：张锐不停地用嘴舔左手，还时不时地磕打脚踝。我仔细一看，他的手掌上、脚踝处都被不知道是石头、还是荆棘划出了血口子。

借着月光，好不容易找到了车。由于刚才出了一身汗，背心紧紧贴在身上，路上经风一吹，冻得直发抖。来到芯村铺附近，实在受不了了，我们又下来推着摩托车跑了几步，暖和了一会儿才继续赶路。到家已快10点了。

第二天我才发现，我的铝合金三脚架也掉了一只"鞋"。

第二次

2010年4月4日，晴。参加了多年的摄影活动，结识了许多影友，"济南新华通摄影论坛"的老总郭太平先生，看到我在论坛上发的照片后同我联系，想组织影友来古城堡采风。我虽然爬过一回，但那次没有从"正道"上走，以至于影友还受了伤。这次必须打听好了路才能去。经双泉镇领导的介绍，我与杜庄村党支部书记取得了联系，他派人把我们领到村西的山峪里，指给我们爬山的小路。

郭总带来了7位影友，加上我们4位，共11个人。

其实上山的路原来是有的，但多年无人问津，也就不好找了。我们就从裸露的石板和满是杂草的山路上穿行，然后通过一片荒芜的山坡，从东面进古城堡。别说，比上次从南面爬容易得多。

进了第一道"城门"，天色尚早，大家有的在青石板上坐下休息，有的已经进了第二道门。我正在等待后面的人上来，马道泉先生不失时机地给我来了一张"立此存照"。在摄影师的眼里，处处都有美景，关键要看你的观察力。

　　到了山顶，十几个人各自寻找"猎物"一阵狂拍。这次赶的天气还不错，拍得差不多了，大伙就坐下来休息一会儿，静等太阳落山。

　　夕阳西下，大家各找机位，支起三脚架，都把目光集中在了落日上。此时我右前方恰好有一只大鸟落到垛口上，我眼疾手快拍了两张。但垛口上的鸟儿不动画面就显得有点"板"了，于是我把先把焦点对在鸟上，同时把一轮太阳"拉过来"纳入画面。准备就绪，那鸟儿还是不飞，我随手捡起一块小石头扔了过去。它一下展开翅膀飞了起来，我趁机"啪啪啪"连拍了几张。等别人反应过来，为时已晚，那鸟儿早已飞远了。

　　这就叫运气，十几个人就我自己拍到了这难得的瞬间。其他人站在那里等候大鸟的再次出现，可是也许它受到了惊吓，总是远远地在山崖处盘旋，再也没回到这里。

　　琢磨了很长时间，这是一只什么鸟呢？山鹰？不像。因为它的嘴

19-9　登上杜庄古城堡

不带勾，但飞起来盘旋的姿势确实像鹰。不管是什么鸟，最后我把这幅照片的标题命为"见证沧桑"。

第三次

俗话说"人怕出名猪怕壮"，知道杜庄古城堡的人越来越多，前来考察的专家学者、齐长城文化爱好者、摄影爱好者、驴友等纷至沓来。不少朋友约我再次登临，都因有事错不开没能成行。

2015年10月13日，晴。与山东艺术学院原副院长胡德定先生和资深摄影专业讲师屈波先生商定，第三次爬古城堡。长清影友陈超、董立新、张西舵等陪同。正巧前几天刚结识了杜庄村干部房士宽大哥，他又指给我们一条新开发的路。可以说这次爬城堡是最轻松的一次。虽然一开始路有点陡，但脚下没有了乱石和杂草，不再摸索行进，省去了许多麻烦和时间。

秋风瑟瑟，山上的草木开始发黄，山下杜庄村民的房顶上晒满了玉米，金秋景色非常迷人。胡院长是"老长城"了，多年来一直研究考察齐长城，并著有《齐长城寻迹》一书；屈波老师精通摄影，也出版过自己的专辑，还曾给我们长清影友讲过摄影课。本来他们还带了几个老师和学生，但一看山高路远，那几位中途打了退堂鼓。而两位老师都是"不到长城非好汉"的男人，又都是初次登临古城堡，岂有退却一说？我们边走边拍边讨论，早已把劳累抛在了脑后。

登顶后多少让人有点失望，这次同前两次的天气有明显不同，本来晴朗的天空增添了不少云彩。太阳虽然偶尔露出脸来，但云层很厚，少了一些通透感。

等到太阳落山的时候，还算不错，彩霞满天的效果还是出来了，并且有一些变换，出了几张像样的片子。

趁着天还没完全黑下来，我们顺原路匆匆下山。

第四次

2019 年 9 月 21 日，晴。期盼了好几天，终于等来了好天气。我与韩特、张西舵和刘伟商定好，晚上去拍古城堡星轨。原计划带上两顶帐篷，俩人一组在山上住一晚上，可把一切都准备就绪的当口，刘伟腰痛病突然发作，实在无法爬山了。我们三人一顶帐篷肯定挤不开，最后决定不在山上过夜，拍完后，无论时间早晚都要下山回家。

又是一个秋天，不过此时的金黄色还没有达到极致。好在气温比较适合爬山运动，我们三人按照上一次走过的路又一次上了山。秋景对每一位摄影人来说都是美丽的，都不会被轻易放过。三人随走随拍，快门声不断。

19-10　夕阳下的古城堡

19-11　马山就在身后

到了山顶，时间恰到好处，我们先用无人机和相机拍了落日，然后找好机位，等待着太阳下山，星星露脸。

拍星轨可是个细发活儿，有很多注意事项，弄错了一个细节就会前功尽弃。首先定好北极星的方位，然后找到合适前景，再固定好三脚架，进行构图、对焦（手动）、设定曝光参数等。在天还没完全黑下来时先拍一张前景，以确保天空的"蓝色"。最后就坐等天黑。我们每人带了两台相机、两个三脚架，按不同角度和前景分别拍摄。

等到满天星斗的时候就开始拍了，反正曝光组合都设定好了，锁住快门，自动拍就是了。此时只听到几台相机有规律的"咔嚓、咔嚓"声，听起来悦耳动听，真是一种享受。然后腾出手来吃点东西，聊聊天，只等"坐收渔利"了。

两个小时过去了，一口气儿间隔拍了几百张。效果嘛，只能回去通过电脑合成了。不过，自我感觉良好，像学生考完试就能推算出自己的好成绩一样胸有成竹。哦，对了，现在许多手机都有拍星轨的功能，完事接着就能看到效果。

齐活儿！这时候看到了群星璀璨中的天河，在这荒凉的城堡上，残破的城墙、石屋都是很好的前景，给人以时光流逝的感觉。我们又借机拍了几张银河下的古城堡。

不知不觉中已是深夜 11 点了，我们在恋恋不舍中想到该下山了。收拾家伙儿下山回家，然而，意想不到的事发生了：我们三人来的时候本已做好了下山的记号，却因天黑怎么也找不到路了。每人用头灯照看四周，怎么都是悬崖峭壁呀？黑夜里山风呼啸，偶尔听到"夜猫子"的叫声，越发瘆人。三人不敢走散，但又必须分头寻找。就这样，足足转悠了半个小时。最后还是当警察的张西舵老弟有经验，惊叫道："哥，在这里！"好嘛，悬着的心这才放了下来。

等我们到了山下，连累带怕，才觉出身上的衣服早已湿透了……

7. 雨中走近钉头崖

2017 年 7 月 27 日，晴转中雨。应邀同济南电视台《走近齐长城》栏目组记者吕妮、崔阳一起探访长清境内最东端的齐长城钉头崖。本来天气晴朗，可刚到了马套村就下起了雨，一会儿转成了中雨。我们只好暂时在将军山旅游合作社接待室里等待着雨停。

大家边交谈边望着窗外的雨势。这里处于泰山后，东边就是将军山。据我的经验，这种天气往往有可能出现飞云流瀑，于是先把无人机准备好，以便随时起飞。

果不其然，乌云泛白，天空变亮，雨滴停歇。我立刻冲出门外，迫不及待地将无人机升空，一直升高到 300 米，飞到云层上面。此时在显示器里看到巍巍将军山显得格外清晰，白云在它腰间飘动，仿佛一下进入了仙境：近处，池塘里的倒影，地面上的水洼泛着光；远处，高山间的薄雾、天空中的浮云打着滚。完美的组合，变幻的色彩，像一幅瑰丽的水墨画，令人心旷神怡。再看云雾下的马套村，居舍若隐若现，如天上宫阙一般，这简直就是人间天堂啊！

我不失时机地辗转腾挪，按动快门，还拍摄了两段视频。可好景不长，雨点又开始急促起来，无人机镜头也模糊了。我急忙降落收起无人机，回到屋里。

此时大家谈兴正浓，当然话题最多的是将军山的钉头崖。钉头崖的故事在长清是家喻户晓的，虽然流传了两千多年，但每每讲起来还是那么震动人心、那么让人心情久久不能平静。

相传当年齐长城修建到北马套村北边的大山时，因山高坡陡又有悬崖绝壁，不仅建筑材料运不上去，就是人空着身也很难攀爬。不知道摔死、砸死、累死了多少民工，长城还是迟迟修不上去。负责监工的将军实在不忍心看着这些无辜的生命都葬送在这里，便去齐王那里据实汇报，并为民请愿。结果惹恼了齐王，便把这位将军斩首，将其头颅钉在悬崖峭壁上，以杀一儆百，威胁民工必须把长城修上去。钉头崖由此得名。然而尽管杀了一员大将，但山势险峻，长城始终还是没能修上去，就在悬崖峭壁下停滞不前了。自此向东四十里都没有修成。当地便有了"长城修到钉头崖，一降四十里"的说法，流传至今。据多人多次现场考察，从钉头崖往东的崇山峻岭上，确实有 35 华里地没有长城痕迹。

半个小时过去了，但雨还是没有停下来的意思。我提议还是上山等吧，说不

19-12　钉头崖若隐若现

定到地方雨就停了呢。再说，如果上天眷顾，咱碰上好运气，可能真会有丰厚的"赏赐"等着我们。由于上山的路还没修好，坡陡路窄，一般的车上不去，合作社派薛永华和段宗君两位村民用面包车载着我们冒着雨绕到北面上了山。

等我们到了钉头崖下不远处，雨还在淅淅沥沥地下，不过雨点小多了。在车上等了约有 10 分钟，闷热的感觉几乎让人窒息，大家干脆下车打着伞开始向上爬。此时的钉头崖朦朦胧胧，更加充满了神秘色彩。

要不人说"机会永远都是留给有准备的人的"呢！随着雨点的稀疏，钉头崖下开始出现如梦如幻的流云。往西看，游龙一般的齐长城上方云雾开始疏散，白色的浮云自北向南快速流动，越过长城，飘向远方；极目远眺，隐约的大寨山的山尖时隐时现，忽大忽小。真是太神奇了。崔阳忙扛起摄像机拍摄了起来，我的快门也尽情地"咔嚓咔嚓"响个不停。

"哇，简直太美啦！"吕记者惊喜地叫出了声，这样的景色还真是平生第一次见到，以至于全然不顾因雨伞保护摄像机，而自己却被雨水淋湿了后背和裤脚。

苍山如海，浮云如烟。这种美妙景象持续了足有 10 多分钟，定格、视频、延时，能用的摄影技法都用上了，想表达的效果也基本表达出来了。那叫个过瘾啊！不过，还有一点令人遗憾，那就是当时我用的是"大疆悟 1"型无人机，因下雨加上体型大放在车上没提上来。再回去取已经来不及了，错过了精彩的俯拍镜头。

拍够了西面的长城，再看身后，傲立的钉头崖经过雨水的沐浴，显得更加高大挺拔、庄严肃穆，更加让人肃然起敬。兴奋之余，薛永华向大家介绍了将军山的另外两个名字：一个叫襁负山，因为一大一小两山相连，如同爷爷背着襁褓里的孙子而得名；还有一个名字叫麒麟山，据传此山是由泰山奶奶（碧霞元君）的坐骑麒麟变化而成。

其实原来这座山叫什么名已经不重要了，自从长城修到这里，齐王冤杀了为民请愿的将军后，人们为了纪念他，就改名叫将军山了。一直叫到今天。

我们站在将军山钉头崖下，望着腾云驾雾的壮观景象，久久不愿离去……

过了两天，两位记者把"齐长城钉头崖"的故事整理剪辑后，在济南电视台《走近齐长城》栏目中，讲给了济南的广大电视观众。

8. 沿 "土龙" 登小马山

　　2023 年 7 月 13 日，阴转晴。昨天刚下过一场大雨，预报今天上午还有小雨，因此同赵福平商定下午趁着气温不算太高，去探寻一下小马山附近的南线齐长城。我们驱车去双泉，在小邹庄接上张勇后，直奔小马山。小马山位于马山西南方向 3 里许，因形状也像马而得名，只是体量上要比马山小得多。据张勇介绍：小马山也有 "马头 "马鬃" "马尾" 等，遗憾的是 "马耳朵" 被一场雷雨给劈了下来，不然与东北面的马山形体更像。令人称奇的是，据说小马山半山腰也有个山洞，也是贯穿洞，类似于马山的 "穿心洞"。从西边偏南的角度看，小马山果然也很像一匹马，如同一匹小马驹陪伴在东北面的 "大马" 身边。造物主就是这么神奇。

　　据多份资料显示，齐长城在长清境内有主线和复线之分。"泰山五老" 1999 年编著的《齐长城》，山东省文物局、山东省文物考古研究所等四单位 2017 年 12 月编著的《齐长城资源调查工作报告》和新出版的《齐长城志》等都将复线长城的起点定位在长清境内的连环山（于家西山）一带。《齐长城》一书是这样介绍的："根据我们的实际考察，此复线自西向东，始于长清与肥城交界处的于家庄西山（长清境内），至肥城与长清交界处的三岔沟与北部主线长城相会合，长9900米，遗址清楚，连续不断。"

《齐长城资源调查工作报告》中写道："为了确认齐长城复线西端位置，将这里向西南牛山（肥城境内）方向的岭脊进行了调查，牛山山顶有晚期寨堡，山脊上没有发现齐长城迹象；沿连环山向北至崮头村的长山脊进行调查，也没有发现齐长城；而连环山山顶、西南坡、北坡都没有发现长城，最后确定肥城齐长城复线的西端位于连环山山顶东侧。"

《齐长城志》载："连环山最西侧山头为长清—肥城支线的西端起点，地处长清南北向的马山山脉的最南端，向东南为两县边界处的东西向山脉，向西南为向陶山、牛山延伸的低山丘陵。"

关于长清境内齐长城南线（复线）起点，几本书上标的方位大体一致，因此绘制的地图也都是残缺的，都是在马山连环山一带"复出"，经老牛沟（肥城）北山，再沿着长清与肥城的交界线向东略偏南前行，经五道岭等山至三岔沟与北线长城会合。

那么齐长城在双泉草帽子顶（山）分成南北两线后，南线只在牛头山上出现了一小段就消失了，为何隔了那么远才"复出"呢？消失这么长的地段是否有过长城呢？如果没有的话岂不成了当时齐国一个不完整的防御体系？对此，济南社会科学院副院长张华松先生提出了自己的观点，他在2004年出版的《齐长城》一书中是这样介绍的："双泉乡（镇）和马山乡（镇）分别坐落在两条谷地中，战略地位颇为重要，所以两乡（镇）境内齐长城分南北两线。南线长城自石小子山正东行，经牛头山，然后在双泉乡（镇）驻地的段店附近横跨双泉谷地，东南经小马山、锅背顶、瓦楞山、莲花山（连环山）、于家庄西山、老牛沟北山，以上诸山石砌长城遗址毁坏严重，然而遗迹仍然隐约可辨。不过双泉谷地的夯土长城却荡然无存。自老牛沟北山，南线长城始终沿着长清马山乡（镇）与肥城县的交界线向东略偏南前行……"

如果按照张华松院长考察得出的结论，齐长城地图上残缺的部分就能连贯起来了。这是我们一直希望看到的结果，也是从理论上能立得住的观点。

为了彻底解开这一疑团，我几次到双泉牛头山下的谷地一带搜寻都无果。一直以来，齐长城的缺失部分总是让我疑云难消，总想着一定要把它弄个水落石出。这座宏伟建筑的不圆满也是长清历史的不圆满，更是作为齐国偌大防御体系的不圆满。难道南线齐长城本来就是残缺的？本人一直不太相信。

说来也巧，前几天好友赵福平提供了一个线索：双泉镇小邹庄村民张勇先生说多年前见到过小马山顶上有一道城墙，很像齐长城。终于有了线索和向导，我们决定今天一起探个究竟。

19-13　约 2.5 米高的"土龙"

我们把车停在小马山西边山下的路边，准备沿着一条蜿蜒小路登山。也算是机缘巧合：一下车我和赵福平就被小路南面的一道高大的"坝堰"所吸引。我顺着坝顶向西走了一段，问张勇怎么会出现这么一道高大的土埂子？张勇介绍，这道土墙自古就有，村民都叫它"土龙"，从小邹庄村东北一直延续到小马山上面。

"土龙"？在人们的印象中，一般带"龙"字的东西都应该很长，我的潜意识里一下联想到了齐长城。

我们下"土龙"又从南边的庄稼地里继续往西走了一段，一直过了西面的生产路，"土龙"才被一条沟截断。这道"土龙"目测长约300米，底部宽4—6米，高2—3.5米；其顶部长满了荆棘和杂草，整个轮廓连贯完整。从生产路边断开的剖面看，土、石、砂风化严重，根本不像现代产物。凭自己的直觉，越看越像是土石混筑的齐长城遗址。我的心一下激动起来，站在那里，稍稍平复了一下心情，然后捡起一块石头，放下；再捧起一抔砂土，撒掉。近看、远看、上看、下看，这不就同在马山谷地、万德谷地和五道岭看到的山体结合部的土石混筑结构的长城遗址完全一样吗？真是踏破铁鞋无觅处啊！赵福平和我的判断完全一致，我俩兴奋得要跳起来了。

张勇向我们介绍，在他的印象中这条"土龙"还要高大，原来两边垒砌的石头都被扒掉垒到地堰上去了，只有拐角的结合部还有一些齐整的石块没有被破坏。

再回到"土龙"上顺着向西眺望，牛头山就在隔谷相望的对面。由此可以断定：张华松院长的观点是非常可信的。这就是我朝思暮想而被专家学者们忽略的南线齐长城遗址。

回到小路边，继续向东走几步，再仔细查看裸露的城体，经历了2000多年的风雨侵蚀，长城已是老态龙钟，千疮百孔。但纵观整条"土龙"，依然骨架坚挺，静静地匍匐在双泉这块大地上，仍不失威严。

那么齐长城向东真的爬上小马山了吗？我们激动过后平静下来，决定登上山顶查看一下。此时的气温虽然不高，但湿度大、气压低，感觉非常不适。其实上山根本没有路，顺着小路几步就走到了一块小平地，然后就是布满荆棘树木的乱山岗子。我们只好漫山穿行着攀登。不一会儿，我随身带的水就见了底，赵福平把仅有的一瓶矿泉水匀给了我一半。给我倒水的时候，我发现树枝、酸枣棵子已经把他的胳膊划出了好几道口子。顾不了那么多，见到有植树造林时留下的横向空当，三人就顺着向北边的斜上方走。在不见天日的树林里摸索了好大一会儿，终于看到上面发亮了，意识到前面没树的地方应该就是山顶了。可出了树林，才发现我们已经处在"马尾巴"上了。但不管怎么说，没有了荆棘树木的困扰，再走起来容易得多。在几块大岩石上，大家停下来，看到了东北面的马山、看到了"马头"下刚通车的济南西外环绕城高速路隧道及过往的车辆。

在这里环顾四周的山脉走向，我更加坚信自己找到了"南北两线（齐长城）锁马山"的事实依据，更加坚信自己多年来的疑点有了准确答案。

我走在最后面，觉得体力有点透支，拍了几张照片后，找到一块大石头坐下来喘口气。此时的衣服已被汗水浸湿了。

山顶上光秃秃的，"马背"上很好走。三人休息了一会儿，继续朝南面的"马凹腰"前行。我们来到一段凸起的地方，发现一片散落的碎石块，张勇指着碎石说，原来就在这里有一道东西方向的石墙，把山分成南北两半，石墙高有3米多，在山下老远就能看到。他原以为这就是齐长城，而经我和赵福平分析，这应该是山上设的山寨的北寨墙。因为小马山三面都是近90度的悬崖峭壁，在偏北的最窄处垒一道墙，不用费多少石料，就能形成一座完整的防御工事。而齐长城是断不会从谷地直接修到山顶的。

继续朝"马头"方向走，越往南走越险要，大片的光石梁布满山顶，不时有嶙峋的怪石，让人恐怖万分。怪不得叫小马山呢，连山顶也很像大马山的形状。

走到最南边的"马头"就成了绝路，东、南、西三面都是险峻的悬崖，好几丈深，令人不敢直视。来到此处顿觉视野无限开阔，整个双泉镇的面貌一览无余。再看西面山下的"土龙"走势更加明显了。我们推断齐长城应该是在"马头"下向东延伸的，在这里凭高据险，一夫当关，是守国据敌的理想之处。再向东、东南看，连绵丘陵上的植被，很容易分辨出长城的脉络。由此我们更加信服张华松院长的观点，这里就是南线长城遗址。这样算来，齐长城南线的长度就不只是

19-14　小马山上合个影

9.9 公里，长清境内齐长城的总长度更不仅是 99.3 公里（权威部门的最新数字），而是大大超过 100 公里了。看来这个数字有必要报请相关部门改写一下了。

这次探寻活动收获满满，三人在兴奋之余跌跌撞撞地下了山。此时我们口渴难耐，汗如雨下，到了张勇家里，他把早已洗好的桃子拿给我俩吃。嗯，甜甜的，一咬一兜水，既解渴又补充了糖分，顿觉清爽了许多。感谢张勇先生为我们提供了重大线索，这一发现颠覆了人们对南线齐长城的认知，补齐了齐长城地图南线的缺口，也刷新了长清境内齐长城的总长度纪录。

两天后，为了进一步证实这段齐长城的存在，我同 1987 年曾和张华松院长一起考察过长清段齐长城的平安中学王绪和老师取得了联系，他们 30 多年前曾经徒步走过小马山及东面山上的齐长城，那时植被少，遗迹较容易发现，当时看到石砌城墙确实是从小马山的"马头"下向东延伸的。

为此，我对这段"土龙"就是土石混筑的齐长城深信不疑，并且期待着有关专家再来做一次鉴定，争取早日还原它的"真实身份"。

参考文献

《齐长城志》，中共山东省委党史研究院、山东省地方史志研究院编，济南出版社 2021 年 12 月出版

《齐长城资源调查工作报告》，山东省文物局、山东省文物考古研究所、齐长城资源调查工作队、山东省博物馆编著，文物出版社 2017 年 12 月出版

《齐长城》，张华松著，山东文艺出版社 2004 年 10 月出版

张华松：《济南齐长城的几个问题》，《济南文化论丛》（第六辑），山东大学出版社 2019 年 11 月出版

《长城简史》，徐永清著，商务印书馆 2021 年 4 月出版

《清华简·系年》集释（修订本）李松儒著，中西书局 2022 年 11 月出版

陈民镇：《齐长城新研——从清华简〈系年〉看齐长城的若干问题》，《中国史研究》2013 年第 3 期

《齐长城历史文化研究》，山东省旅游局、中国文物保护基金会雪野齐长城保护与研究中心、中国长城学会雪野齐长城研究基地编，光明日报出版社 2016 年 4 月出版

《齐长城》路宗元主编，山东友谊出版社 1999 年 3 月出版

任相宏：《齐长城源头建置考》，载《东方考古》第一集，科学出版社 2004 年出版

《齐长城与管子：齐长城经济文化考察》，国光红著，文物出版社 2019 年 7 月出版

《金戈古韵齐长城》，张建东、黄平主编，齐鲁电子音像出版社 2011 年 11 月出版

《走近齐长城》，潘海涛、孙庆伟主编，山东友谊出版社 2007 年 12 月出版

《风雨齐长城》，于德普主编，山东地图出版社 2008 年 3 月出版

《春秋左传》，左丘明著，江苏凤凰美术出版社 2017 年 1 月出版

《东周列国志》，冯梦龙著、贾大宏译注，西苑出版社 2016 年 4 月出版

《春秋霸业》《战国风云》，滕涛著，中国工人出版社 2022 年 7 月出版

《水经注》，郦道元著，叶当前、曹旭注评，凤凰出版社 2011 年 11 月出版

《长清西汉济北王陵》，王永波著，生活、读者、新知三联书店 2005 年 2 月出版

《济南府志》（道光），（清）王赠芳等主修、（清）成瓘等纂，济南市史志办公室整理，中华书局 2013 年 4 月出版

《长清县志》，康熙版，长清档案局 2002 年 5 月影印

《长清县志》，道光版（道光癸巳重修），长清区档案局 2009 年 2 月影印

［民国］《长清县志》，（点校本），（民国）县长李起元续修，王连儒纂，中共济南市长清区委党史研究中心、济南市长清区地方史志研究中心整理，线装书局 2022 年 7 月出版

《长清县志》，山东省长清县志编纂委员会编，济南出版社 1992 年 6 月出版

《济南市长清区志》，济南市长清区地方史志编纂委员会编，方志出版社 2014 年出版

《孝堂山石祠》，蒋英炬、杨爱国、信立祥、吴文祺著，文物出版社 2017 年 2 月出版

《长清·红色记忆》，中共济南市长清区委主编，2021 年 7 月内部出版

《峰山壮歌》，长清区媒体中心主编，2021 年 7 月内部出版

《卢邑故事》，李良森著，中国广播电视出版社 2003 年 12 月出版

《长清碑刻》，张昭森主编，济南出版社 2020 年 12 月出版

《孝里记忆》，王守学著，当代文化艺术出版社 2022 年 1 月出版

后　记

　　巍巍齐长城，恰似一条东方巨龙，横亘于崇山峻岭之中，将黄河、泰山、黄海连成一体，是劳动人民智慧与力量的结晶，是齐鲁大地的傲骨脊梁。多年来，曾有诸多专家学者对齐长城进行过实地考察和专题论证，并多有研究成果，为世人所瞩目。而处于齐长城源头的长清，一般都是研究、考察、走访的第一站：当捧起千里齐长城的第一抔黄土、捡起千里齐长城的第一块石板、走过千里齐长城的第一道关口，就开启齐长城研究课题的第一页、第一课或第一部著作的开篇之语。因此，我作为齐鲁大地上的一条汉子、作为这道雄伟建筑起点上的后来人、作为最方便亲吻齐长城的文史爱好者来说，有着无比的优越性和自豪感。每当我靠近她，捧起一抔土、捡起一块石，在下面瞻仰、在上面驻足，都仿佛穿越时空，依稀浮现当年金戈铁马、鼓角相闻的宏大场面，顿时浑身通电一般，血液加速流淌，心跳急速加快，双手剧烈颤抖，不由自主地俯下身去，像久别的恋人重逢，急切地想要亲吻一下她的肌肤、她的脸颊、她的胴体……

　　前些年我在着手撰写《长清访古》的时候，多次到访齐长城，因为她也是长清浩博的古文化中非常重要的一个组成部分，甚至是点睛之笔。尤其是自 2008 年参与了《齐长城志》（长清段）的照片拍摄以后，我就再也难以割舍对她的挚爱。这些年来，每年都要到齐长城上走一走、拍一拍、记一记。每当汗流浃背、气喘吁吁地登上齐长城的某座山寨、某个山头或某一段落，都有不同程度的感受和体会。十几年里我几乎徒步走遍了长清境内的齐长城遗址，高山深谷、残垣断壁、城寨壕堑……这些遗迹深深地印在脑子里，挥之不去。可以说这道长长的残垣已化作血脉，时刻在我身体里流淌着，融为生命的一部分。

记得有位哲人说过："读懂了长城，可以了解中华民族的生息繁衍，了解民族文化和社会的发展历程；读懂了长城，可以听到中华民族从远古走到今天，古老而雄浑的脚步声。"而作为长城鼻祖的齐长城，更是如此。让历史之光照进现实，通过宣传长城文化、解读长城文化，弘扬长城蕴涵的民族精神，长城必将在新时代活起来，为实现中华民族伟大复兴的中国梦凝聚起磅礴的精神力量。自己常想，无论祖辈们当初是怎样的出发点，无论是在何种情况下修建了这道高大建筑，无论这道城墙在历史上起过多大作用，仅修建时间比秦长城早近400 年这一点，她就已经独得"中国之最""世界之最"的桂冠。她的存在，已不是简单的一道普通的高墙，而已成为一个国家一个民族的灵魂，化为人们心目中根深蒂固的长城精神。

齐长城穿越于崇山峻岭之间、阡陌沟壑之上，每一抔土、每一块石都在诉说着动人的故事，散发出独有的文化魅力。"君独不见长城下，死人尸骸相撑柱。"孟姜女哭长城、扁担开花铁牛上树和将军山钉头崖等故事，在长清已是家喻户晓，深入人心，一点也不比秦长城逊色。人们常把万里长城比做一条龙，而千里齐长城则是中华民族的精神图腾。作为龙的传人，我们有义务去保护长城、宣传长城，不仅保护宣传长城的伟岸身躯，更重要的是要继承、宣传长城的精神和灵魂。

　　基于此，我开始系统地到访齐长城，拍摄齐长城，咨询齐长城边上的老人，向齐长城爱好者请教，购买齐长城书籍，查找齐长城资料，研读与齐长城有关的论文。慢慢地，逐渐地，不由自主地产生了要把长清境内的齐长城及与齐长城相关的历史渊源、现实状况同自己的感受再写一本书的欲望。当然，这个课题实在是太大了，仅靠自己的点滴积累是远远不够的。为此，近些年我又重新沿齐长城拾遗补阙地大致走了一遍，有的地方甚至是两遍、三遍、四五遍，对齐长城附近的古迹遗存又地毯式地搜寻了一番。适逢济南电视台先后拍摄《走近齐长城》《记住马山》（齐长城部分）两部专题片和六集大型纪录片《齐长城》等，编导每次都邀我参与，这无疑又给我提供了千载难逢的好机会。搭上这三班顺风车，使我一路不再孤独、不再胆怯、不再迷惘。其间我也学习、掌握了很多有关齐长城的知识、典故和传说等，补录了许多影像资料。近年来齐长城文化爱好者纷至沓来，许多专家和朋友经常约上我来一起探秘，如中国长城研究院院长赵琛先生、淄博市摄影家协会主席孙伟庆先生、齐鲁集邮研究会会长方军先生等，他们逐步为本书的成型出炉添薪助火，夯实基础。由于自己是职业摄影师，几个栏目组也选用了我拍摄的钉头崖云海、夯土齐长城星轨、大寨山透迤墙体及杜庄古城堡航拍等多个特殊天气、特殊地点、特殊角度所拍的图片，让更多的观众加深了解齐长城长清段独特的景致。

　　诚然，做任何事都必须要有所付出，要忘我，直到如醉如痴、不能自拔的程度，方能出成绩，才能修成正果。人生就是不断地为社会创造价值，就是用火热的心去拥抱生活、改造生活、创造生活。东晋人王嘉在《拾遗记》中写道："夫人好学，虽死犹存；不学者，虽存，谓之行尸走肉耳。"社会在发展、人类在进步，探讨一下"我从哪里来，要到哪里去"，做一个好学者，知其然还要知其所以然，是非常有必要的，决不能虚度年华、碌碌无为、糊里糊涂地枉活一生。每每想到这些，我们心里又增加了无穷的动力，身上又平添了使不完的劲，脚下又加快了步伐。

由于齐长城源头就在家门口，我有条件接近她；也由于自身心存好奇心，非常有兴趣去探讨、研究她，打破这个"砂锅"；更因为齐长城是世界文化遗产，是人类历史上修建最早的长城，社会价值甚至超过万里长城，所以我必须让更多的人了解她。这，就是我的初衷。当然，其中的艰辛也是可想而知的。齐长城大多依山脊或悬崖而建，长年人迹罕至，荆棘、酸枣树、圪针牙子满山都是，悬崖、峭壁、松动的山体巨石随处可见，马蜂、长虫、蜱虫也经常与你邂逅，甚至是对你发起攻击。过程中也不乏辛苦和危险：我在 2004 年爬石小子山寨时竟与一条一米多长的大蛇对峙了好几分钟；2005 年拍摄大峰山瀑布由于天太热，加上跑得太快，我眼前一黑休克在了水池边；2019 年夏随济南电视台《走近齐长城》栏目组拍黄巢寨时，没注意身上爬满了蜱虫，随同记者崔阳先生上年刚报道过长清双泉一位老人被蜱虫咬伤后中毒身亡的案例，结果他在自己的腿上竟然找到了 23 只，实在让人惊恐后怕；在拍摄钉头崖南面的吴道人庵时，突然从草丛里飞出来一只马蜂蜇了我的脚踝，同行的胡德定院长极力帮我把蜂毒挤出来；在探访齐长城南北线分界点时，车在半山腰爆了胎等等。其间被雨淋、被雷电惊吓、同行者因有恐高症吓得筛糠般的窘态着实让人终生难忘。更加令我难忘的是因拍夯土齐长城的星轨，在漆黑的夜里我们的车轮陷进了黏土里，费了好大劲才得以解脱；拍摄杜庄古城堡落日和星河时，我们一行三人在悬崖边上转了一个多小时才找到下山的路……这些经历，让大家在后怕的同时，又因为体验到刺激的滋味而觉得挺好玩儿！

记得全程考察过齐长城的"泰山五老"中的路宗元老先生说过："现在我们可以断言：齐长城的结构，比人们想象的复杂得多；齐长城的文化内涵，比人们的想象，丰富得多；齐长城的保存现状，比人们的想象，要好得多。"所以说大家访问齐长城、拍摄齐长城、记录齐长城都只有一个目的：那就是让人们多了解齐长城、记住齐长城，把这一国宝展现给后人、展现给国人、展现给世界，从而激发人们发扬长城精神、弘扬长城文化的责任心和使命感，让这一中华瑰宝熠熠生辉，永传后世。

2022年9月，山东省第十三届人民代表大会常务委员会第三十八次会议通过了《山东省齐长城保护条例》，并于2023年1月1日起施行。这一条例提出的"保护第一，加强管理，挖掘价值，有效利用，让文物活起来"的工作方针，无疑为我们齐长城爱好者呐喊助威，我们更应该借东风、提速度、增干劲，做一名宣传、保护齐长城的急先锋。2023年2月，山东省国家文化公园建设工作领导小组会议暨文化体验廊道建设启动会议在济南召开，聚焦加快建设绿色低碳高质量发展先行区，对启动沿黄河、沿大运河、沿齐长城、沿黄渤海、沿胶济铁路线"四廊一线"文化体验廊道建设做出安排部署。强调要高标准高效率推进文化体验廊道建设，着力加强文化文物保护，加强沿线文化文物梳理盘查、考古保护、历史文化研究阐释和民间文化记忆整理。于是我从田野到键盘，从镜头到图片，从感知到文字，潜身荒野、亲近自然，寻访先祖、触摸历史，在齐长城上找到那些不为人所知、所觉、所察的独特发现，撷取片段，另类解读，力求运用生动形象的语言和真实艺术的插图，讲述齐长城的故事，传承丰富多彩的长城文化，弘扬厚重博大的长城精神，做中华民族长城精神的践行者、守望者……

此书的拍摄、编撰得到了许多老师、同仁和好友的大力支持和帮助，如：在长城边长大的著名书法家王景吾老先生欣然提笔，写下了苍劲有力的"长城之源"四个大字；我区著名作家、生长在齐长城将军山下的长清区政协原副主席李良森先生，毫不犹豫地再次为我作序；

孝里街道大街村王守学先生本身就是古文化爱好者，家里的农田就在齐长城沿线的珠珠山上，多次陪同我一起爬齐长城、拍齐长城、讨论齐长城，使我受益匪浅；长清区文物保护中心原主任韩特和归德街道文史爱好者赵福平多次陪我寻古探幽，有一次一起冒雨钻到森林里找寻齐长城南北线分界点和南线踪迹，给我壮胆，为我增加勇气；继任长清区文物保护中心主任常永军几次为我探寻齐长城提供方便；长清区博物馆原馆长马前伟把前些年拍摄的齐长城照片友情提供给我，既为齐长城状况提供了对比参考，又节省了我许多补拍时间；长清区文化馆张巍提供了齐长城沿线非遗项目资料，使得本书民间文化部分更加丰富；马山镇文化站原站长李光宝、万德街道文化站站长张庆学，不仅提供了相关信息，还陪同我一探幽境，摄撰佐证；还有齐长城沿线孝里岚峪村张金河、孝里供销社原主任王文利、孝里北黄崖村王其勇、双泉杜庄村房士宽、双泉小邹庄张勇、万德上营村杨仁和、黄巢寨护林员张英贵、长城村民间收藏爱好者王德贵、长城村"孟姜女文化协会"会长曹文水、店台村退休教师赵明堂和龙凤庄园副总经理赵永红等都提供了很多方便，为书稿形成奠定了实际基础。为了增加齐长城沿线"八大景观"的可读性，我向几位同仁、好友为每一景观分别征求配诗一首，赵子明、王守学、李现新、张金河、赵福平、魏文森、赵士东、李良森等先生均欣然赋诗。沿齐长城一路走来，曾经陪伴我同行的还有：李文德、王忠谋、李玉鸿、傅博、王强、王绪和、陈超、董立新、刘林、刘伟、昌勇、马道泉、于兰青、薛平华、张西舵、赵正林、张锐、张沂等先生。尤其是山东艺术学院原副院长胡德定先生，本身也是齐长城文化专家级人物，只要一来长清拍长城就叫上我，和我一起在艰苦中寻求快乐，在未知中寻找答案。最后值得一提的是我爱人王玉珍女士，由于前些年我有两次昏厥在大山里的经历，她对我的安全十分担忧，看到无法阻止我，只好硬性规定：绝对不能一个人独自爬山，实在找不着同伴，必须让她陪同一起去。于是她成了"替补队员"：石小子山寨、黄崖山寨、大峰山屯兵营、东障寨、岚峪寨和帽山、双山、三山子、杨家山、辘轳道两边长城、大寨山、北顶山、钉头崖等都是她陪同我一起攀爬的。可以说此本书如果没有她的参与，就不会这么早不会如此顺利完成的。她同以上应该感谢的同仁都是齐长城的"守护神"。我无以为报，只有摄撰出高质量的图文和真实、可信、丰富的资料做为真诚的精神报答。在此由衷地道一声：谢谢你们！

2023 年初夏于长清玉皇山下读书阁